Klaus M. Girardet

Der Kaiser und sein Gott

Millennium-Studien

zu Kultur und Geschichte des ersten Jahrtausends n. Chr.

Millennium Studies

in the culture and history of the first millennium C.E.

Herausgegeben von / Edited by
Wolfram Brandes, Alexander Demandt, Helmut Krasser,
Hartmut Leppin, Peter von Möllendorff

Band 27

De Gruyter

Der Kaiser und sein Gott

Das Christentum im Denken
und in der Religionspolitik
Konstantins des Großen

von
Klaus M. Girardet

De Gruyter

ISBN 978-3-11-022788-8
e-ISBN 978-3-11-022789-5
ISSN 1862-1139

Library of Congress Cataloging-in-Publication Data

A CIP catalogue record for this book is available from the Library of Congress.

Bibliografische Information der Deutschen Nationalbibliothek

Die Deutsche Nationalbibliothek verzeichnet diese Publikation in der Deutschen
Nationalbibliografie; detaillierte bibliografische Daten sind im Internet
über http://dnb.d-nb.de abrufbar.

© 2010 Walter de Gruyter GmbH & Co. KG, Berlin/New York

Druck: Hubert & Co. GmbH & Co. KG, Göttingen
∞ Gedruckt auf säurefreiem Papier
Printed in Germany
www.degruyter.com

Vorwort

Das Buch basiert auf drei kleineren, aus Anlaß der Trierer Konstantin-Ausstellung des Jahres 2007 verfaßten Studien zu Einzelaspekten, für die mir bei der Publikation jeweils ein begrenzter Raum zur Verfügung gestanden hatte, so daß vieles nur verkürzt oder gar nicht ausgeführt werden konnte:

– Konstantin und das Christentum – Die Jahre der Entscheidung 310 bis 314. In: A. Demandt/J. Engemann (Hg.), Konstantin der Große. Geschichte-Archäologie-Rezeption. Kolloquiumsband. Trier 2006, 69–81
– Konstantin – Wegbereiter des Christentums als Weltreligion. In: A. Demandt/ J. Engemann (Hg.), Konstantin der Große. Begleitband zur Landesausstellung ‚Konstantin der Große‘. Trier 2007, 232–243 (ohne Anmerkungen)
– Das Christentum im Denken und in der Politik Kaiser Konstantins d. Gr. In: K. M. Girardet (Hg.), Kaiser Konstantin der Große. Historische Leistung und Rezeption in Europa. Bonn 2007, 29–53 (mit Abbildungen).

Das in diesen Aufsätzen Skizzierte habe ich, auch wenn einige Ergebnisse im Bereich des Hypothetischen bleiben mußten, erheblich weiter ausgearbeitet, in vielem modifiziert und alles in den größeren Zusammenhang der kritisch gesichteten Forschungsgeschichte seit Jacob Burckhardt gestellt. Dabei ergab sich die Notwendigkeit, von manchen auch in der neueren und neuesten Forschung weit verbreiteten Vorstellungen über Konstantins Motive für die Abkehr vom Paganismus in Gestalt des Polytheismus und des solaren Henotheismus, über den Weg des Kaisers zum Gott der Christen, über den gesellschaftlichen Rang und die politische Relevanz der Christengemeinden zu Beginn des 4. Jahrhunderts und über Methoden und Ziele der Religionspolitik des Kaisers Abschied zu nehmen. Es zeigte sich zudem, daß die Bedingungen für die Möglichkeit des Christentums, gegen Ende des Jahrhunderts zur römischen Reichsreligion, später sogar zu einer Weltreligion und zu einem prägenden Element der europäischen Identität bis in das dritte Millennium hinein zu werden, nicht im Christentum selbst lagen, sondern vom ersten christlichen Kaiser zielgerichtet geschaffen worden sind – von einem zutiefst im antiken Sinne religiösen und gleichzeitig machtpolitisch höchst effizienten Staatsmann, der, wegen der historischen Wirkung seiner Religionspolitik, mit Recht ‚der Große‘ genannt wird.

*

In den kommenden Jahren stehen uns sehr wahrscheinlich zwei 1700-Jahr-Feiern bevor: 2012 und 2013. Zu den Ergebnissen der hier vorgelegten Untersuchung zählt indessen die Tatsache, daß, entgegen der gängigen Meinung, eine ‚Kreuzesvision' oder ‚Bekehrung' Konstantins kurz vor oder in der siegreichen Schlacht an der Milvischen Brücke am 28. Oktober 312 von keiner zeitgenössischen antiken Quelle behauptet worden ist. Verfehlt wäre unter historischem Gesichtspunkt auch eine 1700-Jahr-Feier im Jahre 2013, ebenso wie es schon die 1600-Jahr-Feiern des Jahres 1913 gewesen waren, die an die vermeintlich erstmalige Legalisierung des Christentums durch Konstantin 313 in einem ‚Edikt von Mailand' erinnern wollten. Wenn man schon 1700-Jahr-Feiern veranstalten will, dann wäre allenfalls 2011 geeignet: zum Gedenken an die definitive reichsweite Anerkennung des Christentums im Jahr 311 durch das Duldungsedikt des paganen Kaisers Galerius – und an die immens folgenreiche Hinwendung Konstantins zum Gott der Christen im gleichen Jahr.

*

Dem Herausgebergremium, besonders Hartmut Leppin, danke ich sehr herzlich für die Aufnahme des Buches in die Reihe der ‚Millennium-Studien'. Frau Dr. S. Vogt und Frau S. Dabrowski danke ich für die kompetente und freundliche Zusammenarbeit bei der Vorbereitung des Buchmanuskriptes für den Druck.

KMG
Saarbrücken, im Winter 2009/10

Inhalt

„Deine Macht, die du durch vielfältige Beweise dargetan hast und die meinen Glauben sicherer gemacht hat, verehre ich".

Dankgebet des Kaisers an den Gott der Christen in einer Urkunde von 324
Eus. VC II 55, 2

I. Das Thema

Geschichte als Inbegriff der aus den Quellen rekonstruierten Vergangenheit ist und bleibt das Feld toter Tatsächlichkeiten, wenn sie nicht mit Respekt vor den je eigenen Besonderheiten vergangener Wirklichkeit und dem fremd Bleibenden von der Gegenwart her befragt und für die Gegenwart zum Sprechen gebracht wird. Das Zum-Sprechen-Bringen des historisch Tatsächlichen geschieht, unter konsequentem Verzicht auf Theorien und geschichtsphilosophische oder -theologische Vorverständnisse, wissenschaftlich durch möglichst weitgehende rationale, dem Kausalitätsprinzip gehorchende Erklärung auch des Irrationalen oder des als solches Erscheinenden. Und Ziel des Erklärens ist, Erkenntnis und Einsicht über das vergangene Tatsächliche und seine Beziehung zur Gegenwart zu vermitteln.

Im Folgenden will ich versuchen, dies bei einem in der altertumswissen-schaftlichen Forschung besonders umstrittenen Problemkomplex zu tun.

1. Gegenwart und Vergangenheit

Unsere Gegenwart besitzt eine bedeutende historische Tiefendimension. Das hier gewählte Thema führt in eine dem Menschen des 3. Jahrtausends christ-licher Zeitrechnung weitgehend fremde, ca. 1700 Jahre zurückliegende Zeit. Es gibt vielerlei Gründe, sich auf einen solchen ‚Rückweg‘ zu begeben. Der wichtigste scheint mir im Blick auf Konstantin d. Gr. die Tatsache zu sein, daß mit dem Namen dieses Kaisers welthistorische Entscheidungen zu Gunsten des Christentums verbunden sind, deren Wirkung bis zum heutigen Tage anhält[1]. Sich mit einem solchen Thema historisch-wissenschaftlich zu beschäftigen, heißt darum auch, die eigene Gegenwart von ihrer historischen Dimension her besser verstehen zu lernen. Das Christentum ist ja, ganz unabhängig davon, wie man persönlich zu ihm eingestellt sein mag, ein die moderne europäische Identität auf vielen unterschiedlichen Gebieten immer noch und vermutlich

---

1 „Der Große“: offenbar erstmals so genannt von dem zeitgenössischen paganen Historiker Praxagoras von Athen (nach Photios, Bibl. cod. 62,6 = FgrHist II B 219, 6); dann z.B. von Sozomenos, Historia Ecclesiastica (=HE), in der Dedikation an Kaiser Theodosius II., c. 19. – R.-Alföldi, Kaiser Konstantin: ein Großer der Geschichte? passim.

auch in Zukunft deutlich prägendes Element[2]. Es entstand bekanntlich in der griechisch-römischen Antike, vor mehr als 1900 Jahren, am Ostrand des Mittelmeeres, und es war schon immer und ist auch heute ein Stück lebendige Antike.

Als rückblickender Historiker erliegt man nun leicht der Versuchung, Th. Mommsen zu folgen, der, im Geiste des Philosophen G. W. F. Hegel, mit einer unerhört prägnanten Formulierung das „Erkennen des Gewesenen aus dem Gewordenen mittels der Einsicht in die Gesetze des Werdens" als das Ziel der Arbeit des Historikers definiert hat[3]. Aber was sind die „Gesetze des Werdens", gibt es sie überhaupt, und wenn es sie geben sollte: sind sie nur einfach ‚da' oder sind sie ‚gegeben', und wenn das so sein sollte: wer hat sie gegeben? So führt denn dieses höchst rationalistisch wirkende methodologische Prinzip doch letzten Endes in eine aprioristische Sackgasse. Wenn man sich davon frei macht, gelangt man bei dem hier zu behandelnden Thema zu der Einsicht, daß das Christentum durchaus keine geradlinige Geschichte im Sinne eines permanenten, gleichsam linearen, unaufhaltsamen und irreversiblen Aufstiegs gehabt hat, so als wäre es, historischen ‚Gesetzen' einer zielgerichteten ‚Entwicklung' folgend, mit Naturnotwendigkeit von selbst oder dank ‚höherer Fügung' zu dem geworden, was es bis heute ist. Irgendwann, eben in der Regierungszeit Konstantins (306 bis 337) und durch diesen Kaiser mit der längsten Herrschaftsdauer seit Augustus (30 v. Chr. bis 14 n. Chr.), erfuhr es eine Wende in Richtung des Weges zunächst zur römischen Reichsreligion und später zu einer Weltreligion, wurden überhaupt erst die politischen Bedingungen für die Möglichkeit dieses Weges geschaffen.

In der Spätantike hat man die ‚Konstantinische Wende' als eine „außerordentliche, durch Gott bewirkte und unerwartete Umwandlung der gesamten Oikumene" empfunden, die in der Abwendung „von der früheren Religion und den überkommenen Bräuchen" bestand (Sozomenos, HE I 1, 11). Aus der Sicht des heutigen (Alt-)Historikers geht es indessen über die Rekonstruktion des Tatsächlichen hinaus um die Frage nach den Voraussetzungen, nach den Zeitumständen und nach dem praktischen Handeln und Entscheiden sowie den Absichten des oder der politisch Verantwortlichen und nach den intendierten

---

2   Siehe nur Brown, Entstehung; Fürst, Einfluß; Dumézil, Racines; Lenski, Introduction zu: ders., Cambridge Companion, 1–13; Brandt, Konstantin und die Grundlagen. Vgl. (sehr distanziert) Veyne 249 ff.

3   Mommsen, Reden und Aufsätze 199. Vgl. auch ebd., wo Mommsen es als ein Verdienst Niebuhrs rühmt, daß „er zuerst es gewagt hat die Geschichtswissenschaft an der Logik der Tatsachen zu prüfen, aus dem trüben Wust unverstandener und unverständlicher Tradition das innerlich Unmögliche auszuscheiden, das durch die notwendigen Gesetze der Entwickelung Geforderte auch da zu postulieren, wo es in der Überlieferung verwirrt oder aus ihr verschollen ist"; die Geschichtswissenschaft sei auf „dies aprioristische Moment" angewiesen.

oder auch nicht intendierten Folgen ihres Handelns und Entscheidens. Es zeigt
sich, daß sämtliche für die Wende und ihre Folgen maßgebenden Grundsatz-
entscheidungen Konstantins in den Jahren 310 bis 314 gefallen sind. Davon
und von den religionspolitischen Intentionen und den gesetzgeberischen sowie
sonstigen Maßnahmen des Kaisers zur Förderung des Christentums bis zu
seinem Lebensende im Jahre 337 soll hier die Rede sein. Angestrebt ist also nicht
eine neue politische Biographie des Kaisers[4], sondern ein politisch-historisch
orientiertes Bild von Konstantins Weg zum Christentum und von den verschiedenartigen Konsequenzen des Neuen in der Religionspolitik während seiner Herrschaft. Ausgehend von einer ins Grundsätzliche gehenden Auseinandersetzung mit der älteren und neuesten Forschung und von gewissen, in der
konstantinischen Zeit liegenden Bedingungen (Kap. I 2 und II), will ich zeigen,
daß, wie und wann Konstantin zum ersten christlichen Kaiser und christlichen
pontifex maximus der Weltgeschichte geworden ist (Kap. III bis V); die Quellenlage erlaubt hier manchmal nur hypothetische Aussagen. Danach sollen, mit
Blick auf Indizien für die Wende und auf des Kaisers erhaltene Aussagen über
seine Hinwendung zum Gott der Christen (Kap. VI, mit Exkurs 2 zu seiner
oratio ad sanctorum coetum), zentrale Themen seiner Religionspolitik zur
Sprache kommen, so die massive Förderung des christlichen Klerus und der
Gemeinden (Kap. VII), aber auch die für die Christen neue Wirklichkeit in
Gestalt des christlichen Kaisers als einer erstmaligen höchsten irdischen Instanz
in Fragen des Glaubens, der kirchlichen Ordnung und der Disziplin (Kap.
VIII); in diesen Kontexten wird auch die Frage nach der Politik gegenüber den
Paganen und den Häretikern behandelt. Zuletzt werde ich das konstantinische
Programm einer Christianisierung des *Imperium Romanum* und der zu seiner
Zeit bekannten Menschheit besprechen, durch welches der Kaiser zum Weg-
bereiter des Christentums als Weltreligion geworden ist (Kap. IX).

2. ‚Politisch' in der Spätantike

Bis zum heutigen Tage ist das vom aufklärerischen wie auch vom pietistischen
‚Anti-Konstantinismus' nachhaltig beeinflußte[5] Konstantinbild J. Burckhardts
in der nationalen wie der internationalen Forschung von außerordentlicher
direkter und indirekter Wirkung geblieben. Daher soll es hier zum Zweck der
eigenen Positionsbestimmung etwas ausführlicher zu Worte kommen.

---

4   Zu allen Fragen der Biographie Konstantins: Bleckmann, Konstantin; Brandt, Kon-
      stantin; Clauss, Konstantin; Turcan, Constantin. Vgl. auch Herrmann-Otto.
5   Mazzarino, Introduzione zu Burckhardt, L'età 14, 22 f.; Calderone, Letteratura,
      bes. 237 ff. Siehe auch Nowak 202 ff. mit 187 ff. zu G. Arnold und E. Gibbon.

Vor mehr als 150 Jahren hatte der große Kulturhistoriker den Kaiser als einen „ganz wesentlich" unreligiösen Machtpolitiker dargestellt, als einen „mörderischen Egoisten, der aber das große Verdienst besaß, das Christentum als Weltmacht begriffen und danach behandelt zu haben", als einen „Egoisten im Purpurgewand", als den Gestalter einer „innerlich frivolen Staatsgewalt"[6]. Dunkler Hintergrund dieser Wertungen ist die Vorstellung von der „Lebenskrise der alten Welt", von der „Abenddämmerung des Heidentums", dem „gealterten Römerreich", der „Alterung und Verkommenheit der römischen Zustände", dem „Greisenleben der antiken Welt", einer unleugbaren „Ausartung der Rasse"[7]. Das Heidentum sei „in voller Auflösung begriffen" gewesen, „ja in einem solchen Zustande, daß es auch ohne den Zutritt des Christentums kaum noch lange fortlebend zu denken ist"; der Islam hätte es ebensogut ablösen können, da es „schon allzu tödlich geschwächt durch innere Zersetzung und neue willkürliche Mischung (sc. der Götter)" gewesen sei[8]. Daher sei Konstantins „geschichtliche Tat" in der „Ablösung des Reiches von der alten Religion" zu sehen, „welche in ihrer damaligen Zerrüttung trotz dem obligaten Kaiserkultus keine Hilfe mehr für die Staatsgewalt sein konnte"[9].

Mit dieser Feststellung kommt die Rolle der Religion und so auch die des Christentums als ein politisch stabilisierender Faktor ins Spiel. Außer der Armee sei nämlich die „so kleine Minorität" der christlichen Kirche „die einzige organisierte Kraft im Reiche" gewesen; in ihr „eine künftige Stütze des Imperiums geahnt und sie danach behandelt zu haben", sei „der ewige Ruhmestitel Constantins"[10]. Denn der Kaiser „fand den Klerus schon so eigentümlich zur Macht organisiert und durch die Verfolgung (sc. zuletzt seitens Diokletians und der Tetrarchie 303 bis 311) so sehr gehoben vor, daß er entweder durch diese Korporation und ihren hohen Kredit herrschen oder sie über kurz oder lang zum Feinde haben mußte"[11]. Er habe die Bischöfe für Männer gehalten, „welche das Reich aus den Angeln heben konnten", sie hätten sich jedoch auf Grund

---

6 Burckhardt, Zeit 423 ff. (Neunter Abschnitt), zit. 423, 424, 469. – Brennan, mit interessanten Hinweisen auf Konvergenzen und Divergenzen zwischen Burckhardt und Ranke; Nowak 193–202; Heinze 82–91 (Burckhardts Konstantinbild); Leppin, Constantin; Schlange-Schöningen, „Bösewicht" 237 ff.

7 Burckhardt, Zeit, Siebenter Abschnitt („Alterung des antiken Lebens und seiner Kultur") zit. 307, 308, 309, 314.

8 Ebd. Fünfter Abschnitt („Das Heidentum und seine Göttermischung") 178.

9 Ebd., Neunter Abschnitt („Constantin und die Kirche") 433.

10 Ebd. – Ein Bild der Vorzüge des Christentums gegenüber dem Paganismus: ebd., Fünfter Abschnitt („Das Heidentum und seine Göttermischung") 174–178. Vgl. bereits Gibbon, Decline Kap. XX, Bd. 2, 227: „In the beginning of the fourth century the Christians still bore a very inadequate proportion of the inhabitants of the empire; but among a degenerate people…the spirit and union of a religious party might assist the popular leader"; differenzierter dann ebd. 235 f.

11 Burckhardt, Zeit 446.

seiner geschickten Kirchenpolitik „vor ihm gebeugt"[12]. Schon in seinen frühen
Jahren bis 323 habe er dem Christentum aufmerksam zugesehen, „was es leisten,
was es einem klugen Regenten nützen könne", und habe dabei die Überzeugung
gewonnen, „daß man aus dieser gewaltigen Macht eine Stütze des Thrones
schaffen könne, jedenfalls aber sich ihrer rechtzeitig versichern müsse, weil diese
Macht schon anfing, sich seiner zu versichern"[13]. Ein Napoleon *avant la lettre*,
habe der Kaiser eine „profane Seele" und eine „kalte, schreckliche Herrschbe-
gier" besessen, und von daher bestimmt sich „das Bild eines großen, genialen
Menschen", „der in der Politik von moralischen Bedenken nichts wußte und die
religiöse Frage durchaus nur von der Seite der politischen Brauchbarkeit
ansah"[14]. So gelangte J. Burckhardt zu der Ansicht, „daß Constantin sich fast
zeitlebens nicht als Christ ausgab und gebärdete, sondern sich bis in die aller-
letzten Zeiten ziemlich unverhohlen die persönliche Überzeugung frei behielt" –
ein Mann, der „ein politischer Rechner" war, „der alle vorhandenen physischen
Kräfte und geistigen Mächte mit Besonnenheit zu dem einen Zwecke benützt,
sich und seine Herrschaft zu behaupten, ohne sich irgendwo ganz hinzuge-
ben"[15]. Was er erkennen ließ, war lediglich „der öde Deismus eines Eroberers,
welcher einen Gott braucht, um sich bei allen Gewaltstreichen auf etwas außer
ihm berufen zu können"[16]. Über allem aber waltete eine von J. Burckhardt als
unwiderstehlich betrachtete anonyme Macht: eine Macht mit dem Namen
‚historische Notwendigkeit', und darin, daß Konstantin bewußt oder unbewußt
oder halb bewußt in ihrem Sinne handelte, bestand aus der Sicht des Historikers
die Größe des Kaisers: „Eine hohe geschichtliche Notwendigkeit hatte das
Christentum auf Erden eingeführt, als Abschluß der antiken Welt, als Bruch mit
ihr, und doch zu ihrer teilweisen Rettung und Übertragung auf die neuen
Völker, welche als Heiden ein bloß heidnisches Römerreich vielleicht gänzlich
barbarisiert und zernichtet haben würden. Sodann aber war die Zeit gekommen,
da der Mensch in ein ganz neues Verhältnis zu den sinnlichen wie zu den
übersinnlichen Dingen treten sollte, da Gottes- und Nächstenliebe und die
Abtrennung vom Irdischen die Stelle der alten Götter- und Weltanschauung
einnehmen sollten"[17].

---

12 Ebd. 457 f.
13 Ebd., Achter Abschnitt („Die Christenverfolgung, Constantin und das Thronrecht")
    403.
14 Ebd. 409. Napoleon: ebd. 410.
15 Ebd. 377.
16 Ebd. Neunter Abschnitt („Constantin und die Kirche") 431.
17 Ebd. Fünfter Abschnitt („Das Heidentum und seine Göttermischung") 173 f. – Dies
    offenbar gegen die bekannte These von Gibbon, Ursache des von ihm dargestellten
    Niedergangs der römischen Welt sei „the triumph of barbarism and religion" gewesen:
    Decline Kap. LXXI, Bd. 6, 553. Hierzu differenzierend Nippel.

Wer die „hohe geschichtliche Notwendigkeit" verhängt hat, die das bezeichnete ‚Sollen‘ verfügte, und wieso „die Zeit gekommen" war, wird in diesem
Zusammenhang nicht erörtert. Doch in den wenigen Sätzen manifestiert sich
aufs Gedrängteste das Koordinatensystem der historischen Urteilsbildung J.
Burckhardts, die in der Gestaltung des Bildes von Konstantin zur Wirkung
kommt. Der Autor stellt die nach Gesagtem nur noch rhetorische Frage, „ob
nicht das Christentum die Bestimmung haben sollte, die Nationalitäten zu
erfrischen und auch dem Staatswesen einen neuen Halt zu geben"[18] – die
„Bestimmung", wer auch immer sie festgelegt haben mag. Konstantin aber
handelte „gleich von seinem ersten politischen Auftreten an konsequent nach
demjenigen Prinzip", „welches der energische Ehrgeiz, solange die Welt steht,
‚Notwendigkeit‘ genannt hat. Es ist jene wundersame Verkettung von Taten und
Schicksalen, in welche der höher begabte Ehrgeizige wie von einer dunklen
Macht hineingezogen wird. Vergebens ruft das Rechtsgefühl ihm seinen Protest
entgegen, vergebens steigen Millionen Gebete der Unterdrückten zur Nemesis
empor – der große Mensch vollzieht, oft ohne Wissen, höhere Beschlüsse, und
ein Weltalter drückt sich in seiner Person aus, während er selber seine Zeit zu
beherrschen und zu bestimmen glaubt"[19].

Unter dem Gesichtspunkt des Waltens von anonymen Mächten wie ‚hoher
geschichtlicher Notwendigkeit‘, ‚höheren Beschlüssen‘, ‚Bestimmung‘ und
einem gebieterischen überindividuellen ‚Sollen‘ versteht es sich fast von selbst,
„daß das Christentum, einmal geduldet, zur herrschenden Religion werden mußte"[20]
– es „mußte" dazu „werden". Und auch als schließlich durch Konstantins Religionspolitik Kirche und Staat zu einer immer engeren Verbindung gelangten,
sieht J. Burckhardt höhere, weltgeschichtliche, unwiderstehliche und zielge-
richtete Prozeßhaftigkeit am Werke, die zu einem notwendigen Ergebnis führte:
„allein was sollte (der Kaiser) machen, wenn durch einen allgewaltigen Drang
der Zeit die Kirche ihm unter den Händen zum Staat und der Staat zur Kirche
wurde?…Die Theokratie, welche sich hier entwickelte, war nicht das Werk des
einzelnen kirchenschützenden Kaisers und ebensowenig die bewußte Gründung
einzelner besonders schlauer Bischöfe, sondern das große, notwendige Resultat
eines weltgeschichtlichen Prozesses"[21].

Die von J. Burckhardt ausgehende Forschungsrichtung ist enorm wir-
kungsvoll gewesen[22]. Sie findet auch heute immer noch mit verschiedenartigen

---

18 Burckhardt, Zeit, Siebenter Abschnitt („Alterung des antiken Lebens und seiner Kultur")
    307.
19 Ebd., Achter Abschnitt („Die Christenverfolgung, Constantin und das Thronrecht")
    377 f.
20 Ebd., Neunter Abschnitt („Constantin und die Kirche") 428; Hervorhebung von J.
    Burckhardt.
21 Ebd. 448 f.
22 Dagegen aber schon u. a. Brieger 10 f.; Funk; v. Ranke; Seeck, Untergang 56 ff., bes. 58.

Variationen und Modifikationen ihre Anhänger[23], und die deutsche Neuausgabe der „Zeit Constantins des Großen" von 1982, die italienischen Übersetzungen von 1970 und 1990 sowie eine gerade im Jahre 2007 erschienene Neuausgabe der englischen Übersetzung von 1949 werden vermutlich ihre Wirkung nicht verfehlen[24].

Dieser geistesgeschichtlich zweifellos bedeutenden Forschungsrichtung kann ich mich nicht anschließen. Ich fühle mich vielmehr u. a. der sehr gut begründeten Einsicht des Kirchenhistorikers R. Lorenz verpflichtet, der vor etlichen Jahren über Konstantin geschrieben hat: „Machtinstinkt und Religiosität, Grausamkeit und Frömmigkeit verbinden sich bei ihm…Es gibt keine Alternative zwischen dem Machtpolitiker Konstantin und dem gläubigen Frommen"[25]. Etwas zugespitzt gesagt und leicht modifiziert, setze ich hinzu: der Kaiser, dieser „pieux mégalomane"[26], war einerseits ein militärisch und politisch unvergleichlich geschickter und effizienter, vielleicht sogar genialer, dabei auch bis zur Maßlosigkeit skrupelloser Machtmensch[27], berechnend, brutal, verschlagen; beispielsweise sein Umgang mit Rivalen um die Herrschaft (wie Maximianus Herculius, Maxentius, Licinius samt Familien) und sogar mit engsten Familienangehörigen (dem Sohn Crispus, der Gattin Fausta – die sog. Familienmorde[28]), spricht eine deutliche Sprache, und es kann gut sein, daß dies, auch wenn ihm der pagane Kaiserkollege Licinius darin in nichts nachstand[29], durch den schreienden Kontrast zu ethischen Werten des Christentums in unserer heutigen Zeit ‚Medientauglichkeit' des ersten christlichen Kaisers

---

23 Wie Burckhardt etwa Hönn 195; Moreau, Religionspolitik. Jetzt auch Kee sowie Bleicken, Constantin; dagegen Bringmann, Wende. Zum Konstantinbild von Bleicken (teilweise orientiert an Grégoire) siehe auch Heinze 277–282. – Für die Debatte um Burckhardt und den Gang der historischen Urteilsbildung wichtig ist die Aufsatzsammlung von H. Kraft (Hg.), Konstantin; Sproll, Gestalten passim, bes. 132 ff.; der Autor spricht (134) von einem „rationalistische(n), von der Hermeneutik des Verdachts geleitete(n) Deutungsparadigma" Burckhardts. Zur jüngeren Forschung siehe die Studie von Schlange-Schöningen, Neuzeit; dazu auch die Aufsatzsammlung: ders. (Hg.), Konstantin.

24 Deutsche Neuausgabe mit Nachwort von Christ; Burckhardt, L'età 1970 und 1990; Burckhardt, Age. – Eine französische Übersetzung existiert nach meiner Kenntnis nicht.

25 Lorenz, KiG I C 1 (Westen), 4. Vgl. auch bereits Seeck, Bekehrung; Müller, Konstantin; Baynes 4 f.

26 Veyne 161.

27 Vgl. Aur. Vict. XL 2 über Konstantin im Jahre 305: *cuius iam tum a puero ingens potensque animus ardore imperitandi agitabatur.*

28 Drijvers, Fausta; Marasco; Brandt, Konstantin 118 ff.; Paschoud; Herrmann-Otto 140 ff.

29 Siehe nur Lact. mort. pers. 50 f. – Zu den Morden des Licinius: Kienast, Bellum; Städele, Tod.

verhindert hat[30]; vielleicht auch zählen diese Eigenschaften und Verhaltensweisen zu den Gründen, die einen Teil der Forschung dazu veranlaßt haben zu bestreiten, daß Konstantin jemals ein Christ gewesen ist. Auf der anderen Seite war der Kaiser fromm in dem Sinne, daß er, wie wohl alle Paganen und Christen seiner Zeit, das Irdische unmittelbar von himmlischen Mächten abhängig dachte, von Mächten, die aber durch Taten und Verhaltensweisen des Menschen beeinflußbar waren[31], und daß er sich dementsprechend eingestellt hat.

Ebendies ist das Charakteristikum des Politischen in der Spätantike, das man als Historiker in Rechnung zu stellen hat. Aus gegenwärtiger Sicht mag man eine solche Art zu denken abergläubisch-magisch und irrational nennen. Unter den spätantiken Bedingungen sind aber jedenfalls Politik und Religion untrennbar ineinander verschlungen: das Religiöse ist immer politisch, das Politische immer religiös, und es wäre, weil das so ist, verfehlt, wollte man bei der historischen Urteilsbildung das eine gegen das andere aufrechnen oder gar ausspielen. Wenn daher V. Schultze (1901), gegen J. Burckhardt gerichtet, bemerkte, Konstantins „Bund" mit dem Christentum sei „politisch betrachtet eine Torheit" gewesen, weil das Christentum keine machtpolitisch relevante Position besaß[32], wird dies dem spätantiken Verständnis des Politischen nicht gerecht. Und wenn fast hundert Jahre später H. Brandt (1998) „die übergeordnete Frage" stellte, „ob Konstantins Begünstigung des Christentums auf politisches Kalkül oder auf religiöse Überzeugung zurückzuführen ist", und zu dem Ergebnis kam, die Frage entziehe sich „bislang einer klaren Beantwortung"[33], muß man sagen, daß eine Beantwortung auch in Zukunft nicht möglich ist, da die in der Frage formulierte Alternative in der Antike nicht existierte.

---

30 Goltz, (K)ein Held; ders., Der ‚mediale' Konstantin. Vgl. Schwartz 64: „Es soll nicht bestritten werden, daß die persönliche Sittlichkeit des ersten Kaisers, der zwar nicht Christ war, aber wenigstens als getaufter Christ starb, nicht viel höher stand als die eines orientalischen Sultans". Vgl. Sproll, Gestalten 128 ff. zu anderen Gründen für die Konstantinische Wende als einen „negativ besetzten Gedächtnisort" (129).

31 Vgl. Dodds; Brown, World; dazu Brown sowie zahlreiche weitere Autoren in: World revisited. Siehe auch ders., Heiden, bes. 31 ff., 87 ff. – Ich verwende das Wort ‚pagan'/ ‚Paganismus' natürlich ohne negative Konnotation; zur frühen Geschichte des Wortes (im Sinne von göttergläubig, nicht-christlich): Grégoire/Orgels; Mohrmann; O'Donnell. Vgl. auch H. Cancik, Handbuch religionswissenschaftlicher Grundbegriffe 4, 1998, 302, s. v. Paganismus.

32 Schultze 769.

33 Brandt, Geschichte 32.

II. Voraussetzungen

1. Die christliche Kirche am Beginn des 4. Jahrhunderts – ein Machtfaktor?

a. Forschung zum ‚Sieg der Kirche‘

J. Burckhardt hatte das Christentum am Beginn der Zeit Konstantins als eine „gewaltige Macht" bezeichnet, als eine „Weltmacht", die Bischöfe als „Männer, welche das Reich aus den Angeln heben konnten", und das große Verdienst des Kaisers sei es gewesen, dies erkannt und – im Sinne eines welthistorischen Individuums – das Christentum, ohne selber im Geringsten religiös zu sein, als Machtpolitiker entsprechend behandelt zu haben[34]. Von dort leitet sich die auch heute noch weit verbreitete Ansicht her, daß das Christentum, mag es um das Jahr 300 zahlenmäßig auch und gerade im zunächst nur westlichen Herrschaftsbereich Konstantins (Britannien, Gallien, Hispanien: siehe die Karte des Imperiums Abb. 1) gänzlich unbedeutend gewesen sein, in einer Art von zielgerichtetem, einer ‚historischen Notwendigkeit‘ oder ‚Gesetzen‘ folgendem, von ‚höheren Mächten‘ gesteuertem oder der Geschichte immanentem Entwicklungsprozeß[35] – oder wie auch immer diese beliebten Mystifikationen heißen mögen[36] – über kurz oder lang sogar auch ohne Konstantin zu einer, wie manche meinen, den im Untergang begriffenen Paganismus[37] verdrängenden Reichs- und Weltreligion geworden wäre. Wie A. von Harnack (1902/1924) es einst von der Prämisse „Bankerott der alten griechisch-römischen Religion" her, J. Burckhardt hinsichtlich des Religiösen im positiven Sinne variierend, bis heute wirksam formuliert hat: es sei „müßig zu fragen, ob die Kirche auch ohne Constantin den Sieg erstritten hätte. Irgendein Constantin hätte doch kommen müssen, nur wäre es von Jahrzehnt zu Jahrzehnt leichter geworden, jener

---

34 S. o. bei Anm. 10 ff.
35 Burckhardt sprach von „hoher geschichtlicher Notwendigkeit", von „höheren Beschlüssen": s. o. bei Anm. 17 ff. Vgl. auch Mommsen, oben bei Anm. 3.
36 Zu ihnen zähle ich auch den derzeit populären Versuch, mit sozialwissenschaftlichen Methoden und orientiert an modernen Sekten in Amerika Ausbreitungs- und Aufstiegstendenzen des antiken Christentums (mit schöner Regelmäßigkeit eine Wachstumsrate von ca. 3, 4 Prozent jährlich…) zu berechnen: Stark. Vgl. auch (differenzierter) Hopkins.
37 Siehe z. B. Burckhardt, Zeit 173 ff. (Fünfter Abschnitt), 305 f. (Sechster Abschnitt), 307 ff. (Siebenter Abschnitt: „Alterung des antiken Lebens und seiner Kultur"). – Leppin, Burckhardt and paganism.

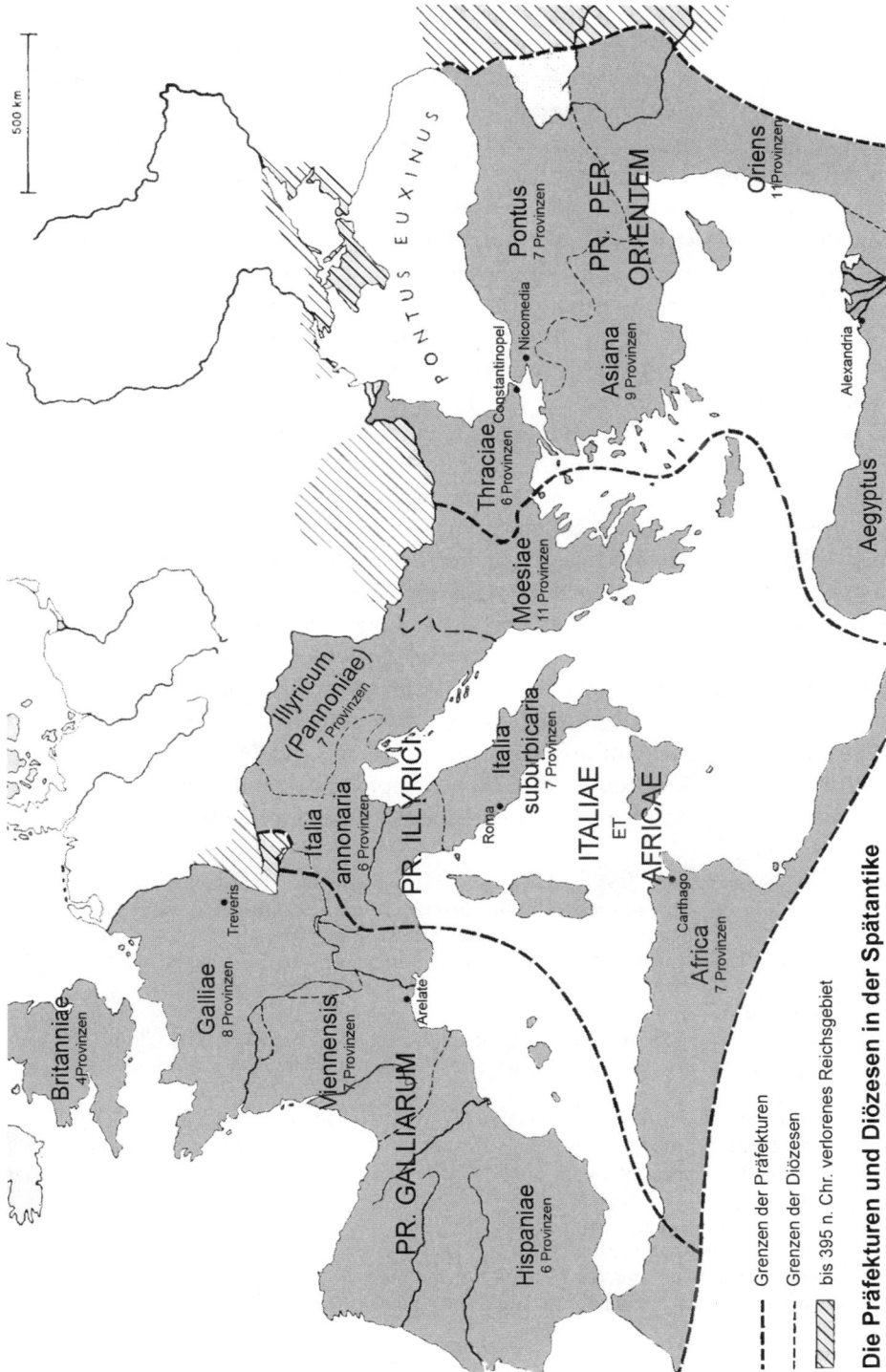

Abb. 1: Das römische Imperium in der Spätantike

Constantin zu sein…Daß (der Kaiser), was kommen mußte, klar erkannte und sicher ergriff, das war seine Genialität, die mit seiner Religiosität verbunden war"[38]. Sollte man daher nicht mit E. Krebs (1913) eine nur „amtliche Mitwirkung" des Kaisers „beim endgiltigen Siege des Christentums" konstatieren und zu dem Ergebnis kommen: „All seine Taten waren nur Mitursachen für die Beschleunigung des Sieges der Kirche. Der Hauptgrund für denselben lag in der übernatürlichen Kraft des Christentums selber…, weil es innerlich über die anderen Religionen turmhoch emporragte"[39]? Sind also neuere Autoren nicht bis zu einem gewissen Grade im Recht, wenn sie schreiben: „das Christentum (wäre) auch ohne Konstantin zum Sieg über die spätantike Welt gekommen" (K. Aland, 1957)[40]; oder: „Konstantin hat…aus der Einsicht in den faktisch schon errungenen Sieg des Christentums gehandelt, als er diesem Duldung und dann Bevorzugung gewährte… Ein Kaiser nach Konstantin hätte früher oder später eine Verständigung mit der siegreichen Kirche suchen müssen" (K. Baus, 1962/63)[41]; oder: „Die römische Welt war reif dafür, christlich zu werden, und Konstantin kam dem Gebot der Stunde nach, weil er sich als Christen glaubte" (H. Kraft, 1974)[42]; oder: Konstantin „hat die sich in seiner Epoche vollziehende Entwicklung zu einem christlichen Staat gewollt und unterstützt" (E. Dassmann, 1996)[43]? Und ist es nicht tatsächlich so, daß das Christentum deshalb den „Sieg" davongetragen hat bzw. „zur stärksten Kraft auf dem religiösen ‚Markt der Möglichkeiten' der Spätantike" geworden ist (M. Wallraff, 2001), weil „der Versuch eines gleitenden Übergangs vom Polytheismus zum Monotheismus aus prinzipiellen Gründen zum Scheitern verurteilt war"[44]? War also der „Sieg" des Christentums aus „prinzipiellen Gründen" historisch unvermeidlich, und was wären dann diese prinzipiellen Gründe? So etwas wie die ‚turmhohe' Überlegenheit des Christentums? Oder Gottes Wirken in der Ge-

---

38 Zit. v. Harnack 1 und 955 f.; ähnlich zuvor schon Brieger 25 ff. – Heute ähnlich (auch in den nächsten Anmerkungen) beispielsweise Barnes, Constantine and Christianity, bes. 292 ff.; Piepenbrink, Konstantin der Große – wendet sich nicht. – Zum ‚Niedergang' des Paganismus: z.B. auch Bleicken, Verfassungs- und Sozialgeschichte II, 105–131.

39 Krebs, Religionen 1 f.

40 Aland, Haltung 598. Vgl. auch die Schlußbemerkung von Fleck 310: „Eine Anerkennung als *religio licita* wurde auf lange Sicht unausweichlich und war nur noch eine Frage der Zeit".

41 Baus in Baus/Jedin, Handbuch 1, 473.

42 H. Kraft, Einführung zu ders. (Hg.), Konstantin 18. Vgl. auch Moreau, Religionspolitik 113 über Konstantin, der „die Einsicht hatte, auf die Sache zu setzen, die triumphieren sollte".

43 Dassmann, Kirchengeschichte II 1, 28.

44 Wallraff, Christus 198, 202, 205. Der Autor kommt bei seinen Versuchen, die Frage zu beantworten: „Was sind die Gründe für den Sieg des Christentums?" (198), ohne den kleinsten Hinweis auf die Christianisierungspolitik Konstantins aus.

schichte? Ist es nicht schließlich richtig zu sagen (A. Demandt, 2007): die „Dominanz des Christentums", die Konstantins Sieg 312 folgte, „hätte sich bei anderem Ausgang verzögert", wäre also, wegen vielfältiger Überlegenheit des Christentums gegenüber allen anderen Religionen, in jedem Falle eingetroffen[45]?

Trotz soviel überwältigender Einigkeit: nichts, das für den Historiker wissenschaftlich greifbar wäre, spricht für diese Ansichten.

b. Antike Realitäten

In der neueren Forschung wird das frühe Christentum neuerdings sogar einmal als „a mass movement" bezeichnet[46]. Doch um das Jahr 300 und noch lange danach bildeten die Christen[47], aufs Ganze des römischen Reiches gesehen, im Vergleich zu den Anhängern anderer Religionen[48] eine kleine, im Westen kaum, im Osten etwas stärker vertretene Minderheit[49]. Schätzungen – exakte Daten gibt es nicht – schwanken zwischen 20 und 5 Prozent; realistisch sind vielleicht ca. 5 bis 10 Prozent[50]. Sehr viel wichtiger als diese allgemeine quantitative Relation – ca. 90 bis 95 % Nichtchristen, 5 bis 10 % Christen – ist für eine nach den Maßstäben der Zeit adäquate Beurteilung der persönlichen religiösen Option und der Christenpolitik Konstantins aber die Tatsache, daß es in den Führungsschichten der zivilen Gesellschaft[51] und vor allem der Armee[52], von wenigen Ausnahmen abgesehen, um diese Zeit noch keine Christen gab[53].

---

45 Demandt, Spätantike 82. Ähnlich ders., Wenn Kaiser träumen 51.
46 Drake, Constantine and the Bishops 306: „with a militant wing".
47 Eigentlich müßten sie auch im Deutschen ‚Christianer' heißen wie im Griechischen, Lateinischen, Italienischen (cristiani), Französischen (chrétiens), Spanischen (cristianos), Englischen (Christians). Den Namen Χριστιανοί/*Christiani*/Christianer haben sie wohl um 50 n.Chr. in Antiochien erhalten (Lk 11, 26; vgl. 1 Petr 4, 16); wie die nach römischen Regeln erfolgte Namensbildung zeigt, wohl von den römischen Behörden, die nicht wußten, daß ‚Christus' kein Eigenname, sondern ein Hoheitstitel – der Messias, der Gesalbte – war (vgl. Lact. inst. div. IV 7, 4 ff.). Darüber v. Harnack 424–428.
48 Vitalität des Paganismus: siehe nur Geffcken; Christensen, Christus 22 ff.; Brown, Heiden z.B. 81 ff.; MacMullen, Paganism; Lane Fox Kap. 2–5, für die Zeit zwischen Gallienus und Diokletian ebd. Kap. 11 (hier bes. III und IV); Alföldy, Krise; Bowersock, Hellenism; Fowden, Empire 37–60; Beard/North/Price 364–388. – Vgl. Christiansen; Girardet, Wende 82 ff.
49 Grundlegend bis heute: v. Harnack bes. 946 ff.
50 Vgl. Gibbon, Decline Kap. XV Bd. 2, 210; v. Hertling; Kötting; Lane Fox 265–293, 585 ff., 592: 4–5 Prozent; Praet; Hopkins; Fleck; Drake, Models. – Clauss, Kulte 39 rechnet wie Lane Fox mit ca. 5 Prozent Christen.
51 Vgl. Eck, Eindringen; ders., Christianisierung.
52 v. Harnack 577–588; Gabba; Clauss, Heerwesen bes. 1105 ff.; Tomlin.
53 Bringmann bes. 25 ff.; Edwards, Beginnings.

Eusebius von Caesarea hat allerdings eine Schilderung der Verhältnisse zu Beginn des 4. Jahrhunderts gegeben, die einen anderen Eindruck erwecken könnte (HE VIII 1, 1–6). Doch das hier von dem Bischof gezeichnete idyllische Bild stellt nur die helle Folie für die Schreckenszeit der Diokletianischen Christenverfolgung seit 303 dar. Es soll nach Eusebius (2) vor Beginn der Verfolgung sogar unter den Statthaltern der mehr als 100 Provinzen Christen gegeben haben. Völlig ausgeschlossen ist das nicht, wenn es sich bisher seltsamerweise auch nicht verifizieren läßt. Es würde sich jedenfalls um die Ausnahme handeln, die die Regel bestätigt. Ferner hätte es nach Eusebius in Trier am Hofe von Konstantins Vater Konstantius I., der als ein Christ geschildert wird, von Christen geradezu gewimmelt[54]. Doch tatsächlich war der Kaiser ein Paganer, der sich auch an der Christenverfolgung beteiligt hat[55].

Entscheidend für die Frage nach möglichen Motiven von Konstantins Hinwendung zum Gott der Christen ist die Tatsache, daß die Christen auf keinen Fall als eine relevante und darum machtpolitisch interessante Kraft angesehen werden konnten, die geradezu darauf gewartet hätte, von einem ehrgeizigen aufstrebenden Politiker als solche erkannt und für eigene Zwecke genutzt zu werden. Das gälte auch dann, wenn ihre hierarchisch verfaßten Gemeinden je für sich und mit Ansätzen zu überregionaler Organisation[56] gefestigte Einheiten gebildet hätten. Doch das war durchaus nicht der Fall; erst mit den Kanones von Nicaea (325) beginnt, möglicherweise auf Initiative Konstantins, im Osten allmählich der systematische Aufbau und Ausbau einer an der staatlichen Verwaltungsstruktur und Reichsgliederung orientierten Provinzial- und Metropolitanverfassung, die im wenig christianisierten Westen noch erheblich später und dann auch nur sehr zögerlich verwirklicht wird[57]. Zahlreich sind zudem die Zeugnisse für die aus politischer Perspektive ausgesprochen unattraktive innerkirchliche Situation in Gestalt von wechselseitigen Exkommunikationen, konkurrierenden Hierarchien, gewalttätigen Auseinandersetzungen etc.[58]. Der Bischof Eusebius von Caesarea faßte die Diokletianische Christen-

---

54 VC I 13–18. Vgl. auch Konstantin selbst über seinen Vater in Eus. VC II 49, 1.

55 S. u. bei Anm. 130 f.

56 Zur organisatorischen Struktur der Kirchen siehe Überblicke bei v. Harnack, Mission 459 ff.; Baus/Jedin, Handbuch 1, 172 ff., 388 ff.; Andresen, Geschichte des Christentums I 21 ff., 29 ff.; Jacobs 117–136.

57 K. Müller, Beiträge; Lorenz, KiG I C 1 (Westen) 7 und 16, 80 ff., 82 ff.; ders., KiG I C 2 (Osten) 134 f., 217 f. Vgl. Calderone, Costantino 50 ff.

58 Siehe nur den Hinweis des Christengegners Celsus bei Origen. c. Cels. V 61 ff. – v. Harnack 928–932; Bauer; Goppelt 63 ff., 112 ff.; Lorenz, KiG I C 1 (Westen), 6 ff.; ders., KiG I C 2 (Osten), 112 ff. etc.; Dassmann, Kirchengeschichte I 123–150. – Drake, Constantine and the Bishops 198 glaubt hingegen, für den Kaiser, sei es nun Konstantin oder welcher andere auch immer an seiner Stelle, hätte die unbedingte Notwendigkeit bestanden, zu einem ‚Ausgleich‘ und zu ‚Kooperation‘ mit den Christen zu kommen.

verfolgung geradezu als Strafe Gottes für innerkirchliche Streitigkeiten auf[59]. Als Beispiel sei die Stadt Rom zur Zeit des Kaisers Maxentius (306 bis 312) genannt, d. h. während die große, von 303 bis 311 dauernde Diokletianische Christenverfolgung im Osten noch im vollen Gange war. Der römische Bischof – ich nenne ihn nicht ‚Papst'; denn das Papsttum existierte, historisch gesehen, noch nicht – der Bischof Marcellinus[60] also folgte 303/4 wie wohl ebenso sein Presbyter Miltiades, der 311 dennoch Bischof von Rom wurde, dem kaiserlichen Opferbefehl (oder hat er ‚nur' heilige Schriften ausgeliefert?); als dann der Usurpator Maxentius 306 in seinem Machtbereich Italien und Nordafrika (siehe Karte Abb. 1) die Verfolgung eingestellt hatte[61], amtierten nach mehrjähriger Vakanz des Bischofssitzes in der Hauptstadt des Imperiums wohl seit 308 zeitweise, nach einem Marcellus, zwei römische Bischöfe mit Namen Eusebius und Heraclius gleichzeitig, und es kam, von den Christen initiiert, wegen des Umgangs mit Glaubensgenossen, die in der Verfolgungszeit schwach geworden waren, mehrfach zu öffentlichen Unruhen und Straßenkämpfen mit Todesopfern[62]. Dies nötigte den Kaiser, der kein Christenfeind war, zu scharfen ordnungspolitischen Maßnahmen (Verbannung der drei genannten Bischöfe)[63]. Laktanz sodann weist im 2. Jahrzehnt des 4. Jahrhunderts auf die Existenz von *multae haereses* hin und beklagt, daß „das Volk Gottes durch Einflüsterungen von Dämonen zerrissen ist" (*instinctibus daemonum populus dei scissus est*)[64]; allenthalben sei es im Kampf um das Bischofsamt (*maximum sacerdotium*) zu Schismen gekommen, und ketzerische Gemeinschaften wie *Phryges, Novatiani, Valentiniani, Marcionitae, Anthropiani seu quilibet alii* sind für seine Zeit die allgegenwärtige Wirklichkeit[65]. Ein anderes Beispiel: bei Beginn des Konzils von Nicaea (325) wurde Konstantin geradezu überhäuft mit Klageschriften von Bischöfen gegen ihre Kollegen, und nur weil er die Texte sämtlich ungelesen verbrannte, blieben sie ohne Folgen[66]. In seinem Edikt von ca. 324/326, das jegliche Ketzerei verbot, sah er sich sodann veranlaßt, wie zuvor Laktanz

---

59 HE VIII 1, 7–9; 2, 1–3. Siehe auch schon ebd. VII 30, 21.
60 Das Namenmaterial bei Rüpke, Fasti 1, 493 ff.
61 Dazu s. u. bei Anm. 139 und 622.
62 Bischof Damasus von Rom, epigr. (ed. Ferrua) 18: Heraclius und Eusebius, und 40: Marcellus.
63 Dazu siehe Kriegbaum, Religionspolitik 39 ff.; Curran 63 ff. – Zur Zeit vor 303 vgl. Leadbetter 2–8; über die Zustände zwischen 306 und 312 ebd. 8–10. Die weiteren Ausführungen des Autors – „Constantine needed to win over his Christian subjects" etc. (10); „for his own sake he needed to convince the sceptical and divided Christians of Rome that his conversion was valid" (11); „His objective was to convince the Christian community (sc. in Rom) of his sincerity" (12) – kann ich jedoch nicht teilen, da sie keinerlei Anhalt in den Quellen finden.
64 Lact. inst. div. IV 30, 1 (ff.).
65 Ebd. 5.
66 Sokr. HE I 8, 18 ff.; Soz. HE I 17, 3–5.

mehrere besonders prominente und weit verbreitete Ketzergemeinschaften auch noch eigens mit Namen aufzuführen[67]. Epiphanius verzeichnet in seinem in den 370er Jahren verfaßten ‚Panarion' nicht weniger als 80 häretische Gemeinschaften – die sich natürlich als die wahren rechtgläubigen verstanden –, und Augustinus schließlich spricht in seinem Werk ‚de haeresibus', verfaßt um 428, von 88 Häresien. Nicht ohne Grund, wenn auch gewiß polemisch übertrieben, hat Kaiser Julian (355/360 bis 363), der getaufte ‚Apostat', aus intimer Kenntnis heraus behauptet, wilde Tiere seien für Menschen nicht so gefährliche Feinde wie die Christen untereinander[68]. Und kaum weniger eindringlich klagte Gregor von Nazianz nach den skandalösen Vorgängen um seine Erhebung zum Bischof von Konstantinopel 381 und seine wenig später erfolgte Absetzung[69]:

> „Keine Angst vor einem Löwen! Ein Panther gehört zu den Zahmen!
> Eine Schlange würde wohl sogar vor dir, der du sie fürchtest, fliehen!
> 35   Vor einem, ich beschwöre dich, weiche du aus: vor den schlechten
>   Bischöfen!
> Habe keine Scheu vor der Würde des Thronos,
> allen ist eigen die Erhabenheit, doch nicht allen das Wohlwollen!
> Laß außer acht den Schafspelz, schau hin auf den Wolf [70]!
> Versuche nicht, mit Worten mich für dich zu gewinnen, sondern mit
>   Taten.
> 40   Verhaßt sind mir Lehren, die in Widerspruch zum Leben stehen."

Wenn die christliche Kirche, verstanden als die Gesamtheit der Kirchengemeinden, tatsächlich, wie auch heute noch mancher glaubt[71], am Anfang des 4. Jahrhunderts ein attraktiver und erfolgversprechender oder wenigstens doch unübergehbarer Faktor des politischen Kräftespiels gewesen wäre[72], dann würde

---

67 Text: Eus. VC III 64 f. (Novatianer, Valentinianer, Markioniten, Paulianer, Kataphryger=Montanisten).

68 Amm. Marcell. XXII 5, 4. Der pagane Historiker Ammian selbst sagt von der *professio* eines Bischofs: *quae nihil nisi iustum suadet et lene* (XXII 11, 5), bezogen auf Georgios von Alexandrien, der diesem Anspruch nicht gerecht wird.

69 In carm. II 12, 33 ff. (PG 37, 1168).

70 Vgl. Mt 7, 15.

71 So etwa Bleicken, Constantin 6 ff.; vgl. ähnlich auch Barnes, Constantine and Eusebius 28, 36 f.; Leadbetter; Haensch, Rolle 154 ff. – Richtig demgegenüber jedoch schon Laven 23 ff. (nach Mitteilung eines Dr. Scheuffgen/Trier).

72 Andresen meinte (43), die Christen des Westens und vor allem in der Stadt Rom seien „zu einer umworbenen Gruppe" in der politischen Rivalität zwischen Konstantin und Maxentius geworden. In den Quellen findet man davon keine Spur. Gleiches gilt für die Ansicht (ebd.), Konstantin sei nach dem Sieg über Maxentius „durch die politische Konstellation auf den Kontakt mit den christlichen Gemeinden angewiesen" gewesen. – Siehe auch Drake und Leadbetter, zit. oben in Anm. 58 und 63.

sich dies im übrigen in der Politik zweier Kaiser bemerkbar gemacht haben, deren Herrschaftsgebiet der erheblich stärker als der Westen christianisierte Osten des Reiches gewesen ist: Maximinus Daia in den Jahren von 311 bis 313 und nach ihm von 313 bis 324 erst recht Licinius, Konstantins zeitweiliger Mitregent (seit 308), Schwager (seit 313) und späterer Rivale. Beide hätten die Anhänger des Christentums, wären sie eine relevante Kraft gewesen, als machtpolitische Stütze gegen Konstantin nutzen können oder gar müssen – sie haben es nicht nur nicht getan, sondern Maximinus Daia hat im Herbst 311 sogar die Verfolgungspolitik wieder aufgenommen[73], Licinius lehnte 313 wesentliche Komponenten der konstantinischen Christenpolitik ab[74] und ist seit ca. 320 auch noch gegen die Christen vorgegangen[75]. Diese Verhaltensweise zeugt nicht von politischer Dummheit oder paganer Begriffsstutzigkeit und Blindheit der beiden Herrscher, sondern spricht eine deutliche Sprache im Sinne des Wahrnehmens der Realitäten[76].

Natürlich sei nicht in Abrede gestellt, daß das Christentum als „une secte d'avant-garde" (P. Veyne)[77] auf manche Menschen aus Gründen seiner Ethik und Moral, seines metaphysischen Heilsversprechens und irdischer Dienste der Mitmenschlichkeit anziehend gewirkt hat und sich deshalb verbreiten konnte[78] und daß es sich auch ohne Konstantin wohl noch weiter verbreitet haben könnte. Aber die schlichte politische – politisch hier jetzt im modernen Verständnis – die schlichte Wahrheit also ist: „the Church was in no sense an impatient political pressure group that could look useful to a Machiavellian, power-hungry young man on the make" (H. Chadwick)[79]. „Nicht aus politischer Berechnung" also hat Konstantin den Gott der Christen als Helfer haben wollen; denn eine „Macht, die auch materiell ins Gewicht fiel, wurde erst die Reichskirche; formell wenigstens war die Kirche damals noch ein Gast auf

---

73 Zu dessen antichristlicher Politik siehe nur Castritius bes. 63 ff.; Barnes, Constantine and Eusebius 39 ff., 62 ff.; Mitchell, Maximinus.

74 S. u. Kap. VII 3.

75 Eus. HE X 8, 10–18; dem. evang. III 5, 78 ff.; V 3, 11; VI 20, 17 ff.; VC I 51 ff., 56; II 1 f.; vgl. ebd. 20 und 30. – Fortina; Barnes, Constantine and Eusebius 70 ff.

76 Vgl. zu Licinius demgegenüber Burckhardt, Achter Abschnitt 405: „Was war es denn, das den Licinius zu diesen verzweifelt unklugen Schritten bewog? Die einfachste Überlegung hätte ihn viel eher dahin weisen müssen, in Begünstigung der Christen mit Constantin zu wetteifern. – Wahrscheinlich ging ihm die Geduld und die Besonnenheit aus, als er die furchtbare Tücke seines Gegners inne wurde, und er verwünschte seine frühere Nachgiebigkeit gegen die Christen, die durch solch einen erbarmungslosen Anführer repräsentiert waren".

77 13 u. ö.

78 Siehe nur Mt 25, 31–46; Aristid. apol. 15, 4–9; Iul. ep. ad Arsac. 429C–432A (= Soz. HE V 16, 5–15). Vgl. auch die entsprechenden Hinweise auf antike Aussagen bei Markschies, Warum 15–28; Veyne 35 ff., 67 ff.

79 Conversion 9.

Erden und hatte, namentlich im Okzident, Massen nicht hinter sich" (Ed. Schwartz)[80]. Und daraus folgt: „The Christians were not so numerous that their support had to be courted" (R. Lane Fox)[81].

Die schiere Quantität, der Organisationsgrad und der gesellschaftliche Rang der Christen können also nicht der Grund dafür gewesen sein, daß Konstantin sich gegen die paganen Götter und für den Gott der Christen als seinen Helfer und Schutzgott entschieden hat. Nein, es waren eminent religiöse Gründe, die ihn zur Abkehr vom Paganismus bzw. vom solaren Henotheismus bewogen haben[82] – religiöse Gründe, die nach antikem Denken nun aber eben zugleich politisch und militärisch außerordentlich erfolgversprechende Gründe gewesen sind: die unter bestimmten Umständen zu einer bestimmten Zeit gewonnene und sich durch sichtbare und fühlbare militärische Erfolge festigende Überzeugung des Kaisers, daß die traditionellen Götter keine Macht besaßen, ja womöglich gar nicht existierten oder im Bunde mit dem Teufel nur bösartige Dämonen waren, daß vielmehr die einzige politisch und militärisch wirkungsvolle Macht im Himmel und auf Erden der Gott der Christen war (s. u. Kap. III und IV). Aus heutiger Sicht erscheint dies vielleicht irrational[83], nach antikem politischem Erfolgsdenken ist es jedoch in höchstem Maße zweckrational gewesen[84].

Und warum hat denn nun das Christentum, wie viele sagen, den ‚Sieg' über den Paganismus davongetragen? Nach der von vordergründigem, d. h. nach der von einem in modernem Verständnis machtpolitischen Kalkül freien religiös-politischen Entscheidung Konstantins gegen die paganen Götter, wie vor allem *Sol Invictus*, und für den Gott der Christen waren es die weitreichenden Maßnahmen des Kaisers zur Förderung der christlichen Kirchen (Kap. VI), die den Anstoß zu dem von manchen Forschern als revolutionär[85] beurteilten ‚Aufstieg' des Christentums zur spätantiken Reichsreligion und später zu einer Weltreligion gegeben haben. „Eine neue Religion", sagte J. Burckhardt in seinen Vorlesungen ‚Über das Studium der Geschichte' treffend, „kann sich neben die alte stellen, sich in die Welt mit ihr theilen, aber von sich aus sie unmöglich verdrängen – wenn nicht die Staatsgewalt eingreift. (....) Ohne die Kaisergesetzgebung von Constantin bis auf Theodosius II. würde die römisch-griechi-

---

80   66. So dann auch Kraft, Entwicklung 6: „die Stimmen der Christen bedeuteten keine politische Macht".

81   592.

82   Vgl. K. Müller, Konstantin bes. 270. Siehe hierzu und zum Folgenden auch Girardet, Wende 81 ff.

83   Vgl. Schwartz, der von einem „echten irrationellen (sic) Glauben" Konstantins spricht (66).

84   In diesem zentralen Punkt kann ich Veyne 97 ff. nicht zustimmen, der meint, eben dieser Aspekt habe keine Rolle gespielt.

85   Vgl. Schwartz 159 f.; Vittinghoff 2; Veyne 223 f.; Van Dam, Revolution.

sche Religion noch bis heute leben"[86]; mithin: ohne die Kaisergesetzgebung wäre das Christentum nicht zur offiziellen alleinigen, den Paganismus verdrängenden, verbietenden, verfolgenden Reichsreligion geworden. Und zuletzt hat P. Veyne in diesem Sinne mit Recht betont: „Sans Constantin, le christianisme serait resté une secte d'avant-garde", und: „Telle fut l'histoire de la christianisation: seule une autorité extérieure a pu faire supplanter une coutume par une autre coutume. Par là, le rôle de Constantin a été décisif"[87].

Daß es aber zu einer ‚Konstantinischen Wende' in der Religionspolitik und somit zum ‚Aufstieg' des Christentums überhaupt hat kommen können, ist ganz wesentlich auf einen vergleichsweise banalen Zufall zurückzuführen, den man bei der historischen Urteilsbildung allzu leicht übersieht (oder sollte auch hier ‚höhere Fügung' im Spiel gewesen sein?): der seit 311 dem Gott der Christen anhängende Kaiser[88] ist am 28. Oktober 312 bei Rom im Schlachtgetümmel vor der Milvischen Brücke gegen Maxentius oder 323/24 gegen Licinius bei Adrianopel, Byzantion, Chrysopolis/Kleinasien oder bei welcher anderen kriegerischen Begebenheit auch immer vor und nach 312, gegen ‚Barbaren' in Britannien und am Rhein und an der Donau, nicht von einem Speer, einem Pfeil, einem Lanzenstoß, einem Schwerthieb niedergestreckt und getötet worden oder wie sein Gegner 312 im Tiber ertrunken[89]. Hätte der Christengott als Schlachtenhelfer Konstantins hingegen ‚versagt' und wären die Kaiser der Spätantike Pagane geblieben, hätte es zwar im Sinne des Galeriusediktes von 311 wohl Duldung[90], aber keine staatliche Förderung von Klerus und Kirche gegeben und wäre das Christentum im Stande einer sektenartigen religiösen Minderheit verblieben; als solche hätte es in der Antike mit einer gewissen Wahrscheinlichkeit durchaus überleben, aber niemals aus eigener Kraft eine Mehrheit gegenüber den paganen Religionen oder gar die Alleinherrschaft gewinnen können.

Ein vergleichbares Gedankenexperiment darf man, mit anderen Vorzeichen, auch einmal über den Hauptgott und die Religion des paganen Kaisers Julian

---

86 Burckhardt, Studium 275; Burckhardt verweist (ebd.) eindrucksvoll auf die Geschichte der Reformation als Parallele. – Das Zitat steht übrigens in krassem Gegensatz zu des Autors früherer Ansicht, der Paganismus sei zum Untergang verurteilt gewesen: s. o. bei Anm. 8 f.

87 Veyne 13 und 36 f. Siehe auch ebd. 85: „sans le choix despotique de Constantin, (le christianisme) n'aurait jamais pu devenir la religion coutumière de toute une population "; 91: „ Non que son triomphe fût inévitable; au contraire, seule la conversion de Constantin en a décidé "; 185: „La christianisation de l'Empire avait été un *diktat* personnel de Constantin". – Vgl. bereits K. Müller, Konstantin 275 ff.

88 S. u. Kap. IV 1.

89 Vgl. Konstantins überschwenglichen Dank an den Gott der Christen für seine ‚Errettung': Const. or. ad sanct. coet. XXVI 2. Zur Neudatierung der Rede (auf 314) s. u. Exkurs 2 nach Kap. VI 4.

90 Zu dem Edikt s. u. bei Anm. 140 ff.

anstellen, den Gott *Helios* bzw. *Sol Invictus* und die paganen Kulte. Julian, Konstantins Neffe, Usurpator gegen dessen christlichen Sohn Konstantius II., hatte 360/61 begonnen, das Christentum aus der ihm von Konstantin und seinen Söhnen zugedachten Rolle als bevorzugte Religion mit Tendenz zur alleinigen Reichsreligion zu verdrängen und den Paganismus in seine traditionellen Rechte wieder einzusetzen (Amm. Marcell. XXII 5, 1–3)[91]. Jenseits des Euphrats im Kampf gegen die Perser 363 tödlich verwundet, soll er ausgerufen haben: „*Helios*, du hast Julian verlassen"[92]. Wäre *Helios* jedoch ‚bei ihm geblieben', hätte er, der gerade erst 32-Jährige, seine revisionistische Religionspolitik vielleicht jahrzehntelang fortsetzen können, wie es Konstantin mit seiner Christianisierungspolitik tun konnte; der Paganismus hätte sich dadurch mit Gewißheit behauptet[93], und das Christentum wäre, wenn nicht untergegangen, so doch wieder zu einer unter anderen Religionen geworden bzw. eine solche geblieben. Und was wäre geschehen, wenn nach dem frühen Tod Julians mit Jovian und, nach dessen ebenfalls schon baldigem Tode (364), mit den Brüdern Valentinian I. (364 bis 375) und Valens (364 bis 378) nicht wieder Christen auf den Kaiserthron gekommen wären und diese ihrerseits nicht christliche Nachfolger (Gratian, Theodosius I.) erhalten hätten? Nichts anderes: unter paganen Nachfolgern Julians „le christianisme serait retombé au niveau d'une secte non illicite"[94].

Erklärungsbedürftig ist daher nicht die Tatsache, daß das Christentum in der Antike überlebt hat[95] – nichts spricht gegen die Annahme, daß es, als *religio*

---

91 Noethlichs, Maßnahmen 74 f. (zu Julian); Bowersock, Julian 79–93; Brandt, Geschichte 52–54.
92 Zonaras XIII 13, 29 f.
93 Vgl. Brown, Society 96 ff.; Van Dam, Revolution 2 f.
94 Veyne 185–190, zit. 189 f. – Die gerade erschienene deutsche Übersetzung des Buches verfälscht an dieser Stelle die Intentionen des Autors durch dem Zusatz: „(…wäre ….zurückgefallen) und in der Versenkung verschwunden": Als unsere Welt christlich wurde 104.
95 Vgl. Markschies, Warum hat das Christentum in der Antike überlebt? Der Autor spricht (vorsichtig) zumeist von „Aufstieg" und „Erfolg des Christentums", was ja noch nicht unbedingt ‚Sieg' oder ‚Triumph' bedeuten muß. Er meint aber doch offenbar tatsächlich den „Siegeszug" und „Triumph" des Christentums in der Antike über den Paganismus und nicht das einfache Überleben: z.B. 15–21 (zu paganen Autoren, die aber in den zitierten Texten nie von ‚Sieg' oder ‚Siegeszug' sprechen…), 24, 40, 50, 51, 57 f. (hier Aufstieg und Überleben – „Triumph", offenbar gleichgesetzt). Ganz zu Recht erinnert er (52) an die historische Tatsache, daß der schlagartige „Niedergang" des Mithraskultes auf den Entzug der Unterstützung durch die christlichen Kaiser zurückzuführen ist; aber eben nicht nur darauf: nach Konstantin gibt es staatliche Kultverbote! Die Mithraskult wie auch die anderen Kulte sind also nicht einfach ‚eingegangen' oder wegen mangelnder Finanzhilfe durch den Staat ‚verstorben', sondern sie sind ‚ermordet' worden. Für das ‚siegreiche Überleben' des Christentums im Sinne seines „Triumphes" heißt das umgekehrt: Grund war die massive Förderung durch christliche Kaiser bei gleichzeitiger

licita, hätte überleben oder daß es, wie man jetzt in schöner zeitgemäßer Diktion zu lesen bekommt: „auf dem antiken religiösen Markt erfolgreich" sich hätte „positionieren" können[96]. Sondern erklärungsbedürftig ist die Art und Weise, wie es überlebt und nun eben nicht nur überlebt hat (was ja an sich schon bemerkenswert wäre...). Es ist ja doch, entsprechend seinem Absolutheitsanspruch, auf Kosten der paganen Kulte zur alleinigen Reichsreligion und später zu einer Weltreligion ‚geworden' oder hat, wie manche gerne sagen: den „Sieg" davongetragen, hat „triumphiert" – wodurch? Historisch-wissenschaftlich gesehen durch nichts anderes als durch die systematische Christianisierungspolitik Konstantins (was ja nicht unbedingt ein Makel ist...), ergänzt um die ebenso systematische Bekämpfung und Verdrängung des Paganismus durch christliche Nachfolger auf dem Kaiserthron, vor allem durch und seit Gratian (367 bzw. 375 bis 383) und Theodosius I. (379 bis 395). Auf ähnliche Art und Weise war schon (Groß-)Armenien nach der durch Gregor, den ‚Erleuchter', bewirkten Hinwendung seines Herrschers Tiridates (Trdt, Tirdād) III. etwa 313/14 und, diesem *nolens volens* und offenbar auch unter Gewaltanwendung oder -androhung folgend, des armenischen Adels zum Christentum am Beginn des 4. Jahrhunderts zum ersten christlichen Staat der Weltgeschichte geworden[97].

2. Konstantin ein Christ?

Es empfiehlt sich, zwischen einer ‚Konstantinischen Wende' als dem prozeßhaften Weg des historischen Individuums Konstantin vom Polytheismus über den paganen solaren Henotheismus zum Monotheismus des Christentums auf der einen Seite und einer ‚Konstantinischen Wende' als der Wende in der kaiserlichen Religionspolitik im Sinne einer intensiven Christianisierungspolitik seit 312 auf der anderen Seite zu unterscheiden[98]. Doch die Einstellung des Kaisers zum Christengott und seine Politik gegenüber den Christen und ihrem Klerus gehören bis heute zu den am meisten umstrittenen Problemen der Geschichtswissenschaft, und es erscheint sehr fraglich, ob sich je Einigkeit erzielen läßt.

Verdrängung und schließlichem Verbot des Paganismus. Doch davon liest man in der Abhandlung nichts.

96 Gemeinhardt 35 – vorausgesetzt, der Autor meint mit „erfolgreich" nicht „siegreich" alle anderen verdrängend... – Vgl. auch die oben bei Anm. 44 zitierte ähnliche Aussage von Wallraff.

97 Soz. HE II 8, 1. – Siehe v. Harnack 750 ff.; Chaumont 131 ff.; Hage 42 f.; zuletzt mit wichtigen Korrekturen an der älteren Forschung Kettenhofen 92–104.

98 Die Frage des sogenannten Konstantinischen Zeitalters steht hier nicht zur Debatte. Darüber zuletzt Kinzig; Hüttenhoff.

a. Forschung

In der neuesten Forschung[99] stehen, grob gesagt, drei Richtungen einander gegenüber, die jeweils verschiedenartigen, teils gegensätzlichen Denktraditionen seit dem 18. und 19. Jahrhundert[100] verpflichtet sind.

– Eine erste Richtung ist zu der Überzeugung gelangt, daß Konstantin 312 ein Christ war[101], wobei einige Forscher sogar mit einem christlichen Elternhaus des Kaisers rechnen[102], während andere von einem über mehrere Jahre – zwischen 310 und 312 oder länger – sich hinziehenden Prozeß der Abwendung vom polytheistischen beziehungsweise henotheistischen, auf den Kult des *Sol Invictus* ausgerichteten Paganismus und Hinwendung zum monotheistischen Christentum sprechen[103].

– Eine zweite Richtung geht von der These aus, daß es seit dem 3. Jahrhundert bei den Intellektuellen im römischen Reich die Tendenz zu einem, wie es heißt: paganen Monotheismus gegeben habe[104], dessen Kennzeichen die Sonnenfrömmigkeit gewesen sei. Konstantin soll diese Tendenzen aufgenommen und, wie zuletzt M. Wallraff schreibt, zeit seines Lebens versucht haben, die pagane Sonnenreligion „so ins Abstrakt-Diffuse zu weiten, daß auch das Christentum unter dem Dach einer solchen einheitlichen religiös-politischen Staatsideologie noch Platz finden konnte"[105], mit der Folge, daß

---

99 Vgl. die Übersichten von Baynes 1–6; Vogt, Constantinische Frage; Aland, Haltung 549–553; ders., Verhältnis; Martin, Spätantike 152 ff.; Girardet, Wende 48–52; Leeb, Wende; Heinze 329–332; Herrmann-Otto 42 ff. Die voluminöse Arbeit von König führt in den Konstantin gewidmeten, lediglich ältere und neuere Literatur zitierenden Teilen (z. B. 33 ff., 137 ff., 162 ff., 298 ff., 435–452) keinen Schritt weiter. Ausgezeichnet demgegenüber zuletzt Lambrecht.

100 Zu E. Gibbon siehe nur Straub, Gibbons Konstantinbild; Nowak; Schlange-Schöningen, Neuzeit; ders., „Bösewicht" 230–234. Zu J. Burckhardt siehe die Studie von Leppin. Dazu jetzt auch Schlange-Schöningen, Aufklärung; ders., „Bösewicht" 234–237; Nippel.

101 So zuletzt Brandt, Konstantin 67 u. ö.

102 Szidat; Elliott, Conversion. – Dagegen jedoch Konstantins eigene Aussagen unten bei Anm. 124 ff.

103 So etwa Barnes mehrfach, u. a. in Constantine and Eusebius 43; Grünewald, Constantinus 78–86; Ritter. Vgl. auch Gerland 23 mit 60–64 (=Anm. 121); Odahl, Conversion; ders., Constantine 93–97, 105–110; Lane Fox 609–627; Veyne 93 ff., 117 ff.

104 Siehe zuletzt Brennecke, Absolutheitsanspruch 129: „der klassische Polytheismus" habe „zugunsten einer allgemeinen monotheistischen Tendenz" an Bedeutung verloren; Athanassiadi/Frede. Dazu die kritische Rez. von Edwards, Rezension; ders., Monotheism. Demgegenüber zustimmend zu Athanassiadi/Frede: Barnes, Monotheists; vgl. Barnes, Constantine and Eusebius 36–37. Kritisch (wenn auch noch allzu zurückhaltend und nicht konsequent genug) wiederum Fürst, Christentum bes. 513–517.

105 Wallraff, Christus 130 f. Vgl. bereits Salvatorelli. – Siehe auch Drake, Constantine and the Bishops 205: Konstantins Suche nach einer „definition of Christianity which would

es durch den Kaiser „zu einer bewußten und politisch beabsichtigten Kon-
tamination von Christentum und Sonnenkult" gekommen sei[106]. Der Autor
meint also, dem Kaiser könne „eine Integration des Christentums in die
pagane religiöse Welt" vorgeschwebt haben – mit anderen Worten: eine
Paganisierung des Christentums – , die allerdings nicht zustande gekommen
sei[107]. Von dieser Position aus läßt sich die Frage, ob Konstantin ein Christ
war, nur so beantworten: nach eigenem Verständnis mag er wohl ein Christ
gewesen sein, nicht aber nach dem Verständnis der Christen seiner Zeit und
auch nicht seines modernen Interpreten[108], wenn er zum Beispiel das Son-
nentags-Gesetz vom Jahre 321 als Ausdruck „der paganen Sonnenfrömmigkeit" des Kaisers bezeichnet[109].

– Und nun die dritte Richtung: für eine Hinwendung des Kaisers zum
Christentum um das Jahr 312 gibt es, so deren Vertreter wie K. Rosen[110],
kein einziges zeitgenössisches antikes Zeugnis[111]. Konstantin habe erst unter
dem Eindruck seiner Familienkatastrophe im Jahre 326 öffentlich verbreitet,
er sei bereits seit 312, dem Jahr seines Sieges über Maxentius, ein Christ[112].
Nur gegenüber Christen habe er zum ersten Mal 321 von einer Hinwendung
zum Christentum gesprochen[113]. Er sei danach, so der Autor weiter[114], bis zu

---

include a broader array of Roman beliefs"; der Autor meint allerdings anders als Wallraff,
Konstantin sei persönlich (‚privat') ein Christ gewesen.

106 Wallraff, Christus 142. – Aufgegriffen von Berrens 169. – Vgl. ähnlich z. B. Brown,
Entstehung 60–61; Drake, Constantine and Consensus; ders., Constantine and the
Bishops 235–238, 245–250, 270–272, 306; D(e)Palma) Digeser, Making 126–128.

107 Wallraff, Metaphern 165. – Mit anderen Vorzeichen nimmt schon Drake eine ähnliche
Position ein: Constantine and Consensus: Konstantin sei ein Christ gewesen, dessen Ziel
es war, „to create a neutral public space in which Christians and pagans could both
function" (7); „program of 'peaceful co-existence'" (7); „Christian and pagan monotheism" (10); „umbrella Christianity which would cover much classical belief as well"
(13); „creation of a consensus in favor of a broadly inclusive monotheism under which
both Christans and most pagans could live in harmony" (15). Von Drake weiter ausgeführt in Constantine and the Bishops z. B. XV, 198 ff., 235 ff.. – Die Positionen von
Drake und Wallraff, die ähnlich schon 1880 von Th. Brieger vertreten worden sind
(17 f.), stehen in striktem Widerspruch zu Konstantins eigenen Aussagen: s. u. Kap. VI
3a und IX 2c.

108 Wallraff, Devotion 267.

109 Wallraff, Christus 101.

110 Rosen, Constantins Weg; ders., Wende; ders., Cor. – Vgl. auch Weber, Kaiser, Träume
277: „Sicher scheint zu sein, daß sich Konstantin *vor* 312 *nicht* als Christ verstand und
daß er danach bis 324 eine Entwicklung durchlief, bei der der Sonnengott als höchstes
göttliches Wesen vom Christengott abgelöst wurde".

111 Rosen, Cor 252–254. – Zu dem verfehlten, in eine ähnliche Richtung zielenden Ansatz
von Bleicken, der sich in Teilen den einstmals aufregenden Thesen von H. Grégoire,
„Bekehrung", gefolgt war, hat Bringmann alles Notwendige gesagt.

112 Rosen, Cor 271–274.

113 Rosen, Cor 268–269: Bezug auf Konstantins Brief an die (antidonatistischen) Christen
in Africa: Opt. append. IX = v. Soden, Urk. 31. – Vgl. auch Weber, Kaiser, Träume

seiner Taufe auf dem Sterbebett 337 ein Katechumene gewesen, und das
bedeute nach den Kriterien der Zeit, daß er bis unmittelbar vor Ende seines
Lebens kein Christ gewesen sei[115].

Eine in Einzelheiten gehende Auseinandersetzung mit diesen Forschungsan-
sichten ist hier nicht möglich. Meine folgenden Ausführungen stehen aber in oft
unausgesprochener Korrespondenz (und teilweise Konkurrenz) zum gerade
skizzierten Forschungsstand. Vorausgehen soll eine mir notwendig erscheinende
terminologische Klarstellung.

b. ‚Monotheismus'[116]

Die Rede von einem paganen oder solaren Monotheismus[117] oder auch geradezu
von einem „Prozeß der ‚Monotheisierung' der religiösen Landschaft"[118] im römischen Imperium seit dem 3. Jahrhundert kann, so meine ich, zu gravierenden
Mißverständnissen führen. Darum werde ich – in dem Bewußtsein, daß es sich
bei den verwendeten Worten um Neologismen handelt – den Ausdruck bzw. die
Ausdrücke folgendermaßen verwenden[119]: unter Monotheismus verstehe ich
den religiösen Glauben an nur eine einzige personale und transzendente, der
Welt also nicht immanente, Gottheit, neben der es keine anderen Götter (allenfalls Dämonen) gibt. Demgegenüber kann man den Glauben an eine
höchste, der Welt immanente Gottheit, die viele verschiedene Gottheiten und
Gottesvorstellungen in sich aufnimmt oder diese nicht ausschließt – wie etwa

---

274 ff.; Herrmann-Otto 56: erst von ca. 324 an „war sich Konstantin klar geworden,
daß er die Himmelserscheinung in Gallien (sc. von 310) auf den Christengott zurückführen wollte". – Zu 310 s. u. Kap. III 3.

114 Rosen, *Cor* 275–276.

115 So auch Schwartz, zit. in Anm. 30; Piepenbrink, Konstantin und seine Zeit 121. Dagegen Girardet, Teilnahme, hier zur Taufe 144 (=21) f. – Zu antiken Kriterien für das
Christsein siehe auch Girardet, Wende 57–60.

116 Vgl. MacMullen, Paganism 88 f.; Fowden, Empire 5 f.; Fürst, Christentum 514 f. –
Verschiedene Autoren in LThK 7, 1998, 421–430, s. v. Monotheismus; verschiedene
Autoren in TRE 23, 1994, 233–262, s. v. Monotheismus; verschiedene Autoren in
RGG⁴ 5, 2002, 1457–1467, s. v. Monotheismus und Polytheismus; Gladigow, Gottesvorstellungen; ders., Polytheismus; Bausenhart. Siehe jetzt aber Veyne 39 ff.: ‚Monotheismus' sei ein „mot trompeur", mit dem Ergebnis (41): „Le christianisme est un
polythéisme moniste" (wegen dreier göttlicher Personen: Gott, Christus, Maria).

117 Vgl. oben bei Anm. 104. ‚Solarer Monotheismus' u. a. auch bei Drake, Constantine and
the Bishops 95, 136 ff., 189 f.; Brennecke, Konstantin z. B. 565; ähnlich Leppin, Old
Religions; Herrmann-Otto 47 f. („neue Forschungsrichtung"), 57 u. ö. Vgl. auch Rosen,
Constantins Weg 857. Bedenken immerhin bei Digeser, Making 147 Anm. 14.

118 Wallraff, Christus 98. Vgl. auch ders., Tendenzen.

119 Vgl. Ahn; Gladigow, Gottesvorstellungen; ders., Polytheismus; ders., Polytheismus und
Monotheismus, bes. 12 ff.; Markschies, Heis Theos.

den synkretistischen Sonnenglauben oder das neuplatonisch-philosophische Konzept einer Allgottheit – , als Henotheismus bezeichnen[120]. Zwischen paganem Polytheismus/Henotheismus und Monotheismus des Christentums aber kann es aus christlicher und, wie die Diokletianische Christenverfolgung lehrt, paganer Perspektive keine Kompromisse oder Konvergenzen geben. Man braucht nur einmal die ‚institutiones divinae‘ des Laktanz zu lesen, um zu verstehen, daß es bei der Christenverfolgung der Tetrarchie nicht um theologische Kleinigkeiten oder Mißverständnisse, sondern für beide Seiten ums jeweils eigene ‚Ganze‘ ging: das Christentum ist ein radikaler, Kompromisse ausschließender Angriff auf die religiösen und geistigen Grundlagen der paganen Welt. Aus der Sicht des Christentums als Monotheismus sind die von den Paganen als Götter verehrten Wesenheiten inexistent oder Dämonen und ist insbesondere die Sonne kein Gott, sondern ein Geschöpf des außerhalb des Kosmos existierenden Christengottes, ein Geschöpf, das – wie alle Gestirne, der Kosmos und die Erde – von Gott festgelegten Gesetzmäßigkeiten folgt; die Sonne konnte für Christen also niemals Gott sein[121].

Die Frage ist nun, ob und seit wann Konstantin im hier begründeten Verständnis ein Monotheist und somit ein Christ war, ob und seit wann er also z. B. die Sonne nicht mehr als die Gottheit *Sol Invictus*, sondern als einen vom Gott der Christen geschaffenen Himmelskörper betrachtet hat, ob und seit wann er den alles entscheidenden Schritt: die Verweigerung des Opfers an die Götter, getan hat, ob und seit wann er den Christengott zu seinem alleinigen Helfer erkoren hat, und ob und seit wann er sich überdies den bekannten christlichen Exklusivitäts- bzw. Absolutheitsanspruch[122] zu eigen gemacht hat, der den Paganen seit eh und je ein von Unwahrheit geprägter gotteslästerlicher Greuel war[123].

---

120 Vgl. Wallraff, Tendenzen 70 und 78: der Autor empfiehlt mit Recht als „hilfreich", „die in anderen Disziplinen (sc. als der Theologie) längst eingeführten Begriffe Henotheismus und Monolatrie auch für die Spätantike fruchtbar zu machen". – Turcan, Constantin 121, 133 u. ö.: „hénothéisme solaire".

121 Siehe nur Lact. div. inst. II 5–6; epit. 21; de ira dei II 4; Eus. praep. evang. I 4, 9; III 6, 5; III 10, 1; XIII 18, 11 (mit Zitat von Dtn 4, 19); dem. evang. IV 7, 4; LC I 5; VI 19; X 2; XI 8 ff.; XIII 1 (u. ö.).

122 Brennecke, Absolutheitsanspruch; Girardet, Wende 113–117. Zum Konzept des Eusebius vgl. zuletzt Amerise, Monotheism.

123 Vgl. Apuleius von Madaura, metamorph. IX 14: *mentita sacrilega praesumptione dei, quem praedicaret unicum*; zit. von Vogt, Religiosität 14 mit Anm. 16, bezogen auf eine Christin (*mentita*).

III. Die Jahre von 306 bis 310

1. Der Kaiser und das Christentum in den ersten Regierungsjahren

Konstantin, an einem 27. Februar wohl 272/273 in Naissus (heute Niš in Serbien) geboren und am 22. Mai – zu Pfingsten – des Jahres 337 im Alter von ca. 65 Jahren bei Nikomedien in Kleinasien gestorben[124], ist nachweislich nicht in einem christlichen Elternhaus aufgewachsen. Von seiner Mutter Helena weiß man, daß sie erst im hohen Alter durch den Sohn, der sich 311 (s. u. Kap. IV), nach eigener Aussage „im besten Mannesalter" stehend, für den Gott der Christen als seinen alleinigen Helfer entschieden hatte[125], für das Christentum gewonnen wurde[126], vielleicht irgendwann um 324, vielleicht auch etwas früher; daß sie, die vielfach als Heilige gilt, jemals die Taufe empfangen hätte, ist übrigens nicht überliefert. Sein Vater, der pagane[127] Kaiser Konstantius I. ‚Herculius' mit dem Hauptgott *Mars*, hat sich als Mitglied des 293 von Diokletian begründeten, vier Kaiser umfassenden Herrschaftssystems – der sog. Tetrarchie der Jovier und der Herculier mit zwei Augusti und zwei nachgeordneten Caesares[128] – an der großen Christenverfolgung beteiligt, die im Jahre 303 eingeleitet wurde[129]. Allerdings ließ er in seinem Reichsteil (Britannien,

---

124 Mit den Quellen: Barnes, New Empire 39–41; Kienast, Kaisertabelle 298; Turcan, Constantin 96 f.

125 Constant. or. ad sanct. coet. XI 1 f.

126 Eus. VC III 47, 2; vgl. auch ebd. 41–46: Helenas fromme Aktivitäten (nach 324) in Palästina, ihr Tod und ihre Bestattung in Rom. – Klein, Helena 357 f., 365–367; Drijvers, Helena 35–38. – Heinen, Helena; ders., Konstantins Mutter Helena: de stercore ad regnum; ders., Sieg bes. 227 ff.; ders., Konstantins Mutter Helena. Geschichte und Bedeutung. – Zu Konstantins Halbschwester mit dem christlichen Namen Anastasia (der für ein christliches Elternhaus nichts beweist) siehe Girardet, Christliche Kaiser 30.

127 Siehe nur Iulian, or. X 336b. – Der Kaiser als Paganer: Girardet, Christliche Kaiser 27–32 zu Konstantius, bes. 32 (Hauptgott *Mars*). Vgl. jedoch Turcan, Constantin 35–39 (nicht überzeugend).

128 Bis 305 (Rücktritt) die zwei Augusti Diokletian und Maximianus Herculius; die zwei Caesares Galerius und Konstantius. Ab 305: die bisherigen Caesares als die neuen Augusti, Konstantius I. und Galerius, und die neuen Caesares Severus und Maximinus Daia. – Kolb, Herrscherideologie 25–58; Bleckmann, Tetrarchie; Demandt/Goltz/Schlange-Schöningen, Diokletian; Boschung/Eck, Tetrarchie; Girardet, *Divisio regni* 492 (=104) ff.

129 Schwarte, Diokletians Christengesetz.

Gallien, seit 305 auch Hispanien – siehe Karte Abb. 1)[130], in dem es noch sehr viel weniger Christen als im Osten gab, lediglich das Kultverbot vollstrecken und christliche Versammlungsstätten, sog. Hauskirchen, zerstören; auf Bluturteile und Konfiskationen, die überall sonst im Reich vorkamen, verzichtete er[131]. An seinem Todestag, dem 25. Juli 306, und in seinem Sterbeort, dem britannischen Eboracum (heute York), riß sein Sohn in einem Militärputsch die Macht an sich[132]. Wenn es allerdings zutreffen sollte, daß der Vater den Sohn formell zu seinem Nachfolger eingesetzt hat[133], dann wäre Konstantius der Zerstörer des tetrarchischen Systems; das Recht zu seiner Nachfolge hatte nicht sein Sohn, sondern der Caesar Severus[134]. Von der Armee zum Augustus erhoben, wurde Konstantin jedoch durch den derzeit höchstrangigen Augustus Galerius bald zum Caesar zurückgestuft; Nachfolger des Konstantius als Augustus wurde systemgerecht der bisherige Caesar Severus. Nach Auskunft des christlichen Gelehrten Laktanz hob Konstantin, der wie sein Vater zunächst noch unter dem besonderen Schutz der Götter *Mars* und *Hercules* zu stehen glaubte[135], sogleich noch vor seiner Zurückstufung zum Caesar das Kultverbot gegen die Christen auf[136]. Warum und in welcher Form er das getan hat, erfahren wir nicht; sicher nicht aus christlichen Motiven und wohl kaum in gesetzgeberischer Form, sonst hätte Laktanz dies hier mitgeteilt[137]. Durch die

---

130 Hispanien erst seit 305; zwischen 303 und 305, unter dem Regiment des *Augustus* Maximianus Herculius, scheint es hier Martyrien gegeben zu haben. Siehe Barnes, Constantine and Eusebius 26, 53 f.

131 Zerstörung von christlichen Kultgebäuden oder -räumen, keine Martyrien: Lact. mort. pers. 15,7. Auch von Konfiskationen ist keine Rede. – Vgl. demgegenüber das geschönte Bild in Eus. HE VIII 13,13 und append. 4; VC I 13 ff.; Opt. I 22. Realistischer jedoch Eus. martyr. Palest. XIII 12 f.: zwei Jahre Verfolgung im Westen, d.h. von Frühjahr 303 bis Frühjahr 305.

132 Girardet, *Divisio regni* 495 (=106) ff.

133 So paneg. Lat. VI/7 (307) 5, 3; VII/6 (310) 2, 5; 4, 1; 5, 3; 7, 3 ff.; 8, 2 ff.; Lact. mort. pers. 24, 8 mit 25; Eus. VC I 21 f., 24.

134 S. o. Anm. 128.

135 *Mars:* Grünewald, Constantinus 38 f., 56, 96. Wenig ausgeprägt *Hercules:* ebd. 28 f., 38 ff.; siehe z.B. RIC VI 203 Nr. 620a ff.; paneg. Lat. VI/7 (307) 2, 5; ILS 681. – Siehe jedoch Turcan, Constantin 247 (mit 38 f., 98, 103 f., 108 f.) über Konstantin: „Clandestinement chrétien durant sa jeunesse....“!

136 Lact. mort. pers. 24, 9 (Konstantin als Augustus). Da es in diesem Teil des Reiches keine Konfiskationen gegeben hatte (s. o. Anm. 131), bedurfte es auch keiner Restituierungen. Dazu Girardet, Wende 10 f., 52 ff.

137 Ein förmlicher Akt der Gesetzgebung wäre wohl eine zu große Provokation gegenüber Galerius gewesen. – Vgl. Lact. inst. div. I 1, 13 (in der nachträglich – 312/3? oder erst 324? – eingefügten Widmung an Konstantin): der *principatus* des Kaisers habe (306) ein *praeclarum initium* gehabt, *cum eversam sublatamque iustitiam reducens taeterrimum aliorum facinus expiasti,* sc. durch Aufhebung der Verfolgung. Im Kontext wird christliche Motivation unterstellt. Zur Datierung der Widmung vgl. Heck, Constantin und Lactanz 128 ff.

Aufhebung des Kultverbots hatte das Christentum im konstantinischen Teil des Reiches aber wenigstens informell den Status einer erlaubten Religion (*religio licita*) wiedergewonnen, der ihm in den Jahrzehnten zwischen Kaiser Gallienus (253/60 bis 268) und dem Beginn der letzten großen Verfolgung (303) eigen gewesen war[138].

Die genannte Angabe des Laktanz bietet uns die zeitlich früheste Information zu Konstantins Verhalten gegenüber den Christen in seinem westlichen Herrschaftsbereich; sie ist, erstaunlicherweise, zugleich die einzige Information über die Christenpolitik des Kaisers zwischen 306 und 311.

Auch die Christen in Italien und Nordafrika haben 306 Kultfreiheit erlangt, und zwar durch eine Anordnung des Usurpators Maxentius (306 bis 312), Konstantins späterer Schwager (seit 307) und im Jahre 311/12 Kriegsgegner[139]. Am 30. April 311 erließ dann der todkranke Augustus Galerius im Namen aller derzeit legal regierenden Kaiser – es waren Galerius selbst, Maximinus Daia, Licinius (seit 308) und Konstantin; Severus war 307 getötet worden – höchst widerwillig und resigniert das bekannte Duldungsedikt zu Gunsten der Christen (*ut denuo sint Christiani et conventicula sua conponant*) und machte so den Verfolgungen in reichsrechtlich allgemein verbindlicher Form ein Ende[140]. Die dort ausgesprochene Erlaubnis zum Wiederaufbau von zerstörten Versammlungstätten setzt deren Rückgabe an die Gemeinden voraus; Einzelheiten dazu wie auch zu eventueller Rückgabe konfiszierten und dann verkauften oder verschenkten Gemeindeeigentums haben wohl in der vom Kaiser angekündigten, aber nicht erhaltenen *alia epistola* (ebd. 5) an die Statthalter (*iudices*) gestanden. Durch das Edikt des Galerius also war der vorherige Status des Christentums als *religio licita* nun auch reichsweit offiziell wieder (vgl. *denuo*)[141] hergestellt, der Christengott jetzt sogar auch als eine Macht anerkannt, die, durch das Gebet der Christen, zur *salus imperii/rei publicae* und *salus imperatorum* beitragen konnte und dies auch sollte. Denn Galerius hat das Gebet der Christen geradezu angeordnet oder gefordert, indem er schrieb:

> „gemäß diesem unserem Gnadenerweis werden sie zu ihrem Gott für unser Heil, für das des Staates und für ihr eigenes beten müssen"
>
> (Lact. mort. pers. 34, 5: *debebunt deum suum orare pro salute nostra et rei publicae ac sua*).

---

138 Lane Fox 553 ff.; Girardet, Wende 10.
139 Eus. HE VIII 14, 1 f. – Optatus I 18 zu der Christenpolitik des Maxentius: *libertas...restituta* (Kultfreiheit wiederhergestellt).
140 Lact. mort. pers. 34, 4: „...daß es wieder Christen geben darf und sie ihre Versammlungstätten wieder aufbauen dürfen". – Griechische Version: Eus. HE VIII 17, 3–10; hier in 3–5 die Namen der Kaiser Galerius, Licinius, Konstantin; Maximinus Daia, der im Original sicher ebenfalls genannt war, fehlt hier wegen späterer *damnatio memoriae*.
141 Siehe auch die Formulierung des Optatus, zit. oben in Anm. 139 (*restituta*).

Aller Wahrscheinlichkeit nach wußte der Kaiser gar nicht, daß die Christen seit neutestamentlicher Zeit für das Heil des Staates und der Herrscher zu beten pflegten[142].

Zugleich konnte man das Edikt aber auch – und das ist jetzt mit Blick auf mögliche Gründe des kommenden Wandels in der religiösen Option Konstantins sehr wichtig – als ungewolltes Eingeständnis der Niederlage, ja Nicht-Existenz der paganen Götter, unter ihnen an prominentester Stelle *Apollo* und *Sol Invictus*, auffassen, in deren Namen das Christentum hatte vernichtet werden sollen. Der Sonnengott war, neben anderen, ein bei den Christenverfolgern beliebter Gott; das zeigt sich deutlich in der Münzprägung[143], aber auch durch die Weihung der beiden Augusti Diokletian und Maximianus in Aquileia an den DEVS SOL sowie durch die Weihung der tetrarchischen Jovier und Herculier von 308 bei der Krisenkonferenz von Carnuntum (ohne Konstantin) an SOL INVICTVS MITHRAS als den FAVTOR IMPERII SVI[144]. Zudem hatte in der Vorgeschichte der diokletianischen Christenverfolgung der Gott *Apollo*, der „Feind der göttlichen Religion" (so Laktanz), bzw. das Orakel des Gottes in Daphne bei Antiochien (299) und in Didyma (303), eine entscheidende Rolle gespielt[145]. Wenn jetzt also die Verfolgung aufgehoben wurde, konnte dies, sicher entgegen den Intentionen des Galerius, wie das Eingeständnis wirken, daß der Christengott sich als unüberwindlich erwiesen hatte, daß die Götter der Verfolger keine oder keine genügend große Macht besaßen. Einen ähnlich negativen Eindruck hatte auf Konstantin wahrscheinlich auch schon die Tatsache gemacht, daß im Jahre 307 die beiden Tetrarchen Severus und Galerius, die – selbstverständlich – im Namen ihrer Götter Krieg führten, beim Kampf gegen den gleichfalls von den traditionellen Göttern Roms geschützten Usurpator Maxentius kläglich gescheitert waren[146]. Und schließlich kann es sehr wohl sein, daß Konstantin durch die Tapferkeit und Standhaftigkeit christlicher Märtyrer nachhaltig beeindruckt worden ist[147] und Rückschlüsse auf die Wirkkraft des von diesen verehrten Gottes gezogen hat.

---

142 Instinsky; Texte: Guyot/Klein 210–221, Kommentierung ebd. 423–429.
143 Siehe etwa die Trierer Prägungen RIC VI 202 Nr. 616, 204 Nr. 630a ff. – Berrens 139 ff. (1. Tetrarchie), 146 ff. (2. Tetrarchie), 162 ff. (Maximinus Daia).
144 Inscriptiones Latinae Selectae (=ILS) 624 und 659.
145 Zu Daphne (mit Folge einer ‚Säuberung' des Staatsdienstes von Christen): zuletzt D(e Palma) Digeser, Oracle. – Zu Didyma: CIG 2883d/Rehm Nr. 306; Lact. mort. pers. 11, 7; Eus. praep. evang. IV 2, 11 f.; VC II 50 und 54. Konstantin gegen *Apollo*: Constant. or. ad sanct. coet. (314) XVIII (Anfang); zu dieser Rede, ihrer Neudatierung und neuen Lokalisierung (Trier) siehe unten Exkurs 2 nach Kap. VI 4.
146 Eus. VC I 27, 2 f.; vgl. paneg. Lat. IX/12 (313) 3, 4. – Barnes, Constantine and Eusebius 29–31.
147 Siehe etwa die Aussagen des Kaisers in der Rede *ad sanctorum coetum* von 314, hier Kap. XII 3 ff.; XVII 4; XXII 2 ff.; XXV 5. Brief von ca. 321: Opt. append. IX = v. Soden, Urk. 31 Z. 20–25. Dann auch 324 in der 1. Proklamation: Eus. VC II 29, 2 f.; 35, 1;

Über Konstantin erfahren wir wieder durch Laktanz – und dies ist unsere zweite Information zum Verhalten des Kaisers gegenüber den Christen –, daß er den im Osten residierenden Augustus Maximinus Daia im Herbst 311 schriftlich aufgefordert hat, dem Edikt des Galerius von Frühjahr Folge zu leisten und die von ihm nach einem halben Jahr wieder aufgenommene Christenverfolgung in seinem Reichsteil Kleinasien und *Oriens* einzustellen[148]. Was hat ihn zu einem solchen Schritt gegenüber dem Kollegen bewogen, der nach dem Tod des Galerius zum ranghöchsten Augustus geworden war? Was war geschehen?

Konstantin hatte 310 den Gott *Apollo/Sol Invictus* (Kap. III 2 und 3), dann aber wohl im Frühjahr 311 den *invictus Christus* als den *Sol Iustitiae* (Kap. IV) zu seinem Schutz- und Helfergott gemacht.

2. Begegnungen und Träume: drei antike Texte

Im Frühjahr 310 hat Konstantin den Putschversuch seines Schwiegervaters, des 305 zurückgetretenen, dann aber gegen Ende 306 erneut zur Macht gekommenen Augustus Maximianus Herculius, des Urhebers seiner Augustuswürde im Jahre 307, in Südgallien niedergeschlagen[149]; Maximian wurde getötet oder tötete sich selbst, und er verfiel der *damnatio memoriae*[150]. Auch ideologisch trennte Konstantin sich von der künstlichen herculischen Dynastie und dem tetrarchischen System, das auf dem Prinzip der Adoption beruhte[151]. Ein paganer Redner am Hof zu Trier, der Panegyrist des Jahres 310, dokumentiert, daß der Kaiser zum sozusagen biologisch-dynastischen Prinzip zurückgekehrt ist; denn im Sinne einer neuen Legitimation seines Kaisertums, die ihn von den anderen Imperatoren unterschied und ihm einen höheren Rang verleihen sollte, ließ Konstantin nicht nur die Abstammung von seinem Vater Konstantius I. hervorheben, sondern mit dem Hinweis auf Kaiser Claudius II. Gothicus (268 bis 270) noch einen weiteren, wahrscheinlich fiktiven, kaiserlichen Vorfahrn ins

---

40. – Kirchenbau des Kaisers für Märtyrer u. a. in Rom: s. u. Kap. VI 3b; in Konstantinopel: Eus. VC III 48. – Laktanz nennt Bewunderung für Märtyrer unter den Gründen für die Attraktivität des Christentums: inst. div. V 13, 5 ff.; 22, 18–24.

148 Lact. mort. pers. 36, 3 mit 37, 1 (nicht identisch mit Eus. HE IX 9, 12 oder ebd. 9a, 12); Rückkehr zur Verfolgungspolitik ein halbes Jahr nach dem Galeriusedikt: Eus. HE IX 2. – Herrmann-Otto 76 ordnet die Angabe des Laktanz jedoch in das Jahr 313 ein, da sie ihr in dem von Laktanz gegebenen Zusammenhang des Jahres 311 als „unglaubwürdig" erscheint. Richtig schon Barnes, Lactantius 44 f.

149 Müller-Rettig, Panegyricus 321–329.

150 Lact. mort. pers. 42, 1; Eus. HE VIII 13, 15.

151 Bruun, Portrait (der numismatische Befund); Grünewald, Constantinus 46–50; Kolb, Herrscherideologie 59 f., 63 f.

Spiel bringen[152]. Die Abkehr vom tetrarchischen Prinzip und namentlich von den Herculiern zeigt sich auch darin, daß unter anderem *Hercules* (wie später auch *Mars*) in der Münzprägung Konstantins zurücktritt und bald ganz verschwindet[153]. Eine andere Gottheit rückt jetzt in den Vordergrund: *Sol Invictus*[154], dem auch schon Claudius II. Gothicus und, wohl weniger ausgeprägt, Konstantius I. ihre Verehrung entgegengebracht hatten[155]. In diesem polytheistischen Ambiente verwundert es aber nicht, daß auch Konstantin offenbar schon vor 310 diesem Gott Aufmerksamkeit schenkte. Seit 307 nämlich (und wohl noch bis 314) scheint der *dies imperii* Konstantins als Augustus der 25. Dezember, das war der *natalis Solis Invicti*, der Jahrestag seiner Erhebung zum Augustus durch Maximianus Herculius (in Arles? in Trier?), gewesen zu sein[156].

Das Jahr 310 bildet eine wichtige Station auf dem Weg Konstantins vom Polytheismus über den solaren Henotheismus zum Monotheismus des Christentums. Der Prozeß dieser allmählichen *conversio* wird angesichts der komplizierten Quellenlage allerdings nur umrißhaft erkennbar. Sicher ist eines: das Ende des Weges – im Jahre 311/12 war Konstantin ein Christ, er ist zum Kampf um die Macht über den Westen des Imperiums im Herbst 311 unter dem Zeichen Kreuzes und des Christogramms von Trier gegen Maxentius nach Rom aufgebrochen (s. u. Kap. IV und V). Aber wie ist es dazu gekommen? Das kann man in großen Teilen anhand von Indizien nur hypothetisch rekonstruieren.

Im Zentrum der kontroversen Forschungsdebatte stehen der pagane Bericht über eine Begegnung des Kaisers mit dem Gott *Apollo* und der Göttin *Victoria* (unten Text a); sodann der kurze Hinweis des christlichen Gelehrten Laktanz auf einen Traum Konstantins am Vorabend der Entscheidungsschlacht an der Milvischen Brücke im Oktober 312 (Text b); und schließlich der von dem Bischof Eusebius von Caesarea wiedergegebene Bericht Konstantins über die Wahrnehmung eines Lichtkreuzes mit einem Siegesversprechen am taghellen

---

152 Paneg. Lat. VII/6 (310) 2, 1–5; aufgegriffen von paneg. Lat. VIII/5 (311) 2, 5. – ILS 699, 702, 723, 725: widersprüchliche Angaben zur Abstammung, ebenso in Eutropius, Breviarium ab urbe condita IX 22, 1; Origo Constantini imperatoris/Anonymi Valesiani I 1; Scriptores Historiae Augustae (SHA), Claudius XIII 2–3. – Lippold, Constantius.

153 Grünewald, Constantinus 29, 38–41, 52.

154 Grünewald, Constantinus 50–61; Leeb, Konstantin 9–12, 21–26; Kolb, Herrscherideologie 63 ff., 196 ff.; vgl. auch Castello.

155 Berrens 85–88, 146–150. Zu Konstantius siehe aber die ‚Himmelfahrt' des Kaisers auf dem Sonnenwagen in paneg. Lat. VI/7 (307) 14, 3 sowie auf der Trierer Goldprägung: Maurice I 383, II p. XXXV (Umzeichnung).

156 Grünewald, Constantinus 25–26, 35–41, 163–171; Stefan 202–204: L'élévation de Constantin au rang d'Auguste: date et circonstances – Dezember 307, vielleicht am 25. Dezember. Vgl. jedoch Barnes, New Empire 69–70 mit Anm. 103: Erhebung zum Augustus im September 307 in Trier.

Himmel durch ihn und das Heer sowie über eine nächtliche Traumbegegnung mit Christus (Text c).

a. paneg. Lat. VII/6 (310) 21, 2–7

(2) „Denn siehe, in der Zeit, als du nur eine kleine Weile die Grenze (sc. am Rhein) verlassen hattest (sc. um im Frühjahr 310 gegen Maximianus Herculius nach Südgallien zu ziehen), mit welchen Schrecknissen hatte sich da die Treulosigkeit der Barbaren gebrüstet, als sie – natürlich – folgende Überlegung anstellten: ‚Wann wird er dort (sc. in Südgallien) ankommen? Wann den Sieg erringen? Wann das erschöpfte Heer zurückführen (sc. an die Rheingrenze)‘? Da brachen sie bei der unerwarteten Nachricht von deiner Rückkehr wie vom Donner gerührt zusammen …

(3) Einen Tag, nachdem du auf Grund jener Nachricht (sc. über den Einfall der Barbaren) die Strapaze einer doppelten Tagesstrecke (sc. beim Rückmarsch aus Südgallien Richtung Trier und Rheingrenze) auf dich genommen hattest, hast du erfahren, daß sich alle Sturmfluten beruhigt hatten und die Ruhe, die du hinterlassen hattest (sc. vor dem Aufbruch nach Südgallien), gänzlich zurückgekehrt war: da hat das Schicksal es selbst so gefügt, daß dich das Glück in deinen Unternehmungen daran erinnerte, den unsterblichen Göttern das, was du ihnen gelobt hattest, dort darzubringen, wo du von der großen Straße abgebogen warst und den Weg zum schönsten heiligen Bezirk (*templum*) auf dem ganzen Erdkreis eingeschlagen hattest, zu dem dort, wie du gesehen hast, ja sogar gegenwärtigen Gott (*immo ad praesentem ut vidisti deum*).

(4) Du hast nämlich, wie ich glaube, Konstantin, deinen *Apollo* gesehen, der dir in Begleitung der *Victoria* Lorbeerkränze darreichte…

(5) Und wieso sage ich überhaupt ‚ich glaube‘? Du hast ihn gesehen und dich in der Gestalt dessen wiedererkannt, dem die Herrschaft über die ganze Welt gebührt, wie es die göttlich inspirierten Dichter sangen;

(6) dies ist, wie ich meine, jetzt endlich eingetreten, da du wie jener jung, froh, heilbringend und strahlend schön bist, Imperator"[157].

b. Lact. mort. pers. 44, 5 f.

(5) „Konstantin wurde (sc. kurz vor der Schlacht an der Milvischen Brücke am 28. Oktober 312) im Schlaf aufgefordert, das himmlische Zeichen Gottes auf die Schilde zu setzen und so den Kampf aufzunehmen. Er tat, wie ihm auf-

---

157 Übersetzung nach Müller-Rettig, Panegyricus 33 f.; Kommentar ebd. 271–86.

getragen war, und setzte (in Gestalt eines gedrehten × mit umgebogener Spitze) das Zeichen Christi auf die Schilde.

(6) Mit diesem Zeichen bewaffnet greift das Heer zum Schwert"[158].

c. Eus. VC I 28 ff.

(28, 1) „Während der Kaiser darum (sc. um eine göttliche Offenbarung vor Beginn der Rüstungen für einen geplanten Krieg gegen Maxentius) bat und inständig flehte, da erschien ihm ein wunderbares von Gott gesandtes Zeichen, an das man wohl kaum geglaubt hätte, hätte es ein anderer erzählt. Da es aber der siegreiche Kaiser uns lange Zeiten später … verkündete, als wir für würdig erachtet worden waren, ihn kennenzulernen und mit ihm zusammentreffen zu dürfen (sc. frühestens 325), und er seinen Bericht auch noch durch Eide verbürgte, wer könnte da zögern, dem Bericht zu glauben?…

(2) Um die mittäglichen Stunden der Sonne, als sich der Tag bereits zu neigen begann, habe er mit eigenen Augen gesehen, wie er sagte, daß am Himmel das Siegeszeichen des Kreuzes, das aus Licht bestand, die Sonne überlagerte, und damit sei ein Schriftzug verknüpft gewesen: ‚Durch dieses siege!'. Staunen habe ihn über das Schauspiel da ergriffen ebenso wie das gesamte Heer, das ihm, als er irgendwohin auf dem Marsch war, nachfolgte und zum Zuschauer des Wunders wurde.

(29) Und so gestand er sich ein, im Zweifel darüber zu sein, was die Erscheinung denn eigentlich bedeute. Während er mit sich zu Rate ging und sich noch lange Zeit Gedanken darüber machte, brach Nacht über ihn herein. Da habe er im Schlaf den Gesalbten Gottes mit dem Zeichen, das am Himmel erschienen war, gesehen, und er habe ihm befohlen, eine Nachbildung des Zeichens, das er am Himmel gesehen hatte, anfertigen zu lassen und dieses als Abwehrmittel für die Gefechte mit den Feinden zu verwenden".

(30 f.: Das ‚Zeichen' wird auf Konstantins Anordnung hin nach dem erklärenden Traum dem Gesehenen nachgebildet, und Eusebius beschreibt es so, wie der Kaiser es ihm mehr als ein Jahrzehnt später gezeigt hat: ein kreuzgestaltiges Vexillum mit Christogramm auf der Spitze etc.)

---

158 *Commonitus est in quiete Constantinus, ut caeleste signum dei notaret in scutis atque ita proelium committeret. Fecit, ut iussus est et* (*transversa × littera summo capite circumflexo*) *Christum in scutis notat. quo signo armatus exercitus capit ferrum.* – Der in Klammern gesetzte Satzteil ist möglicherweise eine in den Text eingedrungene Randglosse. Denn während der Ausdruck *Christum in scutis notat* das Christogramm zu meinen scheint, beschreibt der erwähnte Satzteil ein Staurogramm. Zur Sache s. u. Exkurs 1 nach Kap. V 1.

(32, 1) „…Als er noch … von der wundersamen Erscheinung erstaunt war, glaubte er, keinen anderen Gott verehren zu dürfen als den geschauten, und so ließ er diejenigen zu sich rufen (sc. nach der Rückkehr nach Trier), die in Gottes Worte eingeweiht waren, und fragte sie, wer dieser Gott sei und was der Sinn des Zeichens sei, das er bei der Erscheinung gesehen hatte.

(32, 2) Diese aber sagten, es handele sich um Gott, den einen einziggeborenen Sohn des alleinigen und einzigen Gottes; das gesehene Zeichen aber sei das Symbol der Unsterblichkeit, das Tropaion des Sieges über den Tod, den jener zur Zeit seines Erdendaseins errungen hatte".

(32, 2 und 3: weiteres über Belehrung des Kaisers durch christliche Sachverständige, über vergleichende Lektüre biblischer Schriften, über Einsetzung christlicher Geistlicher als Berater)

(32, 3) „Und danach, gewappnet mit den guten Hoffnungen auf ihn (sc. seinen neuen Gott), machte er sich schließlich daran, die Bedrohung durch das Tyrannenfeuer auszulöschen"[159].

(37: Beginn des Krieges gegen Maxentius)

3. Grand/Vogesen 310 – ein erster Schritt: die Hinwendung zu *Sol Invictus*

In der Forschung werden die drei zitierten Quellenzeugnisse als Hinweise auf ‚Visionen' des Kaisers interpretiert[160]. Die beiden Texte 2a (Panegyricus) und c (Konstantin/Eusebius) schildern jedenfalls wundersame Begegnungen, optische Wahrnehmungen und himmlische Botschaften, die Konstantin zuteil geworden seien und die man in der Antike wohl als Visionen aufgefaßt hat. Was aber ist aus heutiger Sicht die vergangene historische Wirklichkeit? Wann und wo hat das von dem paganen Redner (Text 2a) und von Eusebius bzw. Konstantin Berichtete (Text 2c) stattgefunden, hat es überhaupt stattgefunden, und handelt es sich bei dem Berichteten tatsächlich auch nach heutigem Verständnis um Visionen? Was hat es mit der sog. Traumvision des Kaisers auf sich, über die Laktanz berichtet (Text 2b), und trifft die Forschungsmeinung zu, daß Laktanz und Konstantin/Eusebius über das gleiche Erlebnis sprechen? Wie soll, wie kann man als moderner Mensch mit solchen Berichten umgehen[161]?

---

159 Übersetzung nach Schneider 183 ff.

160 So, mit dem größten Teil der älteren und neueren Forschung, Leeb, Konstantin 127–140; zuletzt Marcone 70 ff.; Cristofoli 78 ff.; Demandt, Wenn Kaiser träumen; Herrmann-Otto 53–57 (u. ö.); Bleckmann, Einleitung 54 ff.

161 Vgl. Gibbon, Decline Kap. XX, Bd. 2, 228–235; Baynes 9 mit 58–60 Anm. 31 f.; Hanson zum frühen Christentum 1421 ff.; Müller-Rettig, Panegyricus 330 ff.; Weber, Kaiser, Träume 274 ff..

a. Das ‚Wunder' von Grand

Man kann das Berichtete unreflektiert samt und sonders für bare Münze nehmen und, wie wohl die meisten antiken Zeitgenossen einschließlich Konstantins, an Wunder glauben. Man kann es auch als Indizien für Halluzinationen,
Spinnereien und Wahnvorstellungen[162] oder als Propadanda und absichtliche
Täuschung der Untertanen abtun oder, wie es vielfach geschieht, als interpre-
tationsbedürftige Topoi der antiken Herrscherideologie verstehen, die so oder
ähnlich auch in Darstellungen des Wirkens anderer Herrscher in typischen
(Spannungs- und Entscheidungs-)Situationen[163] zu finden sind[164].

Man kann und darf sich aber auch einmal fragen, ob nicht ein ganz anders
erklärbarer und objektivierbarer Sachverhalt darin steckt[165]. Wenn man das tut,
riskiert man allerdings, zu den „diehard empiricists" gerechnet zu werden, deren
„conceptual anachronisms" regelrecht „dangerous and misleading" sein sollen[166].
Dennoch: die beiden antiken Berichte 2a (Panegyricus) und c (Konstantin/Eu-
sebius) beziehen sich, so lautet eine aus meiner Sicht plausible, allerdings nicht
allgemein geteilte, gelegentlich sogar mit unnötiger Schärfe abgelehnte Interpretation der Texte, auf ein im Jahre 310 sichtbares Naturphänomen[167], das wie eine

---

162 Vgl. MacMullen, Constantine 77 f.: „Constantine's miracle was a purely psychological
   event"; Veyne 106 (ff.): „Un rêve banal", 107: die 'Vision(en)' als „la plus simplette des
   curiosités psychologiques".
163 Vgl. z. B. Brandt, Vision; Weber, Kaiser, Träume 174 ff. (Verheißung der Herrschaft),
   245 ff. (Die Errringung eines Sieges und das göttliche Eingreifen in der Schlacht), 417 ff.
   (Das nahende Ende).
164 Siehe zuletzt Weber, Kaiser, Träume 274–294, 350–353, 392–398; Singor, Labarum;
   Näf 145 ff.; Harris, Dream; Demandt, Wenn Kaiser träumen; Bremmer.
165 Möglicherweise im Unterschied zu Berichten über spätere ‚Visionen' Konstantins: z. B.
   Eus. LC XVIII 1; VC I 43, 3; II 12, 2 u. ö. Vgl. auch Konstantin selber in der or. ad
   sanct. coet. (Trier 314) II 3 und XXVI 1: Rede und Taten sind von Gott und Christus
   inspiriert; sodann in CTh XIII 5, 7 (334): *pro commoditate urbis, quam aeterno nomine
   iubente deo* (im Traum?) *donavimus* (sc. Konstantinopel), etc. – Weber, Kaiser, Träume
   292 ff., 392 ff.
166 So die etwas unfreundliche Charakterisierung solcher Leute aus der Feder von Drake,
   Response 367; der Beitrag ist eine Antwort auf die kritische Rezension des Buches über
   Constantine and the Bishops, die E. Clark verfaßt hat, ebd. 356–362. Siehe auch das
   Zitat unten Anm. 169. – Einer der kompetentesten Althistoriker unserer Zeit hat den
   „insistent anachronism" des Buches von Drake herausgestellt: der Autor habe „a new all-
   American Constantine" kreiert, das Buch sei „a manifestation of American popular
   culture", und „(a)t the basic factual level too, Drake paints a picture of the fourth century
   which often bears little relation to historical reality": Barnes, Rez. Drake 381, 382.
167 Weiß, Vision. Akzeptiert z. B. von Barnes, Rez. Drake 383; Lenski, Reign 66 ff., 71 f.;
   Eck, Zeitenwende 69–73, 82 ff; Mitchell, History 258 f.; Staats 354 ff.; Heck, Constantin und Lactanz 119 mit Anm. 11. Vgl. Lane Fox 616; Weber, Kaiser, Träume 289. –
   Zu der Begegnung mit Apollon 310 vgl. auch Grégoire 204 ff. und die eingehende
   Behandlung der Problematik von Weber, Kaiser, Träume 278–282.

Sonnen- oder Mondfinsternis, wie das Erscheinen eines Kometen oder wie ein Erdbeben[168] für die antiken Menschen das Erscheinen einer Gottheit oder einer übernatürlichen Botschaft himmlischer Mächte war, das sich heute indessen naturwissenschaftlich erklären läßt und das man auch in unserer Zeit gelegentlich beobachten kann. Dabei gibt es für uns heute – anders als für die antiken Menschen – kein Geheimnis. Es handelt sich in beiden Berichten einmal aus paganer, dann aus christlicher Perspektive offenbar um einen Halo[169], um ein farbenreiches und wahrhaft spektakuläres, durch Lichtbrechung an Eiskristallen in den hohen Schichten der Atmosphäre entstehendes System von Lichtkreisen und Nebensonnen, in dessen Zentrum die Sonne steht[170] (Abb. 2).

Dieses System, mit einem oder auch mehreren Lichtkreisen, wird in der optischen Physik als ein Ringhalo bezeichnet, und dabei kann auf bzw. über der Sonne gelegentlich auch ein kreuzartiges Lichtgebilde sichtbar werden[171] (Abb. 3).

Für Naturphänomene dieser Art gab es in der Antike, wie gesagt, nur die Erklärung der Erscheinung eines Gottes oder einer himmlischen Botschaft[172]. Das zeigt sich beispielsweise in dem ganz ‚unverdächtigen' Bericht des paganen Historikers Cassius Dio über einen unter Kaiser Didius Iulianus (28. März bis 1. Juni 193) von der Stadt Rom aus sichtbaren Halo mit drei Nebensonnen im April 193, der als böses Omen für die drohende Bürgerkriegskonstellation zwischen Septimius Severus, Clodius Albinus und Pescennius Niger gedeutet

---

168 Dazu Boll, bes. 2331–2337; Gundel, bes. 1145 ff.; Köhler/Görgemanns/Baumbach. – Demandt, Verformungstendenzen 30 f., 33–43. – Wirkung einer Sonnenfinsternis bei Hieronym. c. Ioann. Hierosolym. 42 (PL 23, 411 B):…*cum obscurato sole omnis mundus iamiamque venturum iudicem formidaret.* Wirkung eines Erdbebens (im Jahr 419) bei Aug. serm. 19, 6 (CChrL 41, 258): *terrae motus magni de orientalibus nuntiantur……territi apud Hierosolimam qui inerant Iudaei, pagani, catechumeni, omnes sunt baptizati…signum Christi in vestibus Iudaeorum apparuit* (etc.).

169 Zu dieser Hypothese ablehnend Drake, Constantine and the Bishops 184: „misguided"; ders., Response 367: „a charmingly naive attempt to keep faith in both miracle and science, but one that (in some treatments) requires us to think of educated late Romans as little more than aborigines beating tom-toms at an eclipse"; Demandt, Spätantike 83 Anm. 64 hält die Halo-Hypothese für „abenteuerlich"; scharf gegen die Hypothese auch Harris. Abgelehnt schon von Gibbon, Decline Kap. XX Bd. 2, 233 Anm. 3.

170 Siehe Abbildungen 2 und 3. Der dunkle Ton ist aufnahmetechnisch bedingt. – Am 9. Oktober 2006 zwischen 17 Uhr 30 und 18 Uhr 30 habe ich von meinem Wohnort (Saarbrücken-Bischmisheim) aus einen Halo sehen und photographieren können. Eine Fülle von (technisch sehr viel besseren) Photos findet man im Internet; Adressen: siehe unten im Abbildungsverzeichnis zu Abb. 3.

171 Vgl. Böker 1654–1685, hier auch Graphiken Taf. I und II, 1659–1662, bes. 1659 Taf. I. – Moderne Photographien auch bei Weiß 240–245.

172 Siehe die mentalitätsgeschichtlich wichtigen Ausführungen von MacMullen, Miraculous. Vgl. P. Brown, Die Gesellschaft und das Übernatürliche. Aber ein Halo ist eben nichts Übernatürliches!

Abb 2: Ringhalo mit zwei Nebensonnen

Abb. 3: Halo mit kreuzförmigem Zentrum und zwei Nebensonnen

Abb. 4: Grand/Vogesen

wurde[173]. Es war mit hoher Wahrscheinlichkeit also ein solcher Ringhalo, den Konstantin nach den Andeutungen des Panegyristen (Text oben in Kap. III 2a) im Frühjahr 310 von dem heutigen Dorf Grand in den Vogesen aus gesehen hat[174], als er nach Niederschlagung der Revolte seines Schwiegervaters Maximianus Herculius von Südgallien aus in Richtung Trier unterwegs war und sich mit der Armee oder mit Teilen von ihr etwas abseits der großen Heerstraße nach Norden bei oder in dem riesigen kreisrunden Heiligtumsbezirk (*templum*) des gallo-römischen Gottes *Apollo Grannus* aufhielt (siehe Abb. 4)[175].

---

173 Cass. Dio 74, 14, 3 f., zitiert von Weiß 240. Weitere Beispiele aus der Antike: Weiß 244 f. Vgl. auch die Hinweise von Böker 1654–1692. – Kienast, Kaisertabelle 154–161.

174 Weiß passim. – Das von Konstantin gesehene Ereignis als Halo (aber mit Bezug auf die angebliche ‚Vision‘ an der Milvischen Brücke; dazu s. u.): offenbar erstmals erwogen von J. A. Fabricius, Bibliotheca Graeca ..., ed. G. C. Harles, Bd. 7, 1798, 703–718 (mir nicht zugänglich); zit. von Lorenz, KiG I C 1 (Westen) 5 Anm. 34. Siehe auch den Hinweis von Schlange-Schöningen, Aufklärung 173 Anm. 55: „Der erste, der bei Konstantins Vision an einen Halo gedacht hat, könnte der deutsche Philologe Johann Albert Fabricius (1668–1736) gewesen sein, der 1706 eine ’*Exercitatio Critica, qua disputatur Crucem, quam in Caelis vidisse se iuravit Constantinus Imperator, fuisse phaenomenum naturale in Halione Solari*’, veröffentlichte“.

175 Lokalisierung: Müller-Rettig, Panegyricus 339 ff.; dies., Heiligtum. – Faton, mit zahlreichen Plänen und Abbildungen (hier: 5).

Von einer ‚Vision' in heutigem Verständnis kann demnach keine Rede sein. Das in der Abbildung sehr schön erkennbare *templum* – mit einem nicht weniger als 16.000 bis 17.000 Menschen fassenden Amphitheater[176] – ist ein von kilometerlangen, heute noch begehbaren Kanälen durchzogenes, mit zahlreichen Brunnen ausgestattetes Quell- und Wasserheiligtum, und es hat einen Durchmesser von ca. 1 km. Es handelt sich also nicht um einen ‚Tempel' als Gebäude (innerhalb dessen man den Halo ja auch wohl kaum hätte sehen können…)[177].

Das Sonnenphänomen von Grand, dem antiken [A]ndesina mit der Bädervignette auf der Tabula Peutingeriana westlich der Heerstraße nach Trier zwischen Noviomagus/Nijon und Tullio/Toul[178], wurde, so ist dem Text des wenige Wochen später noch im gleichen Jahr 310 in Trier am Kaiserhof gehaltenen Panegyricus zu entnehmen (Text: Kap. III 2a), zunächst selbstverständlich pagan interpretiert. Demnach hatte der Kaiser, als er sich, gewiß nicht ohne seine Soldaten bzw. die *garde du corps*, in dem weitläufigen *templum* aufhielt, den Licht- und Heilgott *Apollo* gesehen; dieser wurde oft mit *Sol Invictus*, dem ‚Unbesiegbaren Sonnengott', identifiziert, wie Inschriften[179], literarische Texte[180] und die ikonographische Angleichung der beiden[181] bezeugen. Der Gott, so die Deutung des Panegyristen, überreichte dem Kaiser Lorbeerkränze, die lange Herrschafts- und Lebensdauer versprachen[182] – man denke an den Ring oder die mehreren Ringe eines Halos – , und die ihn begleitende Göttin *Victoria* garantierte dauernde Sieghaftigkeit. Wenn es dann am Ende des Textes heißt, der Kaiser habe sich in der Gestalt des *Apollo/Sol Invictus* wiedererkannt, „dem die Herrschaft über die ganze Welt gebührt, wie es die göttlich inspirierten Lieder der Dichter sangen" (*cui totius mundi regna deberi vatum carmina divina cecinerunt*), so darf man darin wohl eine diskrete, aber doch gut verständliche Anspielung auf Konstantins universalen, das diokletianische System des kollegialischen Kaisertums zur Disposition stellenden Anspruch auf Alleinherrschaft sehen[183]. Schon ein Jahr später,

---

176 Am Rand des Kreises links unten. – Olivier 10–16.

177 Dies zu dem Einwand von Weber, Kaiser, Träume 281 Anm. 210.

178 Bertaux/Deletie/Haguenauer.

179 Siehe etwa AE 1983, 716 (Grand/Vogesen): *[Apollin]i Gra[nno?—Soli? de]o invi[cto—]*; RIB 1397: Altar mit Weihung an *Sol Apollo Anicetus* (sic); ILS 3094 (?): *Soli Invicto Apollini*; F. Hild, Supplementum epigraphicum zu CIL III: das pannonische Niederösterreich, Burgenland und Wien (1902). Wien 1968, Nr. 406: *Ap(ollini) So(li)*; AE 1998, 1044: *Soli ra[dia]ntissimo [A]pollini*. Vgl. auch AE 1984, 144: *Soli et Apollini sacrum*.

180 Wie Lact. c. de ave Phoen.: Phoebus (Apollo) als Sonnengott; Eus. praep. evang. III 1, 5 (zit. Plutarch); 11, 24 (zit. Porphyrios); 13, 15 ff. (Argumente des Eusebius gegen diese und andere Gleichsetzungen); 15, 3 (Identifizierung in einem Orakelspruch).

181 Müller-Rettig, Panegyricus 335; Letta 593 f. – Vgl. Graf 867.

182 Paneg. Lat. VII/6 (310) 21, 4. Dazu Müller-Rettig, Panegyricus 276–278; Weiß 249 f.

183 Vogt, Frage 349; Müller-Rettig, Panegyricus 280 ff.; vgl. Leeb, Konstantin 133. – Zu *vatum carmina divina* als Anspielung auf Vergils 4. Ekloge: Müller-Rettig 283 f.; Turcan, Constantin 133–135.

bei den Quinquennalien 311, redet der Panegyrist aus Autun den Kaiser in Trier unverblümt, der Wirklichkeit weit vorauseilend, als *imperator totius orbis* an[184].

Eine christlich-theologisch begründete Variante von Konstantins Anspruch auf Alleinherrschaft, also auf ‚Mon-archie‘ im eigentlichen Sinne, findet sich 314 in des Kaisers eigener (religions-)politischen Programmrede, die er in Trier gehalten hat. Darin wird eindringlich der Gedanke entfaltet und begründet[185], daß der Polytheismus im Vergleich mit dem Monotheismus des Christentums eine Absurdität darstellt: es könne nur einen einzigen Gott geben, die kosmische Monarchie bedeute Stabilität und Ordnung, eine polytheistische Poly-archie im Kosmos sei eine Wahnvorstellung, sie würde Chaos zur Folge haben, das sich auch auf die Erde und die Menschen auswirken würde. Nicht offen ausgesprochen, aber suggeriert wird die Übertragung des monotheistisch-monarchischen Modells auf die irdischen Verhältnisse: die reale Polyarchie auf Erden, d. h. zunächst seit Diokletian 284/85 mit Maximianus die Dyarchie, seit 293 die Tetrarchie und dann jetzt noch 314 die Existenz zweier Herrscher wie Konstantin und Licinius, ist gottwidriges Chaos, das sich im tetrarchischen ‚Krieg gegen Gott‘, den Christenverfolgungen von 303 bis 311 und später noch einmal seit 320/21 im ‚Bürgerkrieg‘ des Licinius gegen die Christen manifestiert[186]. Die irdischen Verhältnisse aber verlangen danach, Abbild, Nachahmung, Widerspiegelung der himmlischen Ordnung zu sein. Zehn Jahre nach seiner Trierer Rede ist der Christ Konstantin ‚Mon-arch‘: die irdische christliche Monarchie ist verwirklicht, der ‚Siegeszug‘ des Monotheismus kann beginnen.

Außer dem Kaiser hat 310 sicher auch das militärische Begleitkommando am taghellen Himmel im *templum* zu Grand den Ringhalo sehen können[187]. Aber nur für Konstantin persönlich lag darin eine göttliche Offenbarung der Art, wie sie der Panegyrist von 310, ohne Zweifel in Absprache mit dem Kaiser bzw. dem ‚Hof‘, geschildert hat. In diesem Sinne darf man auch die Anspielung des paganen Panegyristen von 313 auf die Offenbarung eines – inzwischen aber namenlosen! – Gottes verstehen, die, dem im Herbst 311 beginnenden Feldzug gegen Maxentius zeitlich vorausgehend, nur Konstantin zuteil geworden sei: die *mens divina* habe sich, ja doch wohl 310 in Grand, dem Kaiser ‚gezeigt‘, und der Sieg vom Oktober 312 über Maxentius ist, nach einer *annua expeditio*[188], eine *divinitus promissa victoria*[189].

---

184 Paneg. Lat. VIII/5 (311) 9, 2. Zum historischen Kontext der Rede: Ronning 200–209.
185 Constant. or. ad sanct. coet. III (–V). Neue Datierung und Lokalisierung der Rede unten in Exkurs 2 nach Kap. VI 4.
186 S. u. bei Anm. 668 ff.
187 Vgl. dazu den Bericht Konstantins bei Eusebius: oben Kap. III 2c und unten Kap. IV 1.
188 Paneg. Lat. IX/12 (313) 21, 5.
189 Paneg. Lat. IX/12 (313) 2, 4–6; 4, 4. Zit. 2, 5 und 3, 3.

b. Der Kaiser und *Sol Invictus*

Der Panegyrist von 310 berichtet, Konstantin habe die „ehrwürdigen Heilig-tümer" des *templum* in Grand „mit außerordentlich reichen Weihegaben geehrt" (*augustissima illa delubra tantis donariis honestasti* etc.)[190] – von Opferhand-lungen ist mit keinem Wort die Rede. Der Kaiser unterstellte sich aber nach der ‚Begegnung' mit *Apollo/Sol Invictus* sogleich demonstrativ dem Schutz des Unbesiegbaren. Ein in Gold geprägter Münztyp aus der Prägestätte Ticinum zeigt auf der Vorderseite ein Portrait des Kaisers, auf der Rückseite in Anspie-lung auf die Begegnung von Grand den Gott *Sol Invictus/Apollo* in einer Quadriga, begleitet von der ihn bekränzenden Göttin *Victoria*, und mit der Legende SOLI INVICTO AETERNO AVG(usto)[191]. Der Kaiser nahm auch den Beinamen des Sonnengottes – *Invictus* – in seine Herrschertitulatur auf, und seither (Abb. 5) dominierte in seiner Münzprägung für einige Jahre *Sol Invictus* als sein göttlicher ‚Begleiter', als sein *comes*[192]:

Abb. 5: Konstantin und *Sol Invictus*
Portrait Konstantins (a) und Bekränzung des Kaisers durch *Sol Invictus* (b)

---

190 Paneg. Lat. VII/6 (310) 21, 7. Dazu Müller-Rettig 286 ff.

191 RIC VI 297 Nr. 113 (Ticinum).

192 *Invictus* als Herrschertitel: Paneg. Lat. VII/6 (310) 8,4; 12,1. Dazu Grünewald, Con-stantinus 50–61 mit inschriftlichen und numismatischen Belegen. Seit 324 *victor* statt *invictus* (wohl wegen der pagan-religiösen Konnotationen): Grünewald, Constantinus 136 ff. Leeb, Konstantin 9–12, 21–26; Kolb, Herrscherideologie 59 f., 63 f. – Zur Münzprägung und zu anderen Zeugnissen zuletzt Bergmann, Konstantin und der Sonnengott. – Abb. 5: RIC VII 374 Nr. 98; Prägung aus Ticinum (SMT im Abschnitt der Rückseite 5b). Vorderseite (a): Portrait etc. mit Legende IMP(erator) CONSTAN-TINVS P(ius) F(elix) AVG(ustus); Rückseite (b): ‚Krönung' Konstantins durch den Sonnengott, mit Legende SOLI INVICTO COMITI.

Möglicherweise wurde jetzt auch eine neue kaiserliche Standarte entworfen. Die Standarte, die unter dem Eindruck der Lichterscheinung von Grand den vermutlich keltischen Namen ‚Labarum' erhielt, der ‚Himmelszeichen' bedeuten könnte[193], hatte das Aussehen eines üblichen römischen Militärzeichens, eines Vexillums, das heißt eines Lanzenschafts mit einer im oberen Teil angebrachten kurzen waagerechten Querstange, von welcher ein quadratisches Tuch herabhing. Auf dem Tuch aber (Abb. 6a) oder an der Spitze des Lanzenschaftes (Abb. 6b) hat man wohl, in Anlehnung an die Gestalt des Ringhalos, ein in einen Lorbeer-(=Sieges-)kranz gefaßtes paganes Sonnensymbol angebracht, wie etwa einen Stern mit sechs Strahlen[194]:

Abb. 6: Vexillum
Stern auf dem Fahnentuch (a) und im Kranz an der Spitze (b)

Kaiser Julian (355/360 bis 363), der zum Paganismus konvertierte Neffe Konstantins, hat seinem Onkel nicht nur den Vorwurf gemacht, daß er ein *novator turbatorque priscarum legum et moris antiquitus recepti* gewesen sei[195],

---

193 So Weiß 250 ff., bes. 254 f. Vgl. jedoch Lane Fox 616 (mit Anm. 25): „As no explanation of the word's origin has yet been found," etc.; so schon Gibbon, Decline Kap. XX, Bd. 2, 230 mit Anm. 1. – Anders Demandt, Spätantike 89: hergeleitet von *laurum-lavrum*=Lorbeerkranz. – Das Wort kommt aber in zeitgenössischen Quellen nicht vor: Franchi de' Cavalieri 98 Anm. 108. Bezeugt ist es offenbar erstmals in griechischer Sprache, in der Kapitelüberschrift zu Eus. VC I 31; die Kephalaia stammen jedoch nicht von Eusebius selbst, sondern sind wohl bald nach dessen Tod (ca. 339) hinzugefügt worden. Danach Greg. Naz. or. IV 66; Prudent. c. Symm. I 486 f.; Rufin. HE IX 9, 5; CTh VI 25, 1 (416). – Vgl. Egger bes. 14 ff.; Turcan, Constantin 157 f.
194 Z. B. RIC VI 186 Nr. 258 A; RIB 1396. Vgl. auch das Material bei Green. – Im Jahre 319 wurde in Thessalonike eine merkwürdige Münze geprägt, die vielleicht eine Reminiszenz an das ‚Wunder' von Grand darstellt: RIC VII 507 Nr. 66–71; Weiß 251 mit Abbildung. Man sieht hier SOL INVICTVS stehend auf einem (rechtwinklig) X-förmigen Liniensystem, möglicherweise einem Sonnensymbol.
195 Amm. Marcell. XXI 10, 18.

sondern auch ganz besonders, daß er sich vom Gott *Helios* (=*Sol*) abgewendet habe[196]. Wann ist das geschehen, wann und unter welchen Umständen hat Konstantin sich eine christliche Interpretation des solaren Himmelsphänomens und des *Apollo/Sol Invictus* zu eigen gemacht und an die Stelle des ursprünglichen paganen Sonnensymbols von 310 ein eindeutig christliches Symbol gesetzt? Auch diese Fragen lassen sich zum Teil nur hypothetisch beantworten. Nur eines ist sicher: seit (Frühjahr?) 311 existierte eine Standarte mit Christogramm, und seit der gleichen Zeit trug Konstantin das Christogramm an seinem Helm. Wie ist es dazu gekommen?

---

196 Iulian, or. VII 228 D: ‚Gespräch' zwischen *Zeus* und *Helios*.

IV. Trier 311 – Die Entscheidung für den Gott der Christen

Das Himmelsphänomen von 310 hat schon recht bald, so weiterhin die hypothetische, aber durch Indizien gestützte Rekonstruktion der Vorgänge zwischen 310 und 312, eine christliche Interpretation erfahren. Dabei wird das ungewollte Eingeständnis der Wirkungslosigkeit und Nicht-Existenz der paganen Götter und unter ihnen selbstverständlich auch und gerade des *Apollo* bzw. *Sol Invictus* durch das Galeriusedikt von April 311 den ohnehin schon christenfreundlichen Konstantin nachhaltig beeinflußt haben[197], zumal da die Christenverfolger Galerius und Maximinus Daia ebenfalls zu den Verehrern des Sonnengottes zählten[198]. Überdies war Konstantin sicherlich bekannt, daß die tetrarchischen Kaiser Severus und Galerius, die 307 namens ihrer Götter in Italien gegen den Götterschützling Maxentius gekämpft hatten, vollständig gescheitert waren[199]: ein weiteres Zeichen dafür, daß diese Götter nicht als Götter gelten konnten, ganz abgesehen von dem beeindruckenden Verhalten aufrechter Christen in der Verfolgung.

1. Christliche Interpretation des ,Wunders' von Grand

Es können Männer wie der Bischof von Trier (Agricius?)[200] und der vielleicht schon seit ca. 310 oder gar noch früher am dortigen Hof als hochbetagter Lehrer des ca. 300 geborenen Kaisersohnes Crispus wirkende Christ Laktanz[201] sowie

---

197 Vgl. Herrmann-Otto 199: „Ohne das totale Fiasko der Verfolgungen wäre wohl auch Konstantin nicht auf die Politik der Hereinnahme und Integration der Kirche und ihrer Organisation in den Staat verfallen".

198 Berrens 142 f., 147, 162. Die (gescheiterten) Christenverfolger und der Sonnengott: s. o. bei Anm. 143 f.

199 S. o. bei Anm. 146.

200 Agricius ist als Trierer Bischof erst 314 sicher bezeugt; s. u. Anm. 600 f.

201 Hieronymus, De viris illustribus 80: Laktanz sei *extrema senectute* der *magister* des Crispus geworden. – Wahrscheinlich kannte Konstantin den Gelehrten von seiner Zeit in Nikomedien her, wo Laktanz bis 303 am Hofe Diokletians als Rhetoriklehrer gewirkt hatte. – Kremer, Laktanz. – Wlosok, Lactantius 376 ff. – Zur Datierung D(ePalma) Digeser, Letter; dies., Edict; dies., The Making 134–136, 169–171; Fiedrowicz, Freiwillig 11–16. Die (Früh-)Datierung ist aber nicht gesichert. Sie wird bestritten von Heck, *Defendere* 208–215. Dazu jetzt ausführlich ders., Constantin und Lactanz, mit dem Ergebnis (130): „Lactanz kam erst Ende 313/Anfang 314 nach Trier"; aber einen wirklich stichhaltigen Beweis gegen die Frühdatierung finde ich hier (122 f.) nicht.

auch andere Bischöfe aus Konstantins Reichsteil[202] gewesen sein, die dem Kaiser
nach dem Scheitern der paganen Kaiser und ihrer Götter ein neues, ein ‚rich-
tiges', ein christliches Verständnis des Himmelsphänomens von 310 nahegebracht, ihm gleichsam die Augen geöffnet haben[203]. Das spiegelt sich offenbar in
dem von Eusebius aufgezeichneten Bericht Konstantins wider, der in der Forschung nahezu einhellig nur als legendarische Ausgestaltung der Notiz bei
Laktanz (Text in Kap. III 2b) und von daher als Bericht über eine Kreuzesvision
und Bekehrung des Kaisers kurz vor oder in der Schlacht an der Milvischen
Brücke am 28. Oktober 312 aufgefaßt wird – zu Unrecht.

Der Kaiser hatte nach seinem eigenen Bericht bei Eusebius am hellichten
Tag auf einem Marsch zusammen mit seinem Heer am Himmel ein Sieg verheißendes Lichtkreuz gesehen (vgl. oben Abb. 3), und im späteren erklärenden
Traum sei ihm, wie christliche Sachverständige überzeugend darlegten, niemand
anderes begegnet als der göttliche Gottessohn Christus mit der Aufforderung,
das gesehene Zeichen nachzubilden und im Krieg als Schutzmittel zu verwenden
(Text in Kap. III 2c)[204]. Den Sohn ihres Gottes aber verehrten die Christen seit
früher Zeit im Anschluß an ein alttestamentliches Prophetenwort (Maleachi 3,
20 bzw. 4, 2) als den geweissagten *Sol Iustitiae* – als die ‚Sonne der Gerechtigkeit'[205]. Die himmlische Botschaft des Naturphänomens von 310 konnte
daher neu und, vielleicht auch in Verbindung mit der apokalyptischen Weis-
sagung Jesu in der Ölbergrede, daß „das Zeichen des Menschensohns am
Himmel erscheinen wird"[206], christlich gedeutet lauten: Sieghaftigkeit im Zeichen des Kreuzes Christi[207]. Was nun aber in der Forschung allzu oft nicht
genügend beachtet wird, ist die Tatsache, daß das Berichtete weder vom Kaiser
noch von Eusebius in einen zeitlichen und räumlichen Zusammenhang mit dem
militärischen Ereignis vom Herbst 312 an der Milvischen Brücke gestellt

---

202 Wie Reticius von Autun, Marinus von Arles, Maternus von Köln, die Konstantin schon
     lange vor 312 bekannt waren: Eck, Zeitenwende 76–82, 86, 90 f.
203 Eus. VC I 32, 1 f.: Rückfrage Konstantins bei christlichen Geistlichen. Vgl. Lane Fox
     617. – Siehe jetzt die vieles klärenden Darlegungen von Eck, Zeitenwende (oben
     Anm. 202) zur Bekanntschaft Konstantins mit gallischen Bischöfen vor dem Jahr 312;
     Bleckmann, Einleitung 60. Abgesehen davon spielt sich das von Eusebius nach Kon-
     stantins Angaben Berichtete eindeutig (32, 3) vor Beginn des Feldzuges gegen Maxentius
     ab, der im Herbst 311 begonnen hat; s. u. bei Anm. 210 f.
204 Eus. VC I 28 ff. – Weiß 245 ff.
205 So Clemens Alexandrinus: protr. XI 114, 3 (frühester Beleg). Dann u. a. auch Origenes:
     Kommentar zu Joh 13, 30; Eusebius von Caesarea: Laus Constantini (=LC) VI 20.
206 Mt 24, 30 mit Didach. 16, 6.
207 Siehe bereits Eus. LC VI 21: Offenbarung des ‚Zeichens' durch Gott selbst. Vgl. auch
     ebd. XI 1: Gott persönlich habe den Kaiser ohne menschliche ‚Zwischeninstanz' belehrt
     und ihm die Mysterien des Christseins offenbart. Ebenso dann in VC I 32, 3.

wurde[208]. Dabei hatte schon E. Gibbon (1787) das Richtige gesehen: „The learned Eusebius has ascribed the faith of Constantine to the miraculous sign which was displayed in the heavens whilst he meditated and prepared the Italian expedition"[209]; also nicht während der ‚Expedition' oder gar noch an deren Ende auf dem Schlachtfeld vor Rom, sondern vorher, bei den Planungen und Vorbereitungen, in Gallien.

Zwei für die Rekonstruktion des Ablaufs der Ereignisse grundlegend wichtige, die Chronologie innerhalb des von Eusebius bzw. Konstantin Berichteten unabhängig von Eusebius ergänzende Zeitangaben in anderen Quellen sind bisher anscheinend noch nicht berücksichtigt worden. Man findet sie in der Rede des Panegyristen des Jahres 313 und bei dem Historiker Eutropius. Im Panegyricus wird der Feldzug gegen Maxentius als eine *annua expeditio* bezeichnet, und Eutropius schreibt, Konstantin habe den Krieg in seinem fünften Herrschaftsjahr begonnen[210]. Das fünfte Herrschaftsjahr ist 310/311, und wenn man vom Sieg Konstantins bei Rom Ende Oktober 312 ein Jahr = 12 Monate zurückgeht, kommt man auf den Herbst 311 als Beginn des Krieges. Beide Autoren sehen also das Jahr 311 als Jahr des Kriegsbeginns an. Von der relativen Chronologie innerhalb des Kontextes bei Eusebius in VC I 27 bis 37 her ist nun in der Tat vollkommen klar, daß der Kaiser noch nicht zum Krieg gegen Maxentius aufgebrochen war, als er die kreuzförmige solare Himmelserscheinung sah und als er sich eine christliche Interpretation derselben zueigen machte. Er hielt sich, zusammen mit dem Heer „auf einem Marsch", „irgendwo" offensichtlich in Gallien[211] auf und jedenfalls ganz sicher nicht in Italien oder etwa im Herbst 312 bei Rom, als die kreuzartige Lichterscheinung zu sehen war (VC I 28, 2)[212]. Und erst nachdem er eine gewisse Zeit später, laut eigener

---

208 So aber in der neueren Literatur z. B. von Dassmann, Kirchengeschichte II 1 24: ‚Vision' „nachmittags bei den Vorbereitungen zur Schlacht"; ebd. 25: „eine Bekehrung auf dem Schlachtfeld". Zuletzt auch wieder von Turcan, Constantin 151 f. Ähnlich z. B. Kuhoff, Mythos 161 Anm. 90 und 172 f.; Leeb, Konstantin 129 ff., 136 ff.; Bremmer 59 („the event itself took place in 312"), 65; Brandt, Schlacht 279 f. Richtig hingegen schon Laven 15; K. Müller, Konstantin 264, 267; Piganiol, L'empereur 72; Franchi de' Cavalieri 20 f.; Lorenz, KiG C I 1 (Westen) 6: „Die Entscheidung geschieht in Gallien"; Weiß 238; Bleckmann, Einleitung 57 f.

209 Gibbon, Decline Kap. XX, Bd. 2, 218; auch ebd. 234 mit Anm. 3.

210 Paneg. Lat. IX/12 (313) 21, 5; Eutr. brev. X 4, 3.

211 Mit bewundernswerter Kühnheit hat dieses ‚irgendwo' einst der Pfarrer des Ortes Leiwen auf einem „Kron" genannten Hügel zwischen Neumagen und Leiwen an der Mosel lokalisiert: Laven 28 ff.

212 Siehe jedoch Lane Fox 615: „On his march south" habe die ‚Vision' stattgefunden; ähnlich Seeliger 150: „beim Marsch auf Rom"; Rosen, Constantinische Wende 109: Eusebius berichte, Konstantin habe ihm versichert, „daß er auf dem Vormarsch gegen Maxentius eine Vision gehabt habe". Im Text wird jedoch ganz eindeutig, daß das Himmelsphänomen vor dem Abmarsch aus Gallien nach Italien, ja vor dem Beginn der logistischen Vorbereitungen stattgefunden hat. Schon deshalb ist es im übrigen nicht

Aussage bei Eusebius noch in der Planungsphase für den Krieg, mit Hilfe christlicher Berater über die in christlichem Sinne wahre Bedeutung des Sonnenphänomens Gewißheit erlangt hatte, begann er, mit Sicherheit also 311, nach Eusebius (VC I 32, 3) mit den Zurüstungen für den im Herbst 311 beginnenden, ein Jahr bis Herbst 312 dauernden Krieg gegen Maxentius. Der Beginn des Feldzuges wird denn auch erst fast fünf Kapitel später (ab VC I 37) dargestellt. Der Abmarsch aus Trier und der Einmarsch in Italien erfolgten, wahrscheinlich über den auch im Winter passierbaren Mont Genèvre, im Herbst 311. Nichts spricht somit gegen eine Identifizierung des vom Kaiser bei Eusebius über das Lichtkreuz Berichteten mit dem in Grand lokalisierten Naturereignis des Jahres 310 während Konstantins Marsch von Massilia und Arles durch Gallien in den Norden nach Trier. Das Ereignis ist danach einmal pagan – durch den Panegyricus von 310 – und im Jahr darauf am Kaiserhof in Trier christlich interpretiert worden. Die Konstantinische Wende in der religiösen Orientierung des Kaisers liegt jedenfalls sicher vor Beginn der *annua expeditio*[213], d.h. vor Herbst 311, vielleicht kurz nach dem Galeriusedikt vom April 311.

Eusebius also war in seiner ‚Vita Constantini'[214] auf der Basis von Konstantins Bericht überzeugt, daß die Hinwendung des Kaisers zum Gott der Christen keinesfalls in der siegreichen Schlacht von 312, sondern deutlich sogar noch vor Beginn des Feldzuges stattgefunden hatte. Dies konvergiert, zwar nicht in der religiösen Ausrichtung, aber doch in der Sache, mit Angaben des paganen Panegyristen von 313. Denn auch dieser spielt auf eine göttliche Offenbarung an, die dem Kaiser vor Beginn und nicht während der *annua expeditio* gegen Maxentius zuteil geworden sei[215], und nichts liegt näher als der Gedanke, daß der Panegyrist die Schilderung des Erlebnisses in Grand vor Augen hatte, die in der Rede seines Kollegen von 310 zu lesen war (Text: Kap. III 2a). Der Panegyrist von 313 gibt an, Konstantin habe sich seither, also seit der Planung des Krieges gegen Maxentius und somit seit 310/311, in geheimem Einvernehmen mit einer ihm, dem Redner, unbekannten Gottheit[216] befunden, die allein ihn, den Kaiser, einer Offenbarung gewürdigt habe[217]; daß auch die Armee (nach

---

möglich, das von Eusebius Berichtete mit der Traumepisode bei Laktanz (Text oben in Kap. III 2b) zu identifizieren; weiteres unten.

213 Damit dürften die Bedenken von Heck, Constantin und Lactanz 119 Anm. 12 (die Datierung „schon auf 311 ist unsicher"), ausgeräumt sein.

214 Über dieses Werk, besonders die Intentionen des Autors (27 ff.) und das Bild Konstantins (47 ff.), siehe die ausgezeichnete Einleitung von Bleckmann.

215 Paneg. Lat. IX/12 (313), 2, 4–6: das ermutigende Erscheinen einer Gottheit; 4, 4: Konstantin befolgt bei der Vorbereitung (und Durchführung) des Feldzuges *divina praecepta* (der pagane Maxentius hingegen veranstaltet *superstitiosa maleficia*).

216 Ebd. 2, 4; vgl. auch 26, 1 ff.

217 Ebd. 2, 5: *habes profecto aliquod cum illa mente divina, Constantine, secretum, quae … uni se tibi dignatur ostendere.* Vgl. damit die Angaben des Eusebius, zit. oben Anm. 207.

Konstantin/Eusebius) Zeuge des Himmelsphänomens gewesen ist, widerspricht der Interpretation des Panegyristen nicht, daß nur der Kaiser die solare Offenbarung als eine göttliche Ermunterung aufgefaßt hat.

Dies wie auch die Darstellung Konstantins bei Eusebius in der ‚Vita Constantini‘ steht nicht nur nicht in Widerspruch zu dem Bild in der ‚Kirchengeschichte‘ des Bischofs, vielmehr bestätigt eines das andere. Als Eusebius das Werk verfaßte, dessen dritte Auflage wohl 316 (oder ca. 319?) veröffentlicht wurde[218], wußte er zwar noch keine Einzelheiten; die erfuhr er wohl erst frühestens 325, als er Konstantin beim Konzil von Nicaea begegnete[219]. Zur Vorbereitungsphase des Krieges gegen Maxentius heißt es aber immerhin (HE IX 9, 2), der Kaiser habe Mitleid mit den vom ‚Tyrannen‘ gequälten Römern empfunden, und:

> „nachdem (!) er den himmlischen Gott und dessen Logos, den Erretter aller Jesus Christus, als Kampfgenossen angerufen hatte, brach er mit dem ganzen Heer auf – sc. im Herbst 311 von Trier bzw. Gallien aus über die Alpen nach Oberitalien –, um zu versuchen, den Römern die von den Vorvätern her angestammte Freiheit wieder zu verschaffen".

Die Hinwendung zum Christengott fand demnach auch hier 311 vor Beginn des Kriegs statt, als der Kaiser noch in Gallien war. Es folgt dann die knappe Schilderung der Ereignisse des Feldzuges (HE IX 9, 3 ff.); einen Hinweis auf die Lichterscheinung vor dem Aufbruch wie in der ‚Vita Constantini‘ gibt es hier noch nicht, und erst recht natürlich im Bericht über den Krieg und den Sieg an der Milvischen Brücke 312 findet sich nichts dergleichen. Wenn Eusebius dann allerdings schreibt (HE IX 9, 10 f.), der Kaiser habe sofort nach dem Sieg angeordnet, daß man einer ihn darstellenden Statue in Rom „das rettungbringende Siegeszeichen" in die Hand gebe und eine entsprechend das Zeichen erläuternde Inschrift beifüge, so zeigt dies, daß er, auf welchem Wege auch immer, Kenntnis von der Existenz eines als christlich erkennbaren und benannten Heils- und Siegeszeichens erhalten hatte[220].

Beide Werke, ‚Kirchengeschichte‘ und ‚Vita Constantini‘, stimmen also darin überein, daß Konstantin vor Herbst 311 als dem Beginn des Krieges, in der Planungsphase, und keinesfalls im Verlauf des Feldzugs oder gar erst in der Schlacht unmittelbar vor dem Sieg am 28. Oktober 312 sich dem Christengott und seinem Sohn zugewandt hatte. Und das ist um die Mitte des 5. Jahrhunderts auch die Ansicht z. B. des Kirchenhistorikers Sozomenos gewesen, als er die nach seinen Worten allgemein geteilte Ansicht wiedergab, Britannien und Gallien seien die Regionen, in denen Konstantin das Christentum angenommen

---

218 Zu den verschiedenen Auflagen siehe Barnes, Editions; ders., Constantine and Eusebius 149 f.; Thümmel, Euseb und Constantin 123–127.
219 Zu diesem Ereignis s. u. bei Anm. 727 ff.
220 Zu Statue, ‚Zeichen‘ und Inschrift s. u. Kap. VI 1.

habe, bevor er aus Gallien zum Krieg gegen Maxentius aufgebrochen und nach Italien und Rom gekommen sei[221]. Die Quellen unter – *mutatis mutandis* – Einschluß des paganen Panegyristen von 313 bieten keinen Grund, dem zu widersprechen, bestätigen dies vielmehr vollständig.

Woher stammt dann aber das historisch falsche, durch berühmte Kunstwerke und moderne Filmwerke verewigte Motiv einer (Kreuzes-)‚Vision‘ Konstantins in Italien unmittelbar vor oder während der Schlacht an der Milvischen Brücke? Man denke etwa an die wundervolle Miniatur in einem byzantinischen Manuskript des 9. Jahrhunderts mit den Predigten des Gregor von Nazianz[222] oder an das von Raffael bzw. seinen Schülern stammende Schlachtengemälde in der Sala di Costantino im Vatikan, das eine ‚Vision‘ des Kaisers im Angesicht Roms vor der Schlacht, aber südlich (!) der Stadt zeigt, während doch die Schlacht nördlich von Rom stattgefunden hat[223]. Auch in der Forschung wird, wie zu sehen war, die falsche Vorstellung dauernd wiederholt[224], und in Fernsehsendungen des Konstantin-Jahres 2007 konnte man ebenfalls das ‚Wunder‘ an der Milvischen Brücke bestaunen (mit abenteuerlichen Einzelheiten). Verantwortlich dafür dürfte der Kirchenhistoriker Rufinus zu Beginn des 5. Jahrhunderts sein. Dieser nämlich hat einzelne Motive aus dem konstantinisch-eusebianischen Bericht über die Lichterscheinung ohne Rücksicht auf die in der ‚Vita Constantini‘ eindeutigen Zeitverhältnisse (Eus. VC I 28 ff.) in seine ziemlich freie lateinische Übersetzung des eusebianischen Berichts in der ‚Historia Ecclesiastica‘ über die erheblich spätere Schlacht gegen Maxentius (HE IX 9, 1 ff.) eingearbeitet[225]. So entstand das historisch unzutreffende Bild von einer Himmelserscheinung unmittelbar vor der Schlacht. Die kurze Angabe des Laktanz über einen Traum Konstantins wiederum, die in der Forschung oft fälschlich mit der Darstellung bei Eusebius verquickt wird, bezieht sich zeitlich zwar auf das Ende des Krieges, besagt inhaltlich aber etwas ganz anderes als das, was bei Eusebius steht[226]. Kurz gesagt: keine einzige zeitgenössische antike Quelle spricht auch nur andeutungsweise von einer ‚Kreuzesvision‘ und ‚Bekehrung‘ Konstantins unmittelbar vor oder während der Schlacht an der Milvischen Brücke am 28. Oktober 312 – ein solches ‚Ereignis‘ existiert schlicht und einfach nicht.

---

221 HE I 5, 3; vgl. auch ebd. 3, 1 bis 4, 1.

222 Abbildung: http://fr.wikipedia.org/wiki/Fichier:Dream_of_Constantine_Milvius_BnF_ MS_Gr510_fol440.jpg (zuletzt gesehen am 12. April 2009).

223 Vgl. die Abbildungen bei Münch/Tacke, Zeichen; diess., Schlacht.

224 Zuletzt wieder Demandt, Spätantike 83: „Milvische Vision“.

225 Text in Ed. Schwartz/Th. Mommsen, Eusebius, Die Kirchengeschichte Teil II. GCS IX 2, 1908, 827 ff. – Vgl. Christensen, Rufinus; Heim, Constantin. – Später ebenso wie Rufinus offenbar auch Philostorgios: HE I 6.

226 S. u. bei Anm. 313 ff.

Konstantin hat sich 311 vor dem Feldzug die neue, die christliche Interpretation des Erlebnisses von 310 zu eigen gemacht, die ihm christliche Bischöfe
offensichtlich überzeugend nahegebracht hatten. Seither, seit den Vorbereitungen zum Krieg gegen Maxentius 311 also, war der Christengott nach dem
vielfach und vielfältig erwiesenen ‚Versagen' der paganen Götter für ihn der
einzige Helfer-Gott[227], und es kann schon eine erste politische Wirkung dieser
Wende gewesen sein, daß er im Herbst des Jahres jenen Drohbrief in den Osten
an den ranghöheren Augustus Maximinus Daia sandte, als dieser im Spät-
sommer/Frühherbst 311 das Duldungsedikt des Galerius für seinen Herrschaftsbereich (Diözese *Oriens* und seit Frühjahr 311 auch Kleinasien/*Asiana*
und *Pontus*) außer Kraft gesetzt und die Verfolgungspolitik gegen die Christen
erneuert hatte[228]. Die Abkehr vom paganen *Sol Invictus* aber mag Konstantin
um so leichter gefallen sein, als, worauf ich bereits hingewiesen hatte, Christus
seit früher Zeit von seinen Anhängern als der *Sol Iustitiae* – als die ‚Sonne der
Gerechtigkeit' – verstanden wurde[229]. Dafür, daß nach Ansicht einiger Forscher
der Kaiser in seiner angeblichen intellektuellen Schlichtheit und seinem theologischen Dilettantismus *Sol Invictus* mit Christus identifiziert hätte oder er die
beiden nicht habe auseinander gehalten können[230], gibt es nicht nur keinen
Beleg: es läßt sich vielmehr ganz klar durch die Aussagen des Kaisers widerlegen,
daß die Sonne kein Gott, sondern ein Geschöpf Gottes sei und daß die von den
Paganen als Götter verehrten Wesenheiten nichts als Dämonen seien[231]. Von
daher gesehen führt auch die Ansicht gänzlich in die Irre, der Kaiser habe sich
entschieden „to enroll the Christian god among the legitimate protectors of the
state"[232]: für ihn konnte es jetzt nur noch einen einzigen legitimen „protector of
the state" geben und gab es auch nur diesen einen, den Gott der Christen; denn
die traditionellen Götter hatten aus seiner Sicht und für ihn persönlich den
Status von „legitimate protectors of the state" verloren bzw. rückblickend nie
besessen. Ich vermeide in diesem Zusammenhang bewußt den Ausdruck ‚Bekehrung', weil er unangemessene Assoziationen hervorruft: die Abwendung des
Kaisers vom Paganismus, in Gestalt des Polytheismus und des solaren Henotheismus, und seine Hinwendung zum Gott der Christen sind mit dem
plötzlichen Damaskus-Erlebnis des Verfolgers Saulus, der zum Apostel Paulus

---

227 Daß der Sonnengott noch einige Jahre in der Münzprägung erscheint, sagt nichts über
die religiöse Orientierung des Kaisers; s. u. bei Anm. 446 ff.

228 Lact. mort. pers. 37, 1 mit 36, 3 ff. – S. o. bei Anm. 148. – Zum erweiterten Herrschaftsbereich des Daia nach dem Tod des Galerius siehe Barnes, Constantine and
Eusebius 39 f.

229 S. o. Anm. 205.

230 So z. B. Burckhardt, Zeit (Neunter Abschnitt) 427 f.; A. H. M. Jones, Development 268;
D. L. Jones 1050.

231 Dazu unten bei Anm. 439 und 609.

232 So Drake, Constantine and the Bishops 307.

wurde (Apg 26, 12 ff.), nicht zu vergleichen[233], ebenso wenig wie die Bekehrung des Augustinus (Confessiones VIII f.) und gewiß die vieler anderer. Sie hat mit tiefen Selbstzweifeln, mit seelischen Erschütterungen, mit emotionalen Aufwallungen und mit begeistert-gefühligem Eintauchen in ein neues Leben nichts zu tun[234]. Vielmehr war Konstantins *conversio* zum *invictus Christus/Sol Iustitiae*, insofern ähnlich seiner *conversio* 310 zu *Apollo/Sol Invictus*[235], nach antiken Maßstäben ein sehr rationaler, einem entschieden erfolgorientierten Kalkül entspringender Vorgang: nach dem ‚Versagen‘ und Erweis der Nicht-Existenz der paganen Götter, dokumentiert durch das Scheitern der tetrarchischen Kaiser Severus und Galerius 307 gegen Maxentius, durch das Galerius-Edikt von 311 und durch die unüberwindliche Glaubensstärke verfolgter Christen, eine Hinwendung dieses fürchterlichen und allseits gefürchteten Kriegers zum stärksten oder besser, da Atheismus keine Option war: zum sozusagen einzigen verbliebenen Gott und seinem göttlichen Sohn als militärischem und politischem Sieghelfer[236].

Über die Art seines Christentums – ein „Christentum ‚light‘“[237]? oder ein dogmatisch womöglich nicht ganz einwandfreies, ‚arianisches‘[238]? oder ein ‚halbes‘ Christentum[239]? oder eine „foi…énigmatique“[240]? oder ein „idiosyn-

---

233 Vgl. jedoch Staats 354 f., 358. Paulinische Spuren in Konstantins Gesetzgebung: ders. 339–354, mit dem Ergebnis (368), der Kaiser habe sich „nirgends selbst öffentlich zu einem Nachahmer des Apostels Paulus erklärt“; es „sind nur indirekte Testimonien, die aber insgesamt wahrscheinlich machen, daß der erste christliche Kaiser … eine gewisse Nähe zum Leben und Werk des Apostels Paulus gesucht und gefunden hatte“. – Nur insofern, als Konstantin nach eigener Aussage ohne menschliche ‚Zwischeninstanz‘ zum Christen geworden ist (or. ad sanct. coet. XI 2; vgl. auch Eus. LC XI 1 und VC I 32, 2 f.), kann man im Gedanken an Gal 1, 1 und 11 f. von einer Paulus-Parallele sprechen.

234 Zum Thema ‚Bekehrung‘ vgl. Bardy, Menschen; Aubin; Chadwick, Conversion; Barnes, Conversion; Fink-Dendorfer; Van Dam, Many Conversions; Dumézil 9–14.

235 Vgl. Baynes 8 mit 57 Anm. 25, der hier von einer „first conversion“ spricht.

236 Vgl. Stockmeier, Wende; Girardet, Wende 57 ff. – Der Krieger Konstantin: z. B. paneg. Lat. VI/7 (307) 4, 2–4; VII/6 (310) 12; IX/12 (313) 10, 5: *in proeliis ferocissimus*; 22; 23; 24, 2 ff. Seeck, Untergang 48 ff.; v. Landmann; Engemann.

237 So Brandt, Konstantin 90.

238 Hieron. chron. a. 337, ed. Helm 234 (Taufe des Kaisers 337 angeblich allein durch den ‚Arianer‘ Eusebius von Nikomedien); dazu Aiello, Fortuna; ders., Costantino ‚eretico‘. – Veyne 94: Konstantins Schriften „témoignent à chaque ligne du plus orthodoxe des christianismes“. – Vgl. Gerland 64 (in Anm. 121): in Bezug auf die verschiedenen theologischen Richtungen sei „er wohl nie zu ‚dogmatischer Klarheit‘ vorgedrungen…(….) …ein guter Theologe war er – vielleicht zum Heile der damaligen Menschheit – nicht“; Lietzmann, Glaube 201: des Kaisers Christentum sei „recht verschieden…von dem (gewesen), was die Kirche korrektes Christentum und Theologie nennt“.

239 Vgl. Daut; Bonner 351: bis zu seinem Tode sei Konstantin „the greatest of the semi-Christians“ gewesen.

240 Heim, Virtus 14.

cratic faith"[241]? oder „a syncretic, inclusive, faith…typical for its time"[242]? oder eine „umbrella Christianity which would cover much classical belief as well"[243]? – brauchen wir uns als (Profan-)Historiker nicht den Kopf zu zerbrechen. Sicher scheint mir aber, daß man mit der Ethik der Bergpredigt und mit ,sauberen Händen' unter den Bedingungen der Zeit nicht zum (Allein-)Herrscher über ein Weltreich werden und mehr als 30 Jahre lang an der Macht bleiben konnte. Das heißt aber nicht, daß Konstantin nach eigenem Verständnis und nach dem Verständnis seiner Zeit kein Christ gewesen wäre: er war insofern ein Christ, als er sich von den paganen Göttern und ihrem Kult abgewendet und sich dem Gott der Christen als seinem alleinigen Schutz- und Helfergott zugewendet hatte.

2. Labarum und Christogramm

Schon recht kurze Zeit, nachdem er die christliche Interpretation des kreuz-förmigen solaren Himmelszeichens angenommen hatte, machte der Kaiser, wiederum sehr nüchtern, sehr römisch, mit seinem im Herbst 311 beginnenden Feldzug gegen Maxentius sozusagen die Probe aufs Exempel. Vor dem Aufbruch aber muß – auch dies als hypothetische Rekonstruktion im Rahmen der kon-stantinisch-eusebianischen Chronologie zu verstehen – die Standarte von 310 mit dem sechsstrahligen Stern im Siegeskranz (vgl. oben Abb. 6 und 7) in christlichem Sinne neu interpretiert und modifiziert worden sein[244]. Denn fest steht, daß Konstantin nach eigener Aussage bei Eusebius mit einer christlichen Standarte in den Krieg gegen Maxentius gezogen ist[245]:

> „Sein siegverheißendes Tropaion, nämlich das rettungbringende Zeichen, ließ er vor den schwerbewaffneten Fußsoldaten und den Speerträgern, die seine Leibgarde bildeten, aufstellen und führte an der Spitze das ganze Heer an".

---

241 Lane Fox 620.
242 Wilson-Jones 72.
243 So Drake, Constantine and Consensus 13; ders., Constantine and the Bishops 305; 306: „he favoured an umbrella faith of compromise and inclusion".
244 So Weiß 254 f. – Zum Stern s. o. bei Anm. 194.
245 Eus. VC I 37, 1.

a. Das kaiserliche Vexillum als Kreuz

Das Tropaion, das ‚rettungbringende Zeichen', das kreuzförmige römische Vexillum mit quadratischem Tuch an der Querstange war schon von frühchristlichen Autoren als Bild des Kreuzes Christi angesehen worden[246]. Entsprechend der Angabe Konstantins bei Eusebius[247] repräsentierte es jetzt das am Himmel gesehene solare Lichtkreuz, und das neugestaltete, mit Goldfäden durchwirkte und über und über mit blitzenden Edelsteinen besetzte purpurne Fahnentuch erinnerte an den Glanz der Sonne. Die Kreuzgestalt des Vexillums ist aber, betrachtet man die Vorderseite der Standarte, durch das Fahnentuch verhüllt[248]. Denn das Kreuz war, als ein in seiner brutalen Nacktheit allgemein verabscheutes, seine Opfer entehrendes Hinrichtungsinstrument, ein Skandalon. Das hat lange Zeit, bis zur Abschaffung der Kreuzigungsstrafe durch Konstantin in seiner späteren Regierungszeit, verhindert, daß es zum offen und unverhüllt oder unverfremdet gezeigten christlichen Symbol werden konnte[249]. Wohl aus diesem Grunde ist es auch in dem christlichen Symbol des achtstrahligen Sterns gleichsam verborgen[250]. In der konstantinischen ‚oratio ad sanctorum coetum', 314 am Karfreitag in Trier vorgetragen (siehe unten den Exkurs 2 nach Kap. VI 4), kommt nicht einmal die griechische Vokabel σταυρός/‚Kreuz' vor, obwohl mehrfach vom Tod Jesu gesprochen wird. In der letzten Strophe des in dem Redetext Kap. XVIII 2 zitierten Sibyllenorakels fällt Z. 245 statt dessen das Wort ‚Holz'[251]. Die Vokabel σταυρός hingegen ist auch hier ‚verhüllt': sie kann mit ihren sieben Buchstaben nur durch richtige Lektüre des griechischen Akrostichons, d. h. durch Aneinanderreihen des jeweils ersten Buchstabens der sieben Zeilen der letzten Strophe, ‚enthüllt' werden. Und 315, auf der Vorderseite des berühmten Silbermedaillons von Ticinum, ist hinter der linken Schulter des Kaisers möglicherweise ein Szepter in verfremdeter Kreuzform zu

---

246 Iustin. apol. 55,6; Tert. apol. 16,6; ders., ad nat. 1,12; Origen. homil. in Iud. 9, 1; Minuc. Felix, Octavius 29,7. – Zuletzt umfassend Heid, *Vexillum*; ders., Kreuz.

247 Eus. VC I 30 und 31, 1 f.

248 Thümmel, Wende 164 meint, durch das Tuch „geht die Kreuzform verloren"; ebenso Singor 486. Aus Sicht der frühchristlichen Autoren (s. o. Anm. 246), die Vexilla vor Augen hatten, war das aber durchaus nicht der Fall.

249 Siehe dazu nur Dinkler, Siegeszeichen; ders./Dinkler-v. Schubert, Kreuz; dies., Kreuz I, 22 ff. (Abschaffung der Kreuzigungsstrafe), 43, f., 50 f.; Dinkler-v. Schubert, *Nomen*; dies., ΣΤΑΥΡΟΣ passim; Heinen, Sieg des Kreuzes 230 ff.; Heid, *Vexillum* 238–241; ders., Kreuz 1100 f., 1123 f., 1126. Vgl. Wallraff, La croce, hier zu Eusebius und Konstantin 463–468.

250 Der achtstrahlige Stern in christlichem Kontext (z. B. in Trier): Binsfeld Taf. 34 fr. II 65, wohl eine Zusammensetzung von griechischem x für Christós und gleicharmigem (‚griechischem') Kreuz.

251 Vgl. Dtn. 21, 22 (negativ); Gal 3, 13 (positive Umdeutung); Hebr 12, 2.

sehen[252]. Doch nach dem Beginn der Alleinherrschaft 324 und nach der – nicht genau datierbaren – Abschaffung der Kreuzigungsstrafe (Aur. Vict. XLI 4; Soz. HE I 8, 13) wurde auch die offene Verwendung des Kreuzes als Symbol möglich:

– Eusebius erwähnt ein prunkvolles, in Gold eingefaßtes Kreuzmosaik im Palast zu Konstantinopel um oder nach 330 (Eus. VC III 49);
– das Kreuz erscheint 333 auf Goldmünzen für Konstantin II. als Caesar, auf der Rückseite einer Münze der Kaisersohn mit Vexillum, das statt eines Christogramms ein Kreuz auf der Spitze trägt[253];
– auf der Rückseite eines Münztyps von 334/35 für den Caesar Konstantius II. wurde das Kreuz zwischen zwei Standarten gesetzt[254];
– in unverhüllter Form sieht man das kreuzförmige Vexillum mit Christogramm offenbar erstmals ca. 330/40 auf der Frontseite eines Sarkophags[255].

Bei der Modifikation des kaiserlichen Vexillums im Jahre 311 wurde also das quadratische Fahnentuch, das die Kreuzesform auf der Schauseite verhüllte, aus genanntem Grunde beibehalten[256].

b. Das Christogramm

Die Standarte von 310 besaß, nach der hier versuchten hypothetischen Rekonstruktion[257], an der Spitze oder auf dem Fahnentuch das Sonnensymbol des sechsstrahligen Sterns im Siegeskranz. Dieses Symbol konnte bereits christlich als Abkürzung der Worte ‚Iesoûs Christós' aufgefaßt werden[258], die senkrechte

---

252 Siehe Abb. 18. Dazu im Einzelnen unten bei Anm. 370 ff.

253 RIC VII 580 Nr. 65/Konstantinopel; hier in der Beschreibung aber kein Hinweis auf das Kreuz. Abgebildet bei Bruun, Christian Signs 26 f. mit Abb. 15a.

254 RIC VII 407 Nr. 126/Aquileia; auch hier Beschreibung ohne Hinweis auf das Kreuz auf der Rückseite, aber deutlich sichtbar auf Taf. XII Nr. 126.

255 Thümmel, Wende 169 f. mit Abb. 17.

256 Man stelle sich nur einmal vor, in unserer Zeit träte eine religiöse Gruppe in Erscheinung, die eine Guillotine oder einen elektrischen Stuhl zu ihrem Erkennungszeichen gemacht hat....

257 S. o. bei Anm. 193 ff.

258 Siehe bereits die Inschrift ICUR Nr. 8716 von 268 oder 279. Ebenfalls aus dem 3. Jh. stammt der Grabstein der Valeria Maria in Ravenna: CIL XI 332; Abbildung bei Donati (Hg.), Dalla terra 187 (Kat.-Nr. 29). Aus dem 5./6. Jh. eine silberne Dose aus Nordafrika: ebd. 253 (Kat.-Nr. 127); ferner z. B. Syll. Inscr. Christ. Vet. Mus. Vatic. Nr. 307. Vgl. Bruun, Signs 14 ff. Der sechsstrahlige Stern auf konstantischen Münzen: K. Kraft, Silbermedaillon 322–323 Taf. III Abb. 8 und 10 (Münzen); RIC VII 436 Nr. 95. Bruun, Signs 6 Abb. 1a–c. – Warum griechisch und nicht lateinisch? Vermutlich deshalb, weil die liturgische Sprache auch der Christen des Westens (aber wohl nicht in Nordafrika) um diese Zeit noch das Griechische war; in Rom selbst erfolgte die Umstellung wohl erst in der zweiten Hälfte des 4. Jh., unter Bischof Damasus (366–384). Dazu Klauser; Bardy, Question 161–164.

Achse als griechisches Jota – I – für ‚Iesoûs‘, gekreuzt durch das griechische Chi – X – für ‚Christós‘ (Abb. 7).

Die senkrechte Mittelachse des Sterns wurde nun 311, sozusagen zur Verdeutlichung, durch Umbiegen der Spitze des oberen Teils zum griechischen Buchstaben Rho = P gemacht, der durch das griechische Chi = X gekreuzt war (Abb. 8).

So entstand, oft in einen stilisierten Siegeskranz gefaßt (wie Abb. 9), das wohl allen bis heute bekannte Chi-Rho, das Christogramm, die Abkürzung des

Abb. 7: ‚Prinzensarkophag‘ mit sechsstrahligem Stern

Abb. 8: ‚Brotstempel‘ vom Donnersberg/Pfalz

Abb. 9: Trierer Öllampe

griechischen Wortes ‚ChR(istós)‘[259], das vorkonstantinisch bisher nicht nachgewiesene Monogramm Christi[260]. Das Wort Christós/Christus aber ist kein Eigenname, sondern der Titel Jesu; es ist die griechische bzw. lateinische Übersetzung des hebräischen Wortes Messias und bedeutet: der Gesalbte, der Erlöser und endzeitliche König. Das Christogramm stellt von daher ein offenes, gewissermaßen unverhülltes Bekenntnis zum Christentum dar.

Die kaiserliche Standarte erhielt jetzt 311 vor dem Feldzug gegen Maxentius also statt des sowohl pagan als auch christlich verstehbaren sechsstrahligen Sterns, entweder an der Spitze (wie Abb. 10)[261] oder[262] auf dem Fahnentuch (wie Abb. 11b) das völlig eindeutig christliche Monogramm des Wortes

Abb. 10: Das Christogramm auf der Spitze des Labarums

259 Gelegentlich und wohl erst später ist das Christogramm auch in einer Form bezeugt, die wie ein achtstrahliger Stern wirkt, dessen senkrechte Mittelachse im oberen Teil umgebogen ist und so das griechische Rho = P darstellt, z. B. in Trier: Binsfeld Taf. 41 fr. II 73; Taf. 42 fr. II 78. Vielleicht handelt es sich um die Kombination eines × für Christós mit einem Staurogramm; zu diesem s. u. Anm. 263 und Exkurs 1 nach Kap. V 1.

260 Siehe u. a. Wischmeyer; Horsley/Waterhouse 213 ff.; Seeliger 154 f.; Leeb, Konstantin und Christus 39 ff.; Thümmel, Wende 154 f. – Trombley nennt das Christogramm ‚quasi-konstantinisch‘ (1161), da es nach ILCV 3315 „in Rom schon um 279 in Gebrauch" gewesen sei; so auch Binsfeld 39 f. Doch die Neuausgabe der Inschrift in ICUR 8716 zeigt klar, daß es sich bei dem Zeichen nicht um ein Christogramm, sondern um einen sechsstrahligen Stern (= I mit X) handelt; zu diesem s. o. Anm. 193 f.

261 Rückseite des Follis RIC VII 572 Nr. 19 (Constantinopolis). Legende: SPES PVBLICA (‚Hoffnung des Staates‘); Zeit: nach dem Sieg über Licinius 324. – Licinius als ‚Schlange‘: Eus. VC II 1, 2; Brief Konstantins an Eusebius, VC II 46, 2. Eusebius beschreibt ein entsprechendes Bild im Palast zu Konstantinopel: VC III 3, 1 f. Vgl. Leeb, Konstantin 49 ff.

262 Durch Eusebius bezeugt ist mehrfache, womöglich verschiedenartige, Ausfertigung des Labarums mit Christogramm für verschiedene Truppenteile: Eus. VC I 31, 3 mit 32, 1.

Abb. 11a/b: Portrait Konstantins mit Blick zum Himmel (a) und das Labarum
mit Christogramm auf dem Fahnentuch in der Hand des Kaisers (b)

Christus, das Christogramm[263], und wurde dadurch zum *vexillum fidei*[264]. Auf
einem einzigartigen, in der Spezialliteratur zur konstantinischen Münzprägung
nach meiner Kenntnis noch nicht adäquat gewürdigten Goldmedaillon aus dem
Jahr 326, das in Belgrad aufbewahrt wird, ist Konstantin höchstselbst mit
diesem 311 christianisierten Vexillum zu sehen (Abb. 11).

Die Vorderseite des Goldmedaillons zeigt das Portrait Konstantins mit einer
Kopfhaltung, die in der Forschung durchweg als Nachahmung der Pose Alex-
anders d. Gr. oder allgemein hellenistischer Könige erklärt wird[265]. Rein formal
trifft das gewiß zu. Doch der Kaiser selbst hat damit allem Anschein nach ein
christliches Verständnis zum Ausdruck bringen lassen. Er lobt in seiner Trierer
Programmrede von 314 Platon, weil dieser die Menschen den Blick zum
Himmel gelehrt habe[266]. In engster gedanklicher und begrifflicher Anlehnung

---

263 Vgl. die Beschreibung Eus. VC I 31 f. – Vom Christogramm zu unterscheiden ist das
   Staurogramm, d. h. ein gleicharmiges Kreuz (griech. σταυρός/*staurós*), dessen oberer Arm
   an der Spitze umgebogen ist: eine Kombination der griechischen Buchstaben ‚T(au)' =
   T und ‚R(ho)' = P. Dazu Wischmeyer; Dinkler-v. Schubert, ΣΤΑΥΡΟΣ; Hurtado 135–
   154.

264 Firm. Matern. err. prof. relig. XX 7: das Labarum als *vexillum fidei* (vgl. auch Ambr. fid.
   II 16, 141; V 10, 10). Eben weil es das war, hat der pagane Kaiser Julian (360 bis 363) es
   demonstrativ entfernen lassen: Greg. Naz. or. IV 66; Soz. HE V 17, 2. – Drake,
   Constantine and the Bishops 204 meint hingegen: „The significance of the labarum...lies in its ambiguity".

265 Siehe nur Leeb, Konstantin und Christus 57 ff. mit der älteren Forschung; Smith 187: „a
   bold experiment with a diademed royal style and upturned energetic head clearly
   modelled on that of Hellenistic kings"; Kolb, Herrscherideologie 78 mit 201 ff.; Turcan,
   Constantin 213 f.; Schneider 426 Anm. 292. – Vgl. zur Problematik R.-Alföldi,
   Goldprägung 128 mit Anm. 5.

266 Constant. or. ad sanct. coet. IX 3. Datierung und Lokalisierung: s. u. Exkurs 2 nach Kap.
   VI 4.

an Laktanz spricht er in der Rede von seinem eigenen Aufschauen zum Göttlichen mit dem „Auge der Seele" – dies ist geradezu das Kennzeichen des Christseins, während die Paganen mit ihrem Blick zu den Götterbildern nur Irdisch-Materielles anschauen[267]. Er dankt in einem Brief an Bischöfe für das *beneficium* des Christengottes, daß „wir zum Himmel schauen können"[268]. Den Soldaten der römischen Armee, den paganen wie den christlichen, schreibt er wahrscheinlich schon vor 314 eine entsprechende Haltung beim Sonnentags-Gebet vor, mit dem Blick der „geistigen Augen" zu dem einen einzigen Gott empor, der über dem Himmel ist[269]. Eusebius sagt, an Konstantin gewendet, 336 in seiner Tricennatsrede, der Kaiser blicke hinauf zum kosmischen Regiment Gottes und richte an dem himmlischen Vorbild sein eigenes irdisches Regiment aus[270]. Bei seinen öffentlichen Vorträgen, so Eusebius in der ‚vita Constantini', habe der Kaiser, wenn er über Theologisches sprach und vom Publikum mit Beifall bedacht wurde, die Zuhörer aufgefordert, den Blick zum Himmel zu erheben und statt seiner den „über allem stehenden König" zu preisen[271], und in gleicher Haltung lasse er sich, auch als Betender mit erhobenen Händen, auf Münzen und Bildern darstellen[272]. In Mahnreden schließlich, gerichtet an die hohen Reichsbeamten, habe er den „über allem stehenden Gott" als den Urheber seines Kaisertums und seine eigene irdische Herrschaftsorganisation als das Abbild des himmlischen Regiments „des Allerhöchsten" bezeichnet, und sie alle müßten dereinst „dem großen König" gegenüber für ihr Handeln Rechenschaft ablegen[273].

Auf der Vorderseite des Goldmedaillons Abb. 11a, so darf jetzt nach alledem auch im Zusammenhang mit der Rückseite (s. u.) gesagt werden, sieht man Konstantin als einen Christen in der Haltung eines Betenden mit Blick zum Himmel: der Kaiser, so lautet die Botschaft, orientiert sich bei seinem herrscherlichen Handeln und der Gestaltung der irdischen Herrschaft als Universal-Monarchie am Vorbild des kosmischen Regiments des einen Gottes, wie er es in

---

267 Ebd. XI 1. Dazu Lact. inst. div. II 1, 14–17 mit 2, 2 und 18 ff. (Blick zum Himmel als Kennzeichen des Christseins); II 1, 14–19; 5, 1; 18; III 9, 17 und 10, 10–15; 12, 26; IV 1, 4; V 17, 17; VI 8, 4 f.; VII 5, 6. – „Auge(n) der Seele": 1 Clem 19, 3; Lact. inst. div. III 27, 14 (*animae lumen*); IV 26, 4 und VI 9, 15 (*oculi cordis*); VII 9, 4 (*oculi mentis*). Vgl. Plat. pol. VII 14, 533d; Porphyr. v. Pythag. 47.
268 An antidonatistische Bischöfe (5. Februar 330, aus Serdika), Opt. append. X = v. Soden, Urk. 36 Z. 5 ff.: über den *summus deus, cuius beneficio vitam carpimus, caelum suspicimus*, etc.
269 Eus. VC IV 19 f. Dazu mit Erörterung der Datierungsfrage Girardet, Sonnen-Tag 198 (=297) ff., 205 (=303) ff.
270 LC III 5 f.
271 Eus. VC IV 29, 2.
272 Eus. VC IV 15 f. – Smith 187: der Münztyp mit Blick zum Himmel sei hier von Eusebius „willfully misinterpreted" worden „as having a Christian meaning".
273 Eus. VC IV 29, 4.

seiner Programmrede von 314 als das Ideal geschildert hat[274]. Das Bildmotiv erscheint, auch mit verschiedenen Rückseiten ohne spezifisch christliche Symbolik, auf zahlreichen Prägungen[275] der Zeit um 325/26; auch die christlich erzogenen Söhne des Kaisers werden oft mit Blick zum Himmel dargestellt[276]. Von besonderer Bedeutung ist das hier besprochene Unikat aber deshalb, weil es sich bei dem Bildtypus der Rückseite Abb. 11b um die einzige erhaltene Darstellung Konstantins mit dem Labarum, dem durch das Christogramm als christlich ausgewiesenen Vexillum, handelt[277]; der Typus findet sich, leicht abgewandelt, noch einmal im gleichen Jahr auf einer in Rom wohl aus Anlaß der Vicennalien 325/26 geprägten Silbermünze[278]. Den Kaiser erkennt man daran, daß die das Labarum mit Christogramm in der Rechten und eine mit der Spitze zum Boden gerichtete Lanze in der Linken haltende Gestalt das um den Kopf gebundene Diadem trägt, dessen lose Enden im Nacken zusammengeknotet sind[279]. Möglicherweise handelt es sich hier um die Wiedergabe einer Statue in Rom[280].

Wer im Jahr 311, vor Beginn des Feldzugs gegen Maxentius, in Trier auf die Idee gekommen ist, das bis dahin noch unbekannte Monogramm Christi zu entwerfen und als Symbol im Lorbeerkranz zu verwenden, läßt sich nur vermuten. Es wird einer von den christlich-kirchlichen Beratern Konstantins in Trier gewesen sein – vielleicht Laktanz – , der, angeregt durch die abkürzende

---

274 Constant. or. ad sanct. coet. III.

275 Siehe nur, auch zum Diadem und seinen Modifikationen, R.-Alföldi, Goldprägung 93 ff. mit Taf. 11–13.

276 Crispus: RIC VII 618 Nr. 110 und 111 (325/6, Nikomedien). – Konstantin II.: 618 Nr. 112 (325/6, Nikomedien); 520 Nr. 166 (327, Thessalonike); 560 Nr. 149 (336/7, Heraklea). – Konstantius II.: 619 Nr. 113 (325/6, Nikomedien); 560 Nr. 146 (336/7, Heraklea); 585 Nr. 105 (336/7, Konstantinopel). – Auch Delmatius Caesar: 560 Nr. 147 (336/7, Heraklea); 632 Nr. 186 (336/7, Nikomedien). – Christliche Erziehung: Lehrer des Crispus war Laktanz (Hieronym. vir. ill. 80). Die anderen Söhne: Eus. VC IV 51, 2 und 52, 1–3.

277 Vgl. zum Labarum allgemein Leeb, Konstantin 43–48 (aber mit unbegründeter Datierung der Einführung des Labarums auf 324); Bruun, Signs; R.-Alföldi, *Labarum*; Thümmel, Wende 158–165 (ebenfalls mit ,Spätdatierung'). Das Medaillon Abb. 11 wird seltsamerweise von keinem der eben genannten Autoren zitiert. Ebenso wenig erscheint es bei Walter, Iconography; dort im Index auch kein Stichwort ,Christogramm' oder ,Chrismon'.

278 Nicht besonders gut erhalten: Bellinger 135 f., Nr. 13 mit Abb. 13; Odahl, Constantine 208 Abb. 61, hier mit Langszepter (statt, wie auf dem Goldmedaillon, mit zum Boden gerichteter Lanze) in der Linken. Vgl. (mit gewöhnlichem Vexillum) RIC VII 222 Nr. 579 (Trier); 345 Nr. 399 (Rom). – Konstantins Sohn Konstantius II. hat das Motiv offensichtlich aufgegriffen: RIC VIII 360 Nr. 146 und 147 (Siscia); ebenso Konstans: siehe RIC VIII 314 Nr. 1A (Aquileia); ebd. 349 Nr. 9 (Siscia), 360 Nr. 148 (Siscia).

279 Zu Konstantins Diadem und den verschiedenen Formen Kolb, Herrscherideologie 76 ff.; ders., La storia 53 ff.

280 Dazu s. u. Kap. VI 1.

Schreibung des Wortes Christós als Titels Jesu in Handschriften[281], dem Kaiser den entsprechenden Vorschlag unterbreitet hat. Und der Kaiser war es dann, der die Entscheidung traf, das Vexillum mit dem Monogramm als neuem christlichem Symbol auszustatten. Während also das kreuzgestaltige Vexillum nur für christliche Augen als das Kreuz Christi und namentlich jetzt als das mit sonnenglänzendem Tuch verhüllte Abbild des am Himmel erschienenen Lichtkreuzes erkennbar war, stellte das Christogramm für alle sichtbar den Bezug des Labarums zu Christus her. Ob das von jedem Paganen, der die Standarte sah, sofort verstanden wurde, ist natürlich eine andere Frage. Aber andererseits gibt es kein paganes Symbol, das man mit dem Chi-Rho verwechseln konnte.

c. Labarum und Christogramm im Jahre 311

In der Forschung hat man den eusebianisch-konstantinischen Bericht über die Schaffung des christlichen Feldzeichens vor Beginn des Krieges gegen Maxentius als chronologisch viel zu früh verworfen, weil Eusebius von mehreren Medaillonbildnissen kaiserlicher Söhne auf dem Labarum spricht[282], weil das Feldzeichen von Laktanz nicht erwähnt wird und weil es bisher erst nach 324 in der Münzprägung nachzuweisen ist[283]. Doch es gibt nicht den geringsten Grund, die Angabe nicht zu akzeptieren. Als Eusebius das durch das Christogramm unverwechselbar christianisierte Vexillum wohl 325 oder noch später zu Gesicht bekam, war es, wie von ihm geschildert, mit Medaillonbildern des Kaisers und mehrerer seiner Söhne ausgestattet (vgl. oben Abb. 10). Im Jahr 311/12 hingegen hatte Konstantin erst einen Sohn, Crispus, der überdies noch nicht zum Caesar ernannt und darum sicher auch noch nicht auf dem frühen Vexillum abgebildet war. Das spricht nun aber keineswegs gegen die ‚Frühdatierung‘ des Labarums entsprechend der Angabe des Bischofs bzw. Konstantins selbst: das Labarum, 311 hergestellt, ist dann eben später, als Crispus (317), Konstantin II. (317), Konstantius II. (324) und nach ihnen noch Konstans (333) Caesares

---

281 S. o. die Literatur in Anm. 259 f. – Zu Laktanz in Trier s. o. Anm. 201 und 213.
282 VC I 31, 2.
283 Eusebius schreibt, „Nachbildungen des Zeichens" seien „ein klein wenig später" (VC I 32, 1 mit 31, 3), d. h. kurz nach der Wahrnehmung des Himmelsereignisses in Gallien und seiner christlichen Interpretation, auf Konstantins Befehl hin „allen seinen Armeen" vorangetragen worden. Daraus zieht Bremmer zu Unrecht den Schluß, daß Eusebius „felt a problem in connecting the standard all too directly with the moment of the vision, since it must have been common knowledge that the standard was of a much later date" (Bremmer 66 f. mit Anm. 46, gegen Weiß): für die angebliche „common knowledge" gibt es keine Quelle. Auch u. a. Lorenz, KiG I C 2 (Osten) 122 Anm. 39; Leeb, Konstantin und Christus 43 ff., und Thümmel, Wende 158–165 halten Eus. VC I 31, 1 für chronologisch falsch eingeordnet und sprechen sich für eine ‚Spätdatierung‘ aus, beachten aber Eus. VC I 37, 1 nicht; dazu oben bei Anm. 245 und unten bei Anm. 302.

geworden waren, sowie nach der Hinrichtung des Crispus (326) jeweils gleichsam aktualisiert worden[284], und so hat Eusebius es dann gesehen und beschrieben. Daß Laktanz es nicht erwähnt, wiegt dagegen nicht schwer: der Gelehrte schrieb ja nicht über Konstantin, sondern ,de mortibus persecutorum'; Maxentius aber war kein *persecutor*, weshalb Konstantins Krieg und Sieg von 311/12 extrem kurz und ohne die Vorgeschichte 310/11 dargestellt wurde[285]. Und die unbestreitbare Tatsache, daß das Labarum – anders als das Christogramm[286] – außerhalb der schriftlichen Überlieferung derzeit erst nach 324 bezeugt ist, kann doch wohl kaum gegen die Verläßlichkeit der in sich stimmigen Chronologie in der schriftlichen Überlieferung ins Feld geführt werden[287].

Seit 311 nun also – nach der hier vorgelegten Rekonstruktion entsprechend der konstantinisch-eusebianischen Chronologie in jeden Falle vor dem Aufbruch nach Italien im Herbst 311 – seither also existierte die neue, die christliche Standarte Konstantins: das verhüllt kreuzförmige, durch das Christogramm eindeutig christianisierte, ,Labarum' genannte Vexillum. Und ebenfalls seither, also seit 311, trug der Kaiser, wie Eusebius nach dessen eigenen Angaben berichtet (VC I 31, 1), das von einem stilisierten Siegeskranz umgebene Christogramm als magisches, Schaden abwehrendes und Sieg verheißendes Schutzpanier auch an seinem Helm[288]. Das erste erhaltene Beispiel überhaupt befindet sich – nach dem bisher Gesagten gewiß nicht zufällig – auf einem Medaillonbildnis Konstantins von ca. 315 (dazu unten mit Abb. 18).

Nach diesen Neuerungen, die in der paganen Umgebung des Kaisers ja wohl nicht unbemerkt geblieben sein können, ist es auch kaum ein bloßer Zufall, wenn aus Anlaß der Quinquennalien der pagane Panegyrist des Jahres 311 sei es entsprechend instruiert, sei es sensibel reagierend, in seiner Rede am Kaiserhof in Trier mit Bezug auf den Herrscher keinen Götternamen mehr nannte oder zu nennen wagte (oder nennen durfte), sondern eine merkwürdig gewundene Formulierung wählte, als er, ohne das Wort *deus* zu verwenden, auf Konstantins Gottheit zu sprechen kam: *ille quasi maiestatis tuae comes et socius* – „jener, der so etwas wie der Begleiter und Kampfgenosse deiner Majestät ist"[289]. Der pagane Autor nannte also im Gegensatz zum Panegyristen vom Vorjahr keinen Got-

---

284 Vgl. in diesem Sinne schon Franchi de' Cavalieri 27; Egger 11 f. mit Anm. 41.

285 Mort. pers. 44, 1–9. Ganz anders dagegen die Darstellung des Krieges zwischen Licinius und dem Verfolger Maximinus Daia: ebd. 45, 2 bis 47 und 49.

286 Z. B. 315 an Konstantins Helm. S. u. Abb. 18 und bei Anm. 370 ff.

287 So aber z. B. Leeb, Konstantin und Christus 45 ff.

288 Zur magischen Funktion des Zeichens siehe Seeliger 158–167.

289 Paneg. Lat. VIII/5 (311) 14, 4; siehe auch ebd. 8, 4: *omnium deorum nostrorum simulacra*, aber bezogen auf Autun als jetzt *Flavia Aeduorum* (1, 1; 14, 5) benannte Stadt (ob sie auch schon ein *templum Flaviae gentis* erhalten hat? vgl. unten bei Anm. 456 f. und 461 ff.).

tesnamen[290], wenn er auch vermutlich an *Apollo/Sol Invictus* als *comes* dachte, wie er in der Münzprägung (siehe oben Abb. 5) noch zu sehen war. Doch wer wollte, konnte seine umschreibende Bezeichnung der den Kaiser begleitenden Gottheit christlich verstehen[291], und das wird vom Redner beabsichtigt gewesen sein. Und sicher ist es ebenfalls nicht ohne Absicht geschehen, daß der gleiche Redner den Gott *Iupiter* nicht mehr, wie sonst üblich, als *deus* bezeichnete und *conservator* nannte, sondern nur noch *moderator aurarum* (!), hingegen Konstantin den *omnium nostrorum conservator*[292].

---

290 Auch der pagane Panegyrist Nazarius nennt im Jahre 321 keinen Götternamen, sondern spricht nur von einem *deus*, der 312 eingegriffen habe: paneg. Lat. X/4 (321) 28, 1; vgl. auch ebd. 7, 2 ff.: *deus, divinitas*; 14, 1: *exercitus…divinitus missi*; 15, 4: die Dioskuren nur in einer indirekten Anspielung; 16, 1: *adesse tibi in omnibus summam illam maiestatem, quae te circumplexa tueatur*, etc.; 26, 1: ein *deus* als Helfer. Vgl. Vogt, Frage 353 ff.
291 Zu *Sol Iustitiae/invictus Christus* als Konstantins (seit 311) neuem *socius* s. u. bei Anm. 440 und 617.
292 Paneg. Lat. VIII/5 (311) 13, 6 und 14, 4.

V. Rom 312 – Die Bestätigung

Galerius hatte als ranghöchster Augustus im Jahre 306, anders als im Fall Konstantins, Maxentius die Anerkennung als Mitregent verweigert[293]. Seither galt der Usurpator als *hostis publicus*. Das bedeutete, daß jeder, der die Möglichkeit dazu hatte, auch das Recht besaß, diesen Staatsfeind zu verjagen oder zu töten. Zwei Versuche, des Severus und des Galerius, waren 307 gescheitert[294]. Danach hatten Galerius und Diokletian 308 dem auf der Krisenkonferenz in Carnuntum als Nachfolger des nach der Niederlage ermordeten Severus zum Augustus erhobenen Licinius die Aufgabe zugedacht, den Usurpator zu entmachten[295]. Doch sei es nun, daß Maxentius aus Rache für den Tod seines Vaters Maximianus Herculius dem Schwager Konstantin 310/11 den Krieg erklärt hat[296], sei es, daß Konstantin in geheimer, durch die Hand seiner Halbschwester Konstantia gesicherter Absprache mit Licinius, der wegen Expansionsbestrebungen des Maximinus Daia nach Europa auf dem Balkan gebunden war[297], von sich aus die Initiative ergriffen hat: Tatsache ist, daß, als Konstantin 311 von Gallien aus über die Alpen in Italien einfiel, Maxentius anscheinend einen Angriff des Licinius in Oberitalien vom Balkan her erwartete[298].

1. Feldzug 311/12 und Sieg am 28. Oktober 312

Der Krieg gegen Maxentius hat insgesamt ein Jahr gedauert, und da Ende Oktober 312 der Sieg errungen war, ist der Aufbruch aus Gallien im Herbst 311 erfolgt[299]. Einen Teil seiner Truppen ließ Konstantin zur Sicherung der

---

293 Lact. mort. pers. 26, 4; Zos. II 11, 1.
294 S. o. bei Anm. 146.
295 Orig. Const. (anonym. Vales.) XIII.
296 Lact. mort. pers. 43, 4; Zos. II 14.
297 Barnes, Constantine and Eusebius 39 f. Die Bemerkung des Panegyristen von 313: *quiescentibus cunctantibusque tunc imperii tui sociis* (paneg. Lat. IX/12 (313) 2, 3), ist insofern etwas ungerecht. – Für Einvernehmen zwischen Konstantin und Licinius spricht auch die am 9. Juni 311 von Licinius in Serdica ausgestellte Urkunde FIRA I Nr. 93 (Tafel von Brigetio), die im Präskript Konstantin, nicht aber Maximinus Daia nennt (und erst recht natürlich nicht Maxentius). – Verlobung der Konstantia mit Licinius wohl 311: Zos. II 17, 2. Die Hochzeit dann im Februar/März 313 bei der Konferenz in Mailand: orig. Const. (anonym. Vales.) XIII; (Aur. Vict.) epit. XLI 4.
298 Barnes, Constantine and Eusebius 40 f.
299 S. o. bei Anm. 210 ff.

Rheingrenze gegen die Germanen im Norden zurück[300]. Als er mit einem angeblich ca. 30–40.000 Mann starken Heer[301] von Trier aus in Richtung Italien
aufbrach, marschierte nach Eusebius, der auch hier Konstantins Mitteilung
wiedergibt, an der Spitze mit dem Kaiser eine Eliteeinheit, die das neue Feldzeichen, das mit dem Christogramm versehene Labarum, mit sich führte[302].
Konstantin selbst hat auch in anderem Zusammenhang betont, daß er den
Kampf gegen seine Rivalen vom Anfang im Westen an unter dem ‚Zeichen'
geführt habe[303]. Außerdem wußte Eusebius schon in seiner ‚Kirchengeschichte'
von ca. 315 im Kontext des Jahres 312 von der Existenz eines christlich ver-
standenen, durch Inschrift erklärten Feldzeichens: des „Siegeszeichens des rettungbringenden Leidens", „des rettungbringenden Kreuzeszeichens", des „rettungbringenden Zeichens" als Lanze „in Kreuzform"[304] – des kreuzförmigen
Labarums.

Der Bürgerkrieg gegen den ‚Tyrannen' Maxentius verlief auf italischem
Boden vom Mont Genèvre über Susa/Segusio, Turin, Mailand, Brescia, Verona,
Aquileia, Modena, Ravenna, Ariminum/Rimini nach Rom[305], wo er nach ungefähr einjähriger Dauer erfolgreich zum Abschluß kam. Von Laktanz erfährt
man, daß Konstantin kurz vor der Entscheidungsschlacht Ende Oktober 312 an
der Milvischen Brücke nahe Rom „im Schlaf aufgefordert" wurde, ein
„himmlisches Zeichen Gottes" auf den Schilden seiner Soldaten anbringen zu
lassen[306]. Aus praktischen Gründen dürften nur die Schilde jener Eliteeinheit,
die das vom Christogramm bekrönte Labarum bewachte, mit einem oder dem
‚Zeichen' für ‚Christus' versehen worden sein[307]. Was aber hat Laktanz mit dem

---

300 Paneg. Lat. IX/12 (313) 2, 6–3, 3.
301 Paneg. Lat. IX/12 (313) 5, 1. – Für Heereszahlen wird sich wohl niemand verbürgen
     können. Zuletzt rechnet Mennella 359 mit einer Heeresstärke von 4.000 bis 5.000 Mann
     auf Seiten Konstantins, während Maxentius nicht, wie überliefert, ein Heer von 100.000
     Mann, sondern von 8.000 bis 10.000 Mann gehabt haben soll.
302 Eus. VC I 37, 1; vgl. ebd. II 8 und IV 21.
303 Eus. VC II 55, 1. Vgl. II 28, 2; IV 9.
304 Eus. HE IX 9, 9–11; VC I 40, 1. Anspielungen in HE X 4, 16; LC IX 8 f. Weiteres
     unten in Kap. VI 1.
305 Zu den Einzelheiten siehe nur Grünewald, Constantinus 60 f.; Kuhoff 138–162;
     Mennella.
306 Lact. mort. pers. 44, 5. Text mit Übersetzung oben in Kap. III 2c.
307 Franchi de' Cavalieri 7 f.; Singor 490 mit Hinweis auf Eus. VC II 8 (Eliteeinheit). – v.
     Ranke meinte, Konstantin habe an der Spitze eines Heeres aus Christen gestanden,
     denen er gestattete, das Christogramm auf die Schilde zu zeichnen (256); sie hätten ihm
     so „die größten Dienste geleistet. An der milvischen Brücke ist der Sieg durch ihre
     Scharen unzweifelhaft behauptet worden" (265 f.). Ähnlich schon Gibbon, Decline Kap.
     XX, Bd. 2, 227 f.; zuletzt Rosen, Constantins Weg 853–856; Weber, Kaiser, Träume
     283. Doch für Christen im Heer oder gar noch ein ganzes christliches Heer gibt es in den
     zeitgenössischen Quellen keinerlei Anhalt. Vielleicht dachte v. Ranke an Liban. or. XXX
     6, wo behauptet wird, Konstantin habe an der Spitze eines Heeres aus Galliern, d. h.

Abb. 12: Münze des Crispus mit Christogramm als Schildzeichen

‚Himmelszeichen Gottes' gemeint, das als Schildzeichen für ‚Christus' verwendet worden ist (*Christum in scutis notat*)? Ein Kreuz? Ein Staurogramm? Ein Christogramm? Das Hinrichtungsinstrument des Kreuzes halte ich aus bekannten Gründen für ausgeschlossen. Doch eine letztlich in allem überzeugende Entscheidung zwischen Staurogramm und Christogramm gibt es bisher nicht und scheint mir auch nicht möglich zu sein (siehe den Exkurs 1 am Ende dieses Kapitels), auch wenn das Wort *notare* auf eine *nota*, auf die Abbreviatur eines Wortes – wie Christus – deutet; das könnte für ein Christusmonogramm sprechen. Unabhängig von dieser Problematik ist im übrigen das früheste erhaltene Beispiel eines Christogramms als Schildzeichen eine Münze des Kaisersohnes Crispus, 322/23 geprägt in Trier (Abb. 12)[308].

Piero della Francesca hat in Arezzo ein berühmtes Fresko geschaffen (1452), das Konstantins Traum zeigt. Man sieht hier den Kaiser vor der Schlacht bei Rom im Zelt schlafend liegen, und vom Himmel herab schwebt, von hellem Licht umstrahlt, ein Engel, der ihm ein kleines Kreuz ‚zeigt'. Der Künstler wollte ersichtlich die Angaben des Laktanz illustrieren[309]. Doch daß Konstantin im Traum ein Kreuz oder überhaupt etwas ‚gesehen' hätte, sagt Laktanz nicht; auch nicht, wer ihn „aufgefordert" hat, ein Zeichen für ‚Christus' in dem bevorstehenden Kampf als Schildzeichen zu nutzen. Von einer ‚Vision' oder ‚Traumvision' kann also auch hier wieder keine Rede sein, und schon gar nicht ist es gerechtfertigt, die Angaben des Laktanz als den frühesten, durch Eusebius dann angeblich später legendarisch ausgeschmückten Hinweis aufzufassen, daß Konstantin kurz vor der Schlacht an der Milvischen Brücke durch den Traum

---

Gallo-Römern, gestanden, die sich – vor dem Sieg, nach dem Sieg? – von ihren früheren Göttern abgewendet hätten.

308 RIC V 224 Crispus Nr. 17 und ebd. Taf. 56 Nr. 17; RIC VII 197 Nr. 372.

309 Wobei die Vorstellung maßgebend war, daß Laktanz das gleiche Erlebnis der Erscheinung eines (Licht-)Kreuzes gemeint hat, wie es von Eusebius bzw. Konstantin geschildert worden ist. Doch das ist unzutreffend; s. u. bei Anm. 312 ff.

zum Christentum bekehrt wurde[310]: der Laktanz-Text setzt voraus, daß der Kaiser bereits ein Christ ist und das Christuszeichen kennt[311]. Wie zu sehen war (Kap. IV), sprechen alle Angaben der Quellen für die Zeit nach Frühjahr 310 und vor Herbst 311 als den Zeitraum der persönlichen Wende, sicher noch vor Beginn des Feldzuges gegen Maxentius, während der Planungsphase. Es muß aber auch der in der Forschung häufig vertretenen Ansicht entschieden widersprochen werden, die Traumepisode bei Laktanz und der Bericht über ‚Vision‘ und Traum Konstantins bei Eusebius (s. o. Kap. IV 1) bezögen sich auf ein und dasselbe Erlebnis[312]. Diese Identifizierung ist unmöglich. Übersehen wurde dabei, daß Eusebius, anders als Laktanz, das von ihm nach Konstantins Angaben Berichtete eindeutig weder zeitlich noch räumlich mit der Milvischen Brücke verbunden, es vielmehr erheblich früher datiert hat[313]. Außerdem sind die Trauminhalte verschieden[314]. Denn Eusebius spricht in seiner Wiedergabe von Mitteilungen Konstantins zwar von einem Traum des Kaisers (VC I 29), doch, anders als Laktanz, von einem Traum auf einem Marsch durch Gallien vor Beginn der Rüstungen gegen Maxentius, und hier erscheint Christus, der das zuvor am hellen Tage vom Kaiser zusammen mit dem Heer gesehene Himmelszeichen des Lichtkreuzes noch einmal zeigt und zu seiner Nachbildung auffordert, die alsbald in Form des kreuzgestaltigen Vexillums mit Christogramm realisiert wird[315]. Laktanz jedoch berichtet über einen Traum Konstantins kurz vor Ende des Feldzuges in Italien, und in dem Traum ist von keinem Erscheinen irgendeiner Person und von keinem Sehen eines Zeichens die Rede, und es geht zudem nicht um ein christianisiertes Feldzeichen, sondern um die woher und von wem auch immer gegebene Anregung, ein Symbol für ‚Christus‘ als Schildzeichen einzusetzen. Laktanz und Eusebius sprechen ganz offensichtlich über zwei verschiedene Erlebnisse des Kaisers.

---

310 So aber zuletzt Veyne 14 f. mit 313 f., offenbar angeregt durch das Fresko aus Arezzo, das auf dem Umschlag seines Buches abgebildet ist: Konstantins „conversion" gehe auf den von Laktanz erwähnten Traum zurück, in welchem Gott ihm erstmals das Christogramm (sic) gezeigt habe.

311 Vgl. auch Lact. inst. div. I 1, 13 ff., die 1. Widmungsanrede an den Christen Konstantin. Zu deren Datierung (312/13 oder 324?) s. o. Anm. 137.

312 Siehe aus der neueren Literatur nur Lane Fox 616: „the descriptions by Lactantius and Eusebius are referring to results of the same event"; Seeliger 150 f.; Nicholson 310 f.; auch Drake meint in Constantine and the Bishops 180, es sei „undeniable that they are both (sc. Laktanz hier und Eusebius in VC I 27 ff.) writing about the same event"; Weber, Kaiser, Träume 288 spricht von einer „Erweiterung und funktionelle(n) Umwandlung des Traummotivs bei Lactantz" durch Eusebius. Auch Singor 486 und Schneider 184 (Anm. 54 zu Eus. VC I 28, 2) gehen davon aus, daß beide Autoren über das gleiche Ereignis sprechen. Vgl. auch Veyne, zit. oben Anm. 310.

313 S. o. bei Anm. 208 ff.

314 Richtig Weiß 245 f.

315 Text oben in Kap. III 2c.

Ob der Traum bei Laktanz, der natürlich nur durch den Kaiser selbst bekannt geworden sein könnte, ‚echt' ist oder nicht, spielt keine Rolle[316]: es besteht kein Grund zu bezweifeln, daß in der Entscheidungssituation des Oktobers 312 auf Konstantins Anordnung hin ein Christuszeichen nicht nur auf dem Helm des Kaisers und auf dem christianisierten Feldzeichen, sondern gleichsam sicherheitshalber auch noch als magisches Schildzeichen verwendet worden ist. Der Kaiser also folgte der Anregung oder dem Impuls, dies zu tun, und sein Heer siegte, mit einer Christus symbolisierenden *nota* auf den Schilden „bewaffnet" (*armatus*), über den Schützling der paganen Götter[317]. Etwa 6 km südlich seines letzten Lagers (heute Malborghetto; s. u. Abb. 15 a/b) vor dem Angriff auf die Hauptstadt, wurden bei den Saxa Rubra am nördlichen Eingang des Ortes Primaporta an der Via Flaminia die von Maxentius ausgesandten Truppen in die Flucht schlagen (Aur. Vict. XL 23). Weitere ca. 10 km südlich, wo die Via Flaminia rechtsseitig auf den Tiber und die Milvische Brücke trifft, fiel am 28. Oktober 312 die Entscheidung, als Maxentius beim chaotischen Rückzug von der rechten auf die linke Tiberseite in den Fluß stürzte und ertrank. Der Leichnam des *hostis rei publicae* wurde wenig später geborgen und enthauptet; man steckte den Kopf auf einen Spieß und ließ ihn am nächsten Tag beim *ingressus* des Siegers in Rom durch die Straßen tragen, später auch nach Afrika schaffen[318], zum Beweis für potentielle Anhänger des ‚Tyrannen', daß der Usurpator tot war.

Wenn Konstantin noch Zweifel an der Schutz und Sieg verheißenden Wirkungsmacht des im Symbol am Helm, auf und mit dem kreuzförmigen Labarum und auf Schilden magisch präsenten Christengottes (bzw. seines Sohns) gehabt haben sollte, so waren sie jetzt ausgeräumt. Der Gott des Kaisers hatte sich gegen den *hostis publicus* im Kampf um die Macht über den Westen des Reiches als Schlachtenhelfer ausgezeichnet ‚bewährt'. Auf dem Konstantinbogen (315), einem „Wendepunkt in der Geschichte des monumentalen Kaiserlobes"[319], ist darum an zentraler Stelle, auf dem rechten Relief der Südseite (siehe Abb. 20), der siegreiche Kampf um die Milvische Brücke dargestellt (siehe Abb. 13 und 14)[320].

Daß hier (wie auch im Panegyricus von 313) zum Lob des Kaisers ein Bürgerkrieg thematisiert wurde, muß als ein massiver Tabubruch gewertet

---

316 Vgl. Harris.
317 Die militärischen Einzelheiten bei Kuhoff 154 ff.
318 Paneg. Lat. IX/12 (313) 17 f.; X/4 (321) 28 ff.
319 Mayer 187.
320 Zu Abb. 13: siehe auch L'Orange/Gerkan 66 ff.; Koeppel VII mit genauer Beschreibung 47 ff. Nr. 19, mit 48 f. Abb. 17–19; Giuliano, Arco Abb. 38. Die literarischen Quellen: L'Orange/Gerkan 70 f. – Abb. 14: Blick vom linken zum rechten Tiberufer; nur die Strompfeiler stammen aus der Spätantike.

Abb. 13: Die Milvische Brücke – Relief am Konstantinbogen (315), Ausschnitt

Abb. 14: Ponte Molle/Milvio

werden[321]. Trotz beträchtlichen Beschädigungen erkennt man auf dem Relief (Abb. 13) links eine in dynamischer Vorwärtsbewegung nach rechts stürmende Gruppe: auf einem Teil der unterbrochenen Brücke einen Soldaten mit Speer und Rundschild, sodann die personifizierte *Roma*[322], neben ihr auf einem Schiffsbug den Kaiser, dessen Gestalt fast vollständig zerstört ist (man sieht nur

---

321 Mayer 189, 192 ff.

322 Die Göttin befindet sich also, auf Seiten Konstantins, außerhalb der Stadt und kehrt mit dem Kaiser zurück, statt, wie sonst, den siegreichen Kaiser zu empfangen. Darauf macht, offenbar als erster, Lenski aufmerksam, der auch einen Zusammenhang mit der traditionellen *evocatio* herstellt: Evoking 231–247.

noch den unteren Teil des Gewandes und den linken Fuß), und die den Kaiser gleichsam mit sich ziehende *Victoria*, mit ihrem rechten Bein noch auf dem Schiffsbug, mit dem linken schon auf einem Brückenpfeiler. Von der Tiberbrücke, die an zwei Stellen unterbrochen ist, sind Teile zu sehen. Im unteren ‚Register' sind links der Flußgott *Tiberis*, dann Soldaten des Maxentius, kenntlich am Schuppenpanzer, im Tiber versinkend dargestellt; Maxentius selbst ist nicht zu sehen. Im oberen Register, sozusagen auf der Ebene der Siegreichen, erscheinen im Anschluß an die geschilderte Gruppe mehrere konstantinische Soldaten zu Fuß und zu Pferde sowie Bogenschützen.

An der Stätte seines letzten Lagers vor der Schlacht, das vielleicht auch der Ort des von Laktanz erwähnten Traumes bzw. der Entscheidung für das christliche Schildzeichen gewesen ist, ca. 17 km nördlich der Milvischen Brücke an der Via Flaminia bei dem heutigen Ort Malborghetto, ließ Konstantin ein gewaltiges, ursprünglich wohl an die 15 Meter hohes Bogenmonument errichten, das von vier Seiten her begehbar war (*Ianus quadrifrons*) und von dem bedeutende Reste auch heute noch sichtbar sind[323]:

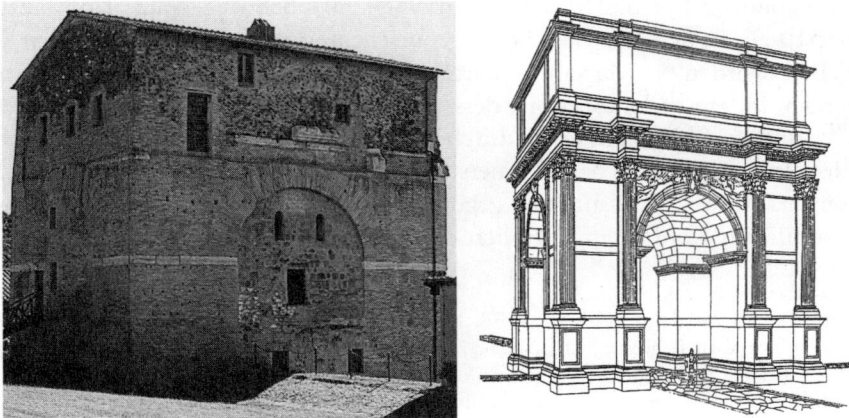

Abb. 15: Der Bogen von Malborghetto
Heutiger Zustand (a) und Rekonstruktion (b)

---

323 Toebelmann 21–31 (mit guten Abbildungen und einer Rekonstruktion, die allerdings ohne Triumphquadriga zu denken ist, da Konstantin keinen Triumph gefeiert hat; s. u. bei Anm. 353 ff.). – Coarelli 204 ff. (Ort von Konstantins Praetorium). Zuletzt De Maria 211 f., 243 f. mit Tav. 24; Messineo 72 ff.: Abbildungen; 63 ff.: Rekonstruktionen; 81–83: Datierung etc.; 101–113: moderne Aufnahmen des Bogens; Ross Holloway 53–54 mit den Rekonstruktionen von G. Messineo.

Von nun an bis zu seinem Lebensende 337 hat Konstantin das von einer Eliteeinheit bewachte Labarum bei allen militärischen Unternehmungen – in den Quellen besonders herausgestellt im Kampf gegen Licinius 324 – mitgeführt, und die Sieghaftigkeit des Kaisers, der seit 311 auch bei Kriegszügen auf bischöfliche Begleiter nicht verzichten wollte, manifestierte sich jedesmal auf Neue[324]. Charakteristisch für sein Selbstverständnis und seine Auffassung von der Wirkung des Christengottes als Schlachtenhelfer ist ein Satz in seiner zweiten großen Proklamation unmittelbar nach dem Sieg über seinen ehemaligen Kollegen Licinius. In einer gebetartigen Anrede an seinen Gott sagt er (Eus. VC II 55, 2):

> „Deinen Namen liebe ich mit Wahrhaftigkeit; deine Macht, die du durch vielfältige Beweise dargetan hast und die meinen Glauben sicherer gemacht hat, verehre ich".

Indessen ist Konstantins Krieg gegen Maxentius kein Religionskrieg gewesen[325]. Zwar kämpfte 311/312 ein christlicher Kaiser mit der Hilfe des Christengottes und unter dem Zeichen Christi gegen einen paganen Kaiser, der die Götter Roms auf seiner Seite wähnte[326]. Doch es war, als Konflikt auch mit dynastischem Hintergrund, eine rein machtpolitische Auseinandersetzung. Maximianus Herculius, bis zum Rücktritt 305 Kollege Diokletians im Herrscheramt, Vater des Maxentius und seit 307 Schwiegervater Konstantins, hatte 310 gegen den Schwiegersohn geputscht und war von diesem in den Tod getrieben worden[327]. Maxentius hatte sich daraufhin gegen seinen Schwager gewendet, indem er demonstrativ dessen Statuen in seinem Reichsteil umstürzen ließ[328], und angeblich hat er (dadurch?) förmlich den Krieg erklärt, um Rache für den Tod seines Vaters zu nehmen[329]. Nicht übersehen werden darf aber, daß Maxentius immer als Usurpator gegolten hat, so daß Konstantin, unabhängig von familiären Konflikten, förmlich das Recht auf seiner Seite hatte und IVS-

---

324 Eus. LC VI 21; ders. VC I 31, 3; 37, 1; II 6 ff., 16, 28, 55 (324); III 3, 1; IV 5 (ff.), 9, 21. Bischöfe als Begleiter: Eus. VC I 32, 3; 42, 1; IV 56, 1–3. – Drake, Constantine and the Bishops 203 schreibt: „...it would appear that throughout Constantine's reign the Chi-Rho was understood more as a dynastic symbol, a sign for himself and his house, than as a religious proclamation". Man braucht aber nur z. B Konstantins Brief an Shapur II. zu lesen (s. u. Anm. 797), um die Unhaltbarkeit dieser Ansicht zu erkennen.

325 Dies gegen (u. a.) Marcone 66, der den Krieg als „crociata" bezeichnet.

326 Maxentius, der in der Forschung gelegentlich sogar als ein heimlicher Christ angesehen wurde, unter dem Schutz der paganen Götter: Girardet, Christliche Kaiser 33–37. – Vgl. paneg. Lat. IX/12 (313) 4, 4: te (sc. Constantine) divina praecepta, illum (sc. Maxentium) superstitiosa maleficia (erg.: sequebantur) – aus dem Munde eines paganen Panegyristen!

327 S. o. bei Anm. 149 f.

328 Paneg. Lat. X/4 (321) 12, 2.

329 Lact. mort. pers. 43, 4; paneg. Lat. X/4 (321) 8, 1: invitus pugnasti (sc. Konstantin) qui tam facile vincebas.

TIS ARMIS kämpfte[330], als er den Krieg gegen den *hostis publicus* plante und begann. Aus konstantinischer Perspektive ging es jedenfalls um die Befreiung Roms von der Herrschaft eines ‚unerträglichen Wüterichs'[331], nicht um die Befreiung der dortigen Christen von einem Verfolger; denn der Kaiser zog gegen Maxentius nicht, weil dieser ein Paganer war oder gar ein Christenverfolger gewesen wäre[332], sondern weil er, wie die offizielle Begründung lautete, als ein ‚Tyrann', ein *falsus Romulus, parricida urbis, hostis rei publicae*[333] den Römern die ‚ererbte Freiheit' geraubt hatte, und weil Konstantin es nicht mehr ertragen konnte, das arme gequälte Volk von Rom in Knechtschaft leiden zu sehen. Inschriften huldigten dem Sieger und ‚Befreier' daher als DEFENSOR VRBIS ROMAE, als LIBERATOR VRBIS und REI ROMANAE, als PERPETVAE SECVRITATIS AC LIBERTATIS AMATOR, als FVNDATOR QVIETIS, ja als RESTITVTOR HVMANI GENERIS[334]. Auf dem Relief am Konstantinbogen, das die Schlacht an der Milvischen Brücke darstellt (Abb. 13), sieht man daher die *dea Roma*, die die Stadt Rom verlassen hatte, zusammen mit Konstantin und der Göttin *Victoria* auf den Resten der Brücke unmittelbar vor dem Einzug in Rom[335]. Der 28. Oktober wurde als Tag der *evictio tyranni* in den römischen Festkalender aufgenommen[336], und dankbar widmeten ‚Senat und Volk von Rom' (SPQR) dem ‚Besten Herrscher' (OPTIMO PRINCIPI), wie er nach dem Vorbild des allseits verehrten Kaisers Trajan genannt wurde, eine den Sieg feiernde Münzserie[337]:

---

330 So die Angabe der Inschrift auf dem Ehrenbogen von 315: ILS 694, 1 Z. 6 f.; Eus. HE IX 9, 1: Konstantin habe den Krieg „dem Gesetz entsprechend" begonnen. – Grünewald, Constantinus 73 f. – Siehe auch bereits oben bei Anm. 293 ff.

331 Eus. HE VIII 14, 2 ff. und IX 9, 2; VC I 26, 33–36; Aur. Vict. XL 16 und 23; Liban. or. XXX 6. Zum Bild des Maxentius als Tyrann in paneg. Lat. IX/12 (313) vgl. Ronning 320 ff.

332 Maxentius kein Verfolger: Girardet, Christliche Kaiser 35 f. – Die Behauptung von Rosen, Constantinische Wende 101, Maxentius habe „zuletzt" begonnen, „die Christen zu verfolgen", wird durch keine einzige Quelle gestützt. Unzutreffend auch Veyne 145.

333 Paneg. Lat. IX/12 (313) 18, 1 f. – TYRANNVS: Inschrift auf dem Konstantinbogen – ILS 694, 1 Z. 5.

334 ILS 687–694 und CIL VIII 7005 (AMATOR); vgl. paneg. Lat. X/4 (321) 31, 1 f. Dazu auch ein in Trier geprägter Solidus mit Bild der *dea Roma* auf der Rückseite sowie der Legende RESTITVTORI LIBERTATIS: RIC VII 166 Nr. 23. – Grünewald, Constantinus 64–71.

335 S. o. bei Anm. 321 ff.

336 A. Degrassi (Hg.), Inscr. Italiae XIII 2. Rom 1963, 257.

337 Abb. 16: Follis RIC VI 390 Nr. 350a. Vorderseite (a): Portrait des Kaisers nach rechts, Legende IMP CONSTANTINVS P F AVG. Rückseite (b): drei Feldzeichen, Legende SPQR OPTIMO PRINCIPI; im Abschnitt Prägestätte R(oma) T(ertia). Mit gleichem Motiv Goldprägung in Ticinum: RIC VI 297 Nr. 114. – Odahl, Constantine 111 Abb. 29. – Vgl. auch ILS 697: HVMANARVM RERVM OPTIMVS PRINCEPS. – Zur Münzprägung zuletzt Ronning 357–370.

Abb. 16ab: Siegesprägung 312
Vorderseite (a) mit Portrait des Kaisers und
Rückseite (b) mit Feldzeichen und Widmung

*

*   *

Exkurs 1: Ein Christuszeichen als Schildzeichen: Kreuz – Staurogramm – Christogramm?

Lact. mort. pers. 44, 5:

> *commonitus est in quiete Constantinus, ut caeleste signum dei notaret in scutis atque ita proelium committeret. fecit ut iussus est et transversa* × *littera summo capite circumflexo Christum in scutis notat.*
> (Übersetzung: Kap. III 2b)

Da Laktanz von dem oder einem *caeleste signum dei* spricht, denkt man un-willkürlich an das 310 in Gallien am Himmel erschienene, vom Kaiser und seiner Armee gesehene und in Trier 311 christlich interpretierte Zeichen des Lichtkreuzes, über das Konstantin bei Eusebius berichtet hat (VC I 29). Dabei muß man gedanklich eine Gleichsetzung von *deus* mit *Christus* vornehmen, was indessen der Theologie des Laktanz entspricht[338]. Wenn also auf das mit Christus = *deus* verbundene oder Christus repräsentierende Lichtkreuz ange-spielt ist, bedeutet dies, daß der Gelehrte vom Kaiser schon wesentlich früher als Eusebius über das Erscheinen des Kreuzes am Himmel informiert worden war. Dagegen spricht nichts, da sich Laktanz ja spätestens seit Mitte/Ende 313 in Trier aufgehalten hat, wo er die Schrift ‚de mortibus persecutorum' wohl bis 314

---

338 Siehe z. B. Lact. inst. div. IV 14, 20; 16, 4; 18, 1 und 12; 29; V 3; VII 19, 4; epit. 44.

zum Abschluß brachte[339]; und sollte er schon seit ca. 310 oder früher am Kaiserhof an der Mosel gewesen sein, kann er 311 zu jenen christlichen Sachverständigen gehört haben, die Konstantin mit ihrer christlichen Interpretation des solaren Phänomens von 310 überzeugt hatten[340].

Wenn also mit dem *caeleste signum dei = Christi* als Schildzeichen das Kreuz gemeint sein sollte, wäre dieser Text das früheste erhaltene Zeugnis für den Gebrauch des Kreuzes als Symbol für Christus. Aber es bleiben offene Fragen: warum sagt Laktanz *signum dei* und nicht einfach *signum Christi* oder noch klarer *signum crucis*[341]? Und könnte es nicht auch sein, daß Laktanz mit *signum dei* gar nicht das Kreuz als Zeichen für Christus, sondern Christus selbst, den er auch einmal *caelestis* nennt, als das einst vom Himmel zur Erde herabgeschickte ‚Bild‘ oder Abbild Gottes gemeint hat[342]? Mit der Bedeutung des Wortes *signum* ließe sich das jedenfalls ohne weiteres vereinbaren, und man wäre bei der Frage nach der Gestalt des Schildzeichens nicht von vornherein festgelegt auf ein Kreuz. Trauminhalt wäre dann lediglich die Aufforderung, ‚Christus‘, das *caeleste signum dei*, auf die Schilde zu zeichnen, in welcher Form auch immer. Sollte hingegen das *caeleste signum* das Kreuz sein, führt die anschließende Aussage des Laktanz – *Christum in scutis notat* – unausweichlich zu dem Schluß, daß auf den Schilden das Kreuz aufgezeichnet worden ist. Doch es ist nicht vorstellbar, daß das Hinrichtungsinstrument bereits zu dieser Zeit zum offiziellen christlichen Symbol und gar zum Schildzeichen der kaiserlichen Armee oder Eliteeinheit gemacht worden sein könnte[343].

Läßt sich statt dessen ein Staurogramm oder ein Christogramm mit den Angaben des Textes vereinbaren? Im überlieferten Laktanzmanuskript findet sich die oben zitierte Aussage, Konstantin sei der im Traum erhaltenen Aufforderung, das oder ein *caeleste signum dei* als Schildzeichen zu verwenden, gefolgt und habe ‚Christus‘ auf die Schilde ‚schreiben‘ (*notat*) lassen, und zwar in der Form: *transversa × littera summo capite circumflexo*. Vorausgesetzt, diese Worte sind keine Interpolation[344], gibt es nach neuester philologischer Inter-

---

339 Wlosok, Lactantius 376 ff., 397; Heck, Constantin und Lactanz 120 ff., 128.
340 S. o. bei Anm. 201.
341 Vgl. *crux* als *caelestis nota – signum immortale:* Lact. inst. div. IV 26, 41 f. und 27, 1 ff., bes. 8; mort. pers. 10, 2.
342 Bei Laktanz kommt der Ausdruck *signum dei* allerdings nur an dieser Stelle vor. Bezeichnungen für Christus: *per omnia summo patri similis* (inst. div. IV 13, 1); *dei verbum caelesti virtute ac potestate subnixum* (IV 15, 10); *verum dei templum* (IV 18, 4); *caelestis* (IV 25, 3); *legatus/nuntius/sacerdos (dei)/templi maximi ianua/lucis via/dux salutis/ostium vitae* (IV 29, 15).
343 Gründe: s. o. bei Anm. 248 ff.
344 So aber (im Anschluß an Überlegungen von J. Rougé) Girardet, Wende 76 ff.

pretation je nachdem, wie man *transversa* ✕ *littera* versteht, zwei Möglichkeiten[345]:

- entweder ein um 90 Grad „gedrehtes ✕", so daß ein Gebilde aus einer senkrechten Linie entstehen kann, die in der Mitte oder auch oberhalb der Mitte durch eine gleichlange (+) oder etwas kürzere Linie (†) waagerecht gekreuzt ist, und die senkrechte Linie wurde an der Spitze umgebogen (*summo capite circumflexo*)[346];
- oder ein „durchquertes ✕", wobei die gedachte senkrecht das ✕ durchquerende Linie an der Spitze umgebogen wurde.

Im ersten Fall handelt es sich um ein Staurogramm. Das ist eine in frühen christlichen Manuskripten innerhalb des griechischen Wortes σ-ταυ-ρό-ς = Kreuz schreibtechnisch begründete Ligatur der beiden Buchstaben τ = *t*[au] und ρ = *r*[ho][347], eingerahmt durch das Sigma (σ bzw. ς). Zu einem nicht genau bekannten Zeitpunkt im 4. Jahrhundert kam es zur Herauslösung der Ligatur aus dem Wortzusammenhang, so daß eine Art Piktogramm entstand, das man als ein verfremdetes Kreuzes auffassen kann. Der Laktanztext wäre dann das erste literarische Zeugnis für ein solches Staurogramm. Der Nachteil dieser Lösung besteht darin, daß das Staurogramm insofern kein *caeleste signum* war, als es, anders als nach Konstantin/Eusebius das reale Lichtkreuz, nicht am Himmel zu sehen gewesen ist. Außerdem findet sich im erhaltenen ikonographischen Material der frühen konstantinischen Zeit kein Staurogramm, und gerade für ein Staurogramm als Schildzeichen gibt es auch in späterer Zeit kein Beispiel; in der Münzprägung taucht das Symbol erst gegen Ende der Zeit Konstantins vereinzelt als Beizeichen auf[348], und auf Inschriften scheint es erst seit der Mitte des 4. Jh. vorzukommen. Gleichwohl ist sich die Forschung weitestgehend darin einig, daß die umstrittenen Worte des Laktanztextes nicht interpoliert sind und daß sie ein Staurogramm beschreiben[349].

---

345 Heck, Constantin und Lactanz 124–127.

346 Siehe die Abbildungen bei Dinkler-v. Schubert, ΣΤΑΥΡΟΣ 36 f.

347 Zum Staurogramm siehe z. B. Wischmeyer; Horsley/Waterhouse 1984, 214 f.; Dinkler/ Dinkler-v. Schubert, Kreuz I 34 ff; Dinkler-v. Schubert, ΣΤΑΥΡΟΣ 31 ff. – In paganen Handschriften findet sich die Ligatur von tau und rho nicht innerhalb eines Wortes, sondern nur bei Worten, die mit diesen beiden Buchstaben beginnen.

348 Bruun, Christian Signs 29 ff., nachzuweisen anscheinend nur in Antiochien: RIC VII 695 Nr. 98 und 99. – Odahl, Symbols 71; Dinkler/Dinkler-v. Schubert, Kreuz I 41 (Abb. 6, 1) und 44; Dinkler-v. Schubert, ΣΤΑΥΡΟΣ 37; Thümmel, Wende 155.

349 Siehe zuletzt nur, mit Hinweis auf die ältere Literatur, z. B. Seeliger 152 ff.; Dinkler/ Dinkler-v. Schubert, Kreuz I 39 f.; Thümmel, Wende 156–158; Weber, Kaiser, Träume 282 ff. mit Anm. 223; Bremmer 60 ff.; Heid, Kreuz 1123; Heck, Constantin und Lactanz 126 f. mit Präferenz für Staurogramm: „das mit einem Rho verbundene Kreuz". Vgl. Singor 487 ff.

Die zweite, jedoch nur auf Umwegen erschließbare Möglichkeit, die fraglichen Worte im Laktanzmanuskript zu verstehen[350], ist das Christogramm: das Monogramm des Titels Jesu, die Ligatur der ersten beiden Buchstaben des griechischen Titels Christós, das Chi-Rho. Auch diese Ligatur ist in vorkonstantinischer Zeit bezeugt, aber nur in paganen Manuskripten, schreibtechnisch begründet als Abkürzung griechischer Worte, die mit den Buchstaben X/χ = Chi/chi und P/ρ = Rho/rho beginnen[351]. Das Verständnis des Laktanztextes als Hinweis auf das Christusmonogramm bzw. Christogramm hat den Vorzug, daß es durch andere literarische Quellen und das erhaltene ikonographische Material gestützt wird. Es war ja das Christogramm, durch welches 311 das Labarum als ein Vexillum mit seiner durch das Fahnentuch verhüllten Kreuzform eindeutig christianisiert war; es war das Christogramm, das Konstantin seit 311 am Helm trug, wie es bei Eusebius auf Grund der Angabe des Kaisers nachzulesen und auf dem Medaillontyp von Ticinum 315 erstmals auch zu sehen ist (unten Abb. 18); und als Schildzeichen ist das Christogramm 322/23 erstmals auf einer Crispusmünze aus Trier bezeugt (oben Abb. 12). Außerdem würde es sehr gut zur Terminologie des Textes passen: *notare* bzw. eine *nota* verfertigen heißt, ein Schriftzeichen, die Abbreviatur eines Wortes als Chiffre einsetzen, und das Christogramm ist nun wirklich eine solche Abbreviatur, während das Staurogramm ja keine Abbreviatur des Wortes *staurós* darstellt.

Jedoch: am Himmel erschienen war ein (Licht-)Kreuz, und dieses war nach Konstantins Entscheidung vor dem im Herbst 311 beginnenden Krieg gegen Maxentius für eine neue Standarte repräsentiert im Vexillum/Labarum, dessen Kreuzform durch das Fahnentuch verhüllt war. Das Christussymbol am Vexillum hingegen war das deutlich sichtbare Christogramm, das nun aber eben kein *caeleste signum* im Sinne einer solaren Himmelserscheinung gewesen ist.

Was nun? Angesichts dieser Quellenlage könnte man vielleicht erwägen, daß in der Schlacht an der Milvischen Brücke zwei verschiedene Christuszeichen verwendet wurden: das Christogramm am Helm des Kaisers und auf der kaiserlichen Standarte, dem Labarum, und wenn nicht das reale ‚nackte‘ Kreuz, so doch das Staurogramm als ein immerhin verfremdetes Kreuz auf den Schilden der Armee bzw. der Eliteeinheit. Wegen der letztlich aber doch bestehenden Ähnlichkeit des Staurogramms mit einem realen Kreuz könnte nach dem Sieg auf die weitere Verwendung verzichtet worden sein.

Es bleibt auch noch die andere Möglichkeit: das *caeleste signum dei* ist nicht das Kreuz Christi oder ein anderes Symbol, sondern der von Gott gesandte Christus selbst als himmlisches Abbild Gottes, und die ein Staurogramm bezeichnenden Worte bei Laktanz sind tatsächlich eine Interpolation – dann stünde der Annahme nichts entgegen, daß die Schlußworte: *Christum in scutis*

---

350 Heck, Constantin und Lactanz 125 f..
351 Seeliger 154 f.; Dinkler-v. Schubert, ΣΤΑΥΡΟΣ 34; Thümmel, Wende 155.

notat, mit dem Trauminhalt korrespondierend das Christogramm, die Abbreviatur des Wortes ‚Christus‘, die *nota Christi*, meinen.

*

*   *

2. Folgen

Durch den Sieg über den Paganen Maxentius durfte der Christ Konstantin sich
in seiner 311 getroffenen religiösen Entscheidung für den christlichen Helfer-
Gott bestätigt fühlen. Die ‚Konstantinische Wende‘ im Sinne des Prozesses der
Abwendung des Kaisers vom Paganismus und Hinwendung zum Christengott
als seinem Beschützer und Sieghelfer, deren einzelne Phasen seit 310, wie
mehrfach betont, teilweise nur hypothetisch, wenn auch durch Indizien gestützt,
rekonstruierbar sind, war damit seit dem Jahre 312 abgeschlossen. Es war daher
nur konsequent, daß der Kaiser, entgegen geheiligtem paganem Brauch, am Tag
nach dem Sieg beim festlichen Einzug in Rom (*adventus* oder *ingressus*)[352] nicht,
wie nachweislich alle seine Vorgänger bei gleicher Gelegenheit, dem höchsten
Staatsgott *Iupiter Optimus Maximus* auf dem Kapitol ein Dankopfer dar-
brachte[353]. Es handelte sich zwar um keinen förmlichen Triumphzug, leicht
erkennbar durch Vergleich des *ingressus*-Reliefs am konstantinischen Ehrenbogen (Ostseite) mit erhaltenen Triumphszenen, wie etwa nur 100 Meter vom
Konstantinbogen entfernt am Titusbogen. Das konstantinische Relief (Abb. 17)
zeigt den Kaiser sitzend auf einem zweiachsigen Prunkwagen mit vier Pferden[354]
statt stehend auf einer einachsigen Quadriga, wie sie bei Triumphzügen verwendet wurde. Außerdem fehlen die für einen Triumphzug charakteristischen

---

352 Degrassi (wie Anm. 336) 257 zum 29. Oktober: *advent(us) divi* (Eintrag im Kalender
     von 354/Philokalos-Kalender).
353 Dies und das Folgende nach Girardet, Wende 57–70 mit den Quellen und der älteren
     Literatur. Siehe schon Franchi de’ Cavalieri 47, der zudem an Baronius und Tillemont
     erinnert, die bereits auf das Fehlen des Opfers aufmerksam gemacht haben. Vgl. auch
     Lehnen, Adventus 183–187; Fraschetti, L’abbandono; ders., Veniunt, 237–240 (mit
     Hinweis auf die Bedeutung der Statuengruppe der *Tria Fata*, auf dem Forum zwischen
     den Rostra und der Curia, während der Christenverfolgung unter Kaiser Decius, als Ort
     der Entscheidung zwischen Opfer auf dem Kapitol und Hinrichtung). – Zu einer
     möglichen Ausnahme s. u. bei Anm. 363.
354 L’Orange/v. Gerkan 74–78, bes. 75 und 77 Anm. 2; Girardet, Wende 60 ff., bes.
     Abb. 2–4. Zum Relief auch Giuliani 275 ff.; Ross Holloway 37 mit Anm. 29 und 44
     Abb. 2 und 30. Vgl. Curran 71–75; Ronning 342 ff.

Abb. 17: Einzug Konstantins in Rom am 29. Oktober 312 – Relief am Konstantinbogen (315), Ausschnitt

Opfertiere, erhalten auf Reliefbändern am Titusbogen[355] und am Trajanbogen in Benevent, und es fehlt, vor allem, die Triumphquadriga als Bekrönung des Bogens: dies alles ist nicht ‚entfernt' worden oder verloren gegangen, sondern hat nie existiert[356]! Auch ist ja der Bogen von 315, obwohl „mit Triumphen geziert" (ILS 694, 1: TRIVMPHIS INSIGNIS), kein Triumphbogen, sondern ein Siege über den nicht mit Namen genannten ‚Tyrannen' und über ‚Barbaren' feiernder Ehrenbogen aus Anlaß der Decennalien (ILS 694, 4 und 5) des immer siegreichen Kaisers[357]. Das Opfer auf dem Kapitol aber war als hochoffizieller Staatsakt selbstverständlicher Bestandteil eines jeden kaiserlichen *adventus* in Rom (und anderswo), und dieses hat Konstantin am 29. Oktober 312 unterlassen[358]. In den Darstellungen der Christen Laktanz und Eusebius kommt das

355 Koeppel VI 55–60.

356 Dazu Giuliani 283 f.

357 L'Orange/v. Gerkan 72–78; Giuliani 281 f. – Vgl. Kuhoff 163 ff.: „Siegesbogen", kein förmlicher Triumphzug, dann aber doch 171: „Triumphbogen". Curran 86: „triumphal arch"; ebenso Van Dam, Revolution 30, 46, 88 u.ö. – Siege Konstantins über die Franken: paneg. Lat. IX/12 (313) 22 f.; über Franken und Alamannen: z.B. RIC VI 221 Nr. 811; 223 Nr. 823, 824. Siehe auch paneg. Lat. X/4 (321) 16–18; außerdem Barbaren im Bildprogramm des Bogens. – RIC VII 369 Nr. 59: VICTORIOSO SEMPER. – Ronning 371 f.

358 Straub, Verzicht. Vgl. Fraschetti, L'abbandono; ders., Veniunt, bes. 238 ff. – Kuhoff 165 f. mit Anm. 101 geht ebenfalls vom Unterlassen des Opfers aus, bagatellisiert dann aber (aus unerfindlichen Gründen) die Bedeutung dieser Geste, wenn er zwar einerseits ganz zutreffend feststellt, daß kein förmlicher Triumphzug stattgefunden hat, andererseits das Unterlassen des Staatsaktes aber „auf den notwendigerweise improvisatorischen

Opfer nicht vor; wenn sie es ‚verschwiegen' hätten, vorausgesetzt, es hätte stattgefunden, brauchte dies nicht zu verwundern. Doch nach Lage der Quellen ist es durchaus nicht so, daß, aus welchen Gründen auch immer, kein antiker Autor über das Opfer berichtet und die Opferverweigerung somit nur *e silentio* erschlossen wäre. Entscheidend wichtig ist hier das Zeugnis des paganen Panegyristen von 313: nicht nur, daß dieser in der Passage seines Berichts über Konstantins *adventus/ingressus* keinen Gang zum Kapitol und kein Opfer erwähnt – er teilt genau an dieser protokollarisch sensiblen Stelle vielmehr mit[359], daß

> „einige es wagten......, sich darüber zu beklagen, daß du dich so eilig zum Palatium (sc. auf den Palatin) begeben hast" – *ausi...quidam...queri* (erg. *te*) *tam cito accessisse palatium.*

Zurückhaltender und taktvoller kann man das ‚Versäumnis' des Kaisers[360] wohl kaum noch ansprechen. Statt also, wie nach allen anderen Quellen bei vergleichbaren Gelegenheiten üblich, entsprechend dem feststehenden Protokoll eines *adventus* auf direktem Wege von der Velia aus hinab über die Via Sacra in westlicher Richtung quer durch das Forum auf das Kapitol zu fahren, dort zu opfern und dann im Anschluß an das Opfer wieder herunterzukommen und in der Curia mit dem Senat zusammenzutreffen, ist Konstantin auf der Velia, wo der Titusbogen steht, im rechten Winkel nach Süden (links) von der Via Sacra abgebogen und zum Bedauern vieler „so eilig" hinauf auf den Palatin gefahren. Erst später, so berichtet der Panegyrist weiter, kam er, am selben oder sogar erst am nächsten Tag, vom Palatin herunter und begab sich zum Forum[361], hielt entsprechend dem Protokoll eines Kaiserbesuchs eine Rede im Senat, sprach gemäß dem linken der beiden Reliefs auf der Stadtseite (Nordseite) des Ehrenbogens in voller Rüstung (!) von den Rostra herab zum Volk[362] und demonstrierte schließlich auf dem Forum gemäß dem rechten Relief in nunmehr ziviler Tracht durch Vergabe von Geldgeschenken (*largitio*) die Herrschertugend der *liberalitas*. Es dürfte darum kaum ein Zufall sein, daß eine erheblich spätere pagane Quelle, die im Rahmen ihrer bis zu Carinus (283 bis 285) reichenden Kaiserviten einen Beleg für die demonstrative Opferverweigerung eines römi-

---

Charakter" des Einzugs zurückführt: selbst wenn improvisiert worden sein sollte, wäre der Gang zum Kapitol eine Kleinigkeit gewesen, wenn der Kaiser ihn denn gewollt hätte!

359 Paneg. Lat. IX/12 (313), 19, 3. – Nicht beachtet u. a. von Curran 86. Ronning hat diese Stelle vorsichtig umgangen: 331–342.

360 Zu den (auf Grund von möglichen Interpolationen) sehr problematischen, auch hinsichtlich der zeitlichen Einordnung umstrittenen Angaben des Zosimos (II 29) siehe zuletzt Paschoud, Encore.

361 Paneg. Lat. IX/12 (313), 20 ff. Vgl. auch paneg. Lat. X/4 (321), 30 ff. (nichts zu einem Gang zum Kapitol).

362 Dazu die wichtige Studie von Giuliani passim. Vgl. auch Van Dam, Revolution 47 f.

schen Kaisers liefert, die (angebliche oder tatsächliche) Opferverweigerung des Kaisers Elagabal (218 bis 222) anführt – des negativen Vor-Abbildes Konstantins[363].

Das Unterlassen des Opfers auf dem Kapitol am 29. Oktober 312 war aber nicht die einzige Gelegenheit, bei der Konstantin in der Hauptstadt des Imperiums die persönliche Wende und den beginnenden religionspolitischen Wandel zu erkennen gab. Am 1. Januar 313 trat er seinen dritten Konsulat an[364]. Zu der Zeit war er noch in Rom. Keine Quelle berichtet über das Zeremoniell, das üblicherweise die Votafeier mit Opferhandlungen am Tempel des *Jupiter* auf dem Kapitol vorsah[365]. Ich gehe davon aus, daß Konstantin auch in diesem Fall das Zeremoniell verändert, den Tempelbesuch und das Opfer also unterlassen hat. Im Jahr darauf erlaubte er sich einen mindestens ebenso schwerwiegenden Affront gegenüber der paganen Welt: er ließ zur großen Bestürzung der Paganen die von feierlichsten Opferhandlungen und magischen Ritualen begleiteten Saecularfeiern ausfallen. Augustus hatte sie 17 v. Chr. zum Preis des *regnum Apollinis* veranstaltet und für sie einen Rhythmus von 110 Jahren vorgesehen; sie hätten also nach 204 im Jahre 314 wieder stattfinden sollen[366], und vielleicht war es außer den obligatorischen Opferfeiern auch der apollinische Kontext, der Konstantin nach seiner Absage an *Apollo/Sol invictus* zu diesem Schritt[367] veranlaßt hat.

Diese ‚Signale‘ sind zweifelsohne eindeutig gewesen: Opferverweigerung war für Christen nicht anders als für Nichtchristen, wie schon Plinius d. J. in seinem berühmten Brief an Kaiser Trajan geschrieben hatte[368] und wie zuletzt noch durch das Verhalten der Standhaften unter den Christen in der Diokletianischen Verfolgung aufs Eindringlichste und zur Bewunderung vieler sichtbar geworden war, das unmißverständliche Kennzeichen des Christseins. Die Ver-

---

363 SHA, vita Heliog. XV 7. – Turcan, Héliogabale; Cracco-Ruggini; Fraschetti, L'abbandono 31–42.

364 Barnes, New Empire 95.

365 Dazu vgl. Alföldi, Repräsentation 94 ff.; Ryberg 120 ff.

366 Zos. II 7, 1 f. – Zu 17 v. Chr. als Feier des *regnum Apollinis*, des mit dem Sonnengott Identifizierten (Horaz, carmen saeculare 9 ff.): Gagé 583 ff. Im Jahre 94 haben keine Feiern stattgefunden, dafür aber unter Claudius schon 47 und unter Domitian 88 (sechs Jahre zu früh); Septimius Severus ist mit den Feiern 204 dem augusteischen Rhythmus gefolgt: G. Radke, Kl. Pauly 4, (1975) 1979, 1492–1494, s. v. saeculum; Turcan, Constantin 189.

367 Und im gleichen Jahr 314 zur entpaganisierenden und verchristlichenden Interpretation von Vergils apollinischer 4. Ekloge (Constant. or. ad sanct. coet. XIX–XXI); hierzu Wlosok, Beispiele 444–455. – Zur Rede (Datierung, Lokalisierung) siehe Exkurs 2 nach Kap. VI 4.

368 Plin. ep. X 96. – Zur Rolle des Opfers in paganem und christlichem Verständnis vgl. jetzt (für die Frühzeit) Heyman.

weigerung des Opfers war, wie Tertullian sich ausgedrückt hat, die *lex propria Christianorum* (idololatr. 24, 3), nach den Worten des Laktanz der *primus gradus* des Christseins (de ira dei II 2)[369].

Wenig später wurde dann auch das berühmte, in drei Exemplaren mit gleichem Bildtypus, aber mit jeweils anderem Stempel erhaltene Silbermedaillon von Ticinum/Pavia entworfen, das 315/16 bei Konstantins Decennalien (seit 25. Juli 315) – oder wegen der Thematik vielleicht doch näher an 312? – als Geschenk an verdiente Würdenträger und Angehörige der Armee ausgegeben worden sein dürfte. Da jeder der drei verschiedenen Stempel mindestens 10.000 Abschläge ermöglichte, können insgesamt ca. 30.000 Stück geprägt worden sein[370]:

Abb. 18: Das Silbermedaillon von Ticinum (315) – Vorderseite (a) mit Portrait des Kaisers und Rückseite (b) mit Ansprache an das Heer

369 Konstantin 314 gegen Opfer, für christliches Gebet als spirituelle Opferhandlung: Const. or. ad sanct. coet. XII 5; zum Datum der Rede s. u. bei Anm. 580 ff. – Demonstrative Opferverweigerung des Kaisers dann auch bei den späteren Rombesuchen: 315 bei den Decennalien, Eus. VC I 48; 325/26 bei den Vicennalien, Eus. VC III 15. Dann 335/36 in Konstantinopel die Tricennalienfeier ohne pagane Opferhandlungen: Eus. LC II 5–III 1.

370 Siehe zuletzt (mit sehr guten Abbildungen) Overbeck, Silbermedaillon; siehe auch Thümmel, Wende 165–169 mit Abb. 27 und 32. – Die drei Varianten abgebildet bei K. Kraft 322–323 Taf. I. – Zur möglichen Auflage: Girardet, Teilnahme 141 (=19) f. mit Anm. 27. Herrmann-Otto 54 meint hingegen, es habe „nur eine ganz kleine Emission" gegeben. Wie klein mag dann erst die Emission des nicht minder berühmten und wesentlich größeren, nur als Unikat erhaltenen Goldmedaillons mit Konstantin und *Sol Invictus* (s. u. Anm. 372) gewesen sein?

Das Medaillon[371], mit einem Gewicht von 6, 4 gr und einem Durchmesser von ca. 2, 4 cm vergleichsweise klein[372], zeigt Konstantin auf der Vorderseite (Abb. 18a) mit dem Christogramm im stilisierten Siegeskranz statt Stirnjuwel am Helm[373] – dies ist der zeitlich früheste Beleg für das Symbol überhaupt, und man darf wohl vermuten, daß es auf den Kaiser selbst in Absprache mit christlichen Beratern zurückgeht[374]. Die kapitolinische Wölfin auf dem Schild Konstantins bringt das Bildprogramm mit dem Sieg an der Milvischen Brücke als der Befreiung Roms vom Tyrannen Maxentius in Verbindung. Ob es sich bei dem Gegenstand hinter dem Kopf bzw. der linken Schulter des Kaisers um ein christlich deutbares Kreuzszepter und damit um den ältesten Beleg für das christliche Kreuzzeichen oder aber um das gedrechselte Ende eines zum Boden gerichteten Speers handelt, ist umstritten[375]. Doch es könnte auch sein, daß diese radikale Alternative unangemessen ist. Das umstrittene Objekt kann man ja sowohl als ein Speerende als auch, mit christlichen Augen, als ein verfremdetes Kreuz auffassen; ganz ebenso wie das Labarum einerseits ein profanes Vexillum, andererseits ein verhülltes Kreuz darstellt, dessen christliches Verständnis durch das Christogramm an der Spitze befördert wird, während ein christliches Verständnis des Objekts auf der Vorderseite des Medaillons durch das Christogramm am Helm Konstantins nahegelegt wird.

Auf der Rückseite (Abb. 18b) sieht man den Kaiser, in der linken Hand ein Tropaion, bei der Siegesansprache (*adlocutio*) an die Armee bzw. eine berittene Einheit, seiner Standarte zugewandt, an deren Spitze oder auf deren Fahnentuch ebenfalls das – wegen der Kleinheit des Bildprogramms hier nicht sichtbare –

---

371 Legende der Vorderseite: IMP(erator) CONSTANTINVS P(ius) F(elix) AVG(ustus). – Legende der Rückseite: SALVS REI PVBLICAE.

372 Ungefähr wie eine 2-Euro-Münze. – Clauss, Konstantin 102 f. (mit Abbildungen) stellt einen suggestiven Größenvergleich des „in seiner Bedeutung völlig überschätzte(n)" Silbermedaillons mit dem bekannten Goldmedaillon von 313 an, übrigens einem wohl kaum verbreiteten, nur als Unikat erhaltenen Exemplar, auf dem Konstantin mit seinem ‚Zwilling' SOL INVINCTVS zu sehen ist und das bei einem Durchmesser von 4 cm auf ein Gewicht von 39, 8 kommt (= ca. 9 Solidi. – RIC VI 296 Nr. 111). Damit erhalte „das Neue seine eigentliche Relation", und die beiden Medaillons zusammen veranschaulichten „die Ambivalenz des ‚Glaubens' Konstantins".

373 R.-Alföldi, Goldprägung 139–141. – Wallraff, Christus glaubt (130), hier sei „ein Soldat"(!) „mit einem kleinen Christogramm am Helm" zu sehen (und dieser „Soldat" trägt auch noch den gut sichtbaren und weit verbreiteten Soldatennamen IMP CONSTANTINVS P F AVG…).

374 Vgl. oben Anm. 260 zu Trombley und Binsfeld. – Leeb, Konstantin und Christus 39 ff.

375 Dazu u. a. R.-Alföldi, Goldprägung 146–153: Speer, kein Kreuzszepter. – Kreuzszepter: Odahl, Symbols 67 f.; Leeb, Konstantin 29–32: „das erste christliche Szepter", 32; Thümmel, Wende 166–168: „ältester Beleg". Zur Kontroverse Brandt, Geschichte 136; Kolb, Herrscherideologie 75. – Zum Kreuz als Symbol s. o. bei Anm. 248 ff.

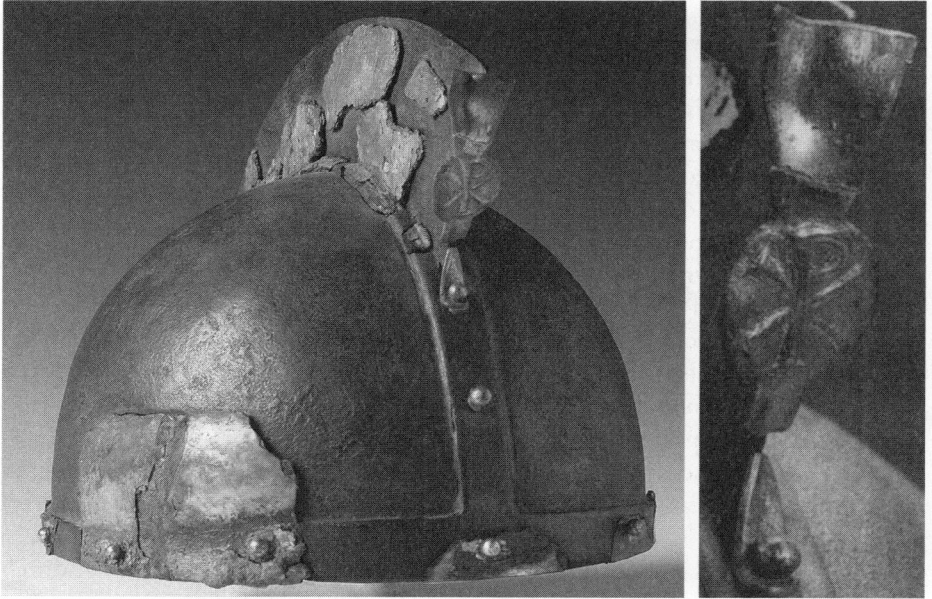

Abb. 19: Helm aus Maastricht (a) mit Christogramm (b)

Christogramm im Siegeskranz angebracht war[376]. Und wenn die Rückseitenlegende des Medaillons die SALVS REI PVBLICAE verkündet, dann besagt dies zusammen mit dem Christogramm und dem verfremdeten Kreuz auf der Vorderseite – und darin liegt seine kaum überschätzbare Bedeutung – , daß der Kaiser das ‚Heil des Staates' durch die Hilfe des Christengottes gewonnen hatte. Ein anderes, etwas späteres Beispiel zeigt Konstantin in Profilansicht nach links gewendet; auf seinem Helm erkennt man seitlich das Christogramm mit je einem sechsstrahligen Stern links und rechts, der ebenfalls den Namen Christi symbolisiert[377]. Eusebius berichtet, der Kaiser habe „das Siegeszeichen des Retters" – ein einfaches Kreuz? – später auch auf militärischen Ausrüstungsteilen anbringen lassen (VC IV 21). Als apotropäisches Helmzeichen hat das Christogramm dann im 4. Jahrhundert offenbar Karriere gemacht, wie u. a. ein unlängst in der Maas gefundener spätantiker Helm erkennen läßt[378] (Abb. 19).

---

376 Vgl. die Beobachtung von R.-Alföldi, Labarum 2 zu einem anderen der drei erhaltenen Exemplare (das Fahnentuch sei „noch sichtbar beschriftet").

377 Abbildungen bei Alföldi, Helmet pl. IV Nr. 17; K. Kraft Taf. III Abb. 10: Münze aus Siscia 317/18; R.-Alföldi, Goldprägung 139; Leeb, Konstantin und Christus Abb. 11; Odahl, Symbols. – Zum sechsstrahligen Stern s. o. bei Anm. 194 und 257 f. – Helm mit zwei sechsstrahligen Sternen, aber ohne Christogramm: RIC VII 436 Nr. 95 (Siscia), von 319/320.

378 Abbildung auch bei Demandt/Engemann (Hg.), Konstantin-Begleitband 235 Abb. 6. Dort auch Abbildungen weiterer antiker Helme mit Christogramm: ebd. 154, 243.

Abb. 20: Der Konstantin-Bogen in Rom (315) – Südseite

3. Der Ehrenbogen von 315

Senat und Volk von Rom haben dem siegreichen Kaiser am Beginn seines Decennalienjahres 315/16 in dessen Anwesenheit den schon erwähnten Ehrenbogen gewidmet[379] (Abb. 20).

Der pagane römische Senat[380] trug hier, gewiß in Absprache mit Konstantin, in verschiedener Weise der gewandelten religiösen Option des Kaisers Rechnung:

    Ferner Katalog Donati/Gentili 235 f. Nr. 49 f.; Demandt/Engemann, Katalog Trier 2007 (CD-ROM), Nr. I.12.25; I.13.122–124.

379 Zum Bildprogramm siehe nur L'Orange/Gerkan (die spätantiken Teile); Ruysschaert; Koeppel III 173–181; IV 56–75; VII 38–64; De Maria 203 ff., 316 ff. (Kat. Nr. 98) mit tav. 79 f., 95–101; Capodiferro; Curran 86–90. – Zur Debatte um die Frage, ob der Bogen einen Vorgängerbau hatte, siehe den Überblick von Kleiner. – Konstantin Juli/September 315 in Rom: Barnes, New Empire 72.

380 Vgl. jedoch Marlowe (mit eindrucksvollen Rekonstruktionen, die jedoch ohne Triumphquadriga zu denken sind; vgl. oben Anm. 323): die Autorin behandelt den Bogen sozusagen als Selbstzeugnis Konstantins. Dagegen ganz zu Recht z. B. De Maria 210; Elsner 171 mit Anm. 28: „a highly traditional Senatorial monument (like the Ara Pacis) with the emperor as recipient of externally bestowed honours"; Wilson Jones 72; Lenski, Evoking 218 ff.

– Er ließ in der berühmten (und natürlich umstrittenen) Inschrift auf der Süd-
  und der Nordseite hoch über dem mittleren Durchgang des Bogens in ver-
  goldeten Lettern die auch für Christen annehmbare Formulierung anbringen,
  der Kaiser habe dank seinen überragenden Fähigkeiten „auf Eingebung einer
  Gottheit" – INSTINCTV DIVINITATIS – über den Tyrannen gesiegt (ILS
  694, 1)[381]. Ähnlich hatte sich zuvor schon, im Jahr 313, der pagane Panegyrist
  in Trier geäußert: den Sieg von 312 habe eine Gottheit versprochen: er sei ein
  „von göttlicher Seite verheißener Sieg" (*promissa divinitus victoria*), und der
  Kaiser habe „auf den Rat einer göttlichen Eingebung hin" (*divino monitus
  instinctu*) gehandelt[382]. Das ‚Versprechen' und den ‚Rat' der Gottheit hatte
  Konstantin 310 im *templum* zu Grand erhalten[383]. Während aber der Panegyrist von 310 noch *Apollo* als bevorzugten Gott Konstantins bezeichnete, hat
  schon der Panegyrist von 311 den Helfergott des Kaisers nicht mehr beim
  Namen genannt (bzw. nennen wollen oder nennen dürfen), und der Panegyrist
  von 313 erklärte sogar, er wisse nicht, welcher Gott mit dem Kaiser im Bunde
  stehe[384] – *Apollo* oder *Sol Invictus* war es dann aus seiner Sicht offenkundig
  nicht mehr[385]! Am Bogen von 315 wurde nun also erstmals in der Geschichte
  Roms der helfende Gott eines Kaisers auf einer hochoffiziellen Inschrift nicht
  mehr mit Namen genannt. Die Formel war daher, mag das Monument auch in
  beeindruckender topographischer Beziehung zu dem (heute nicht mehr existierenden) neronischen Sonnenkoloß stehen (nach welchem das Kolosseum
  seinen Namen hat)[386] und mag im Bildprogramm auch noch so oft der
  Sonnengott vorkommen[387], für christliche Deutung offen.

– Selbst die Gestalt des erzpaganen *Sol Invictus*, dessen Gewand nach Art der
  Kleidung des Gottes *Apollo*[388] vielleicht die ‚Begegnung' des Kaisers mit
  Apollo 310 in Grand evozieren sollte, in dem großen Tondo an der schmalen

---

381 Zur Inschrift (und anderen) Zeugnissen Grünewald, Constantinus 63–86, bes. 78 ff.; E.
    J. Hall; zuletzt Lenski, Evoking 218–231 (mit scharfsinnigen Analysen zu paganer und
    christlicher Terminologie). – Die von Curran 87 formulierte Alternative: „The frase
    either refers to the Christian God, or it does not", ist zu simpel.

382 Paneg. Lat. IX/12 (313) 3, 3; ebd. 11, 4. – Übersetzung: Müller, Panegyrici 185 und
    197.

383 S. o. bei Anm. 182 f.

384 Zu 310: s. o. Text in Kap. III 2a. – Zu 311: s. o. bei Anm. 289 ff. – Zu 313: s. o. bei
    Anm. 213 ff.

385 Auch nicht aus der Sicht des Panegyristen Nazarius 321: s. o. Anm. 290.

386 Bergmann, Konstantin und der Sonnengott 150–153; Marlowe passim. Zum Bogen im
    urbanistischen Kontext auch Wilson Jones, hier vor allem 51 Abb. 2, 69–72. Löhr
    107 ff. stellt auch, offenbar erstmals, die Blickbeziehung der Kolossalstatue Konstantins
    in der Maxentiusbasilika zum Sonnenkoloß her.

387 Zuletzt Bergmann, Konstantin und der Sonnengott 149–151; siehe auch dies., Strahlen
    282 ff.; Lenski, Evoking 215 ff.

388 Siehe Letta 593 f. zu ikonographischen Angleichungen des *Helios/Sol* an *Apollo* (624);
    Beispiele ebd. 603 Nr. 167: auf dem Panzer des Augustus von Primaporta; 615 Nr. 341:

Ostseite des Bogens – der Seite des Sonnenaufgangs – über dem Relief mit Konstantins *adventus/ingressus* in Rom konnte auch christlich verstanden werden; denn Christus wurde im gleichen ikonographischen Schema wie der apollinische *Sol Invictus* mit langem Gewand, Strahlenkrone mit sieben vom Kopf ausgehenden Strahlen und Globus in der Linken als *Sol Iustitiae* auf der Quadriga dargestellt[389] (Abb. 21).

Abb. 21ab: *Sol Invictus* im Medaillon am Konstantinbogen (a) und *Sol Iustitiae* (Christus) unter S. Pietro (b)

Mosaik in Merida, 3. Jh.; 599 Nr. 92: Kalender von 354, fol. 11; 619 Nr. 409: „Licinius"-Cameo, wahrscheinlich aber Konstantin darstellend, da der Kaiser ein Diadem trägt, das erst seit 324 in Gebrauch kam. Der Autor führt auch den *Sol*-Tondo am Konstantinbogen an: 616 Nr. 362, aber ohne Hinweis auf *Apollo*. Vgl. Capodiferro 89, der die Gestalt nicht als *Sol*, sondern ohne Erklärung als „*Apollo*" bezeichnet. Die wohl weiter verbreitete Darstellung des *Sol Invictus* zeigt den Gott nackt mit Strahlenkrone und Schultermäntelchen wie z. B. auf dem Goldmedaillon oben Abb. 5b. – Vgl. auch das Medaillon von Mersine: Grabar 34 ff. und Abb. 1: Konstantin mit Kreuzszepter, gekrönt von der Hand Gottes, links *Luna*, rechts *Sol*, beide kleiner als der Kaiser und im Gestus der Verehrung, daher vielleicht Personifikationen von Orient und Okzident. Grabar vermutet einen nachkonstantinischen Ursprung des Konstantinbildes, vor allem deshalb, weil *Sol* als weibliche Gestalt dargestellt sei (44). Doch tatsächlich trägt *Sol* die Kleidung des *Apollo* (*citharoedus*), so daß dieses Argument entfällt.

389 Zu Abb. 21b: auf der linken Seite teilweise zerstörtes Deckenmosaik in der christlichen Gruft der Julier unter S. Pietro/Rom (christlich wegen des alttestamentlichen Jonas-Motivs auf dem Mosaik der rechten Wand). Fehlgedeutet von Wallraff, Christus 158 f.:

– Und im übrigen: der Bogen insgesamt und namentlich die Figuren und Reliefs waren ursprünglich farbig gestaltet[390] – wer kann daher eigentlich sicher sein, daß auf Konstantins Schild im Belagerungsrelief (Südseite links: siehe Abb. 22a)[391], daß auf dem einen oder anderen Schild der konstantinischen Soldaten, z. B. auf dem Fries mit der Schlacht an der Milvischen Brücke (Südseite rechts: siehe Abb. 13)[392], oder erst recht: daß auf dem Tuch des Vexillums oder auf der Scheibe an dessen Spitze im *adventus/ingressus*-Relief an der Ostseite des Bogens, das ganz links direkt hinter dem auf seinem Prunkwagen sitzenden Kaiser von einem *vexillarius* getragen wird (siehe Abb. 22b), nicht ein Symbol für ‚Christus‘, das Staurogramm oder das Christogramm, aufgemalt war?

– Auffällig ist des weiteren, daß auf dem von einem Monument Kaiser Hadrians stammenden, für 315 modifizierten Relief mit einem Opfer an *Apollo*, den ‚Favoriten‘ Konstantins im Jahre 310, nicht Konstantin, sondern sein in tetrarchischem Stil dargestellter Vater Konstantius I. (oder vielleicht Claudius II. Gothicus?) als Opfernder zu sehen ist[393].

– Auf dem ursprünglich hadrianischen Relief mit dem Opfer an *Hercules* sieht man wieder nicht den früheren *Herculius* Konstantin, sondern seinen ‚herkulischen‘ Vater als Opfernden[394].

– Als einzige sichere Opferszene unter Beteiligung Konstantins bleibt das Suovetaurilienopfer auf einem umgearbeiteten Relief aus der Zeit Kaiser Marc Aurels[395]; Konstantin ist hier bei einer Weihrauchgabe zu sehen.

---

    hier sei der Sonnengott auf einer Biga (!) zu sehen....; ebd. 200: „ein Helios mit eindeutigem Christus-Bezug“.

390 Siehe nur L'Orange/Gerkan 193: „Wir müssen mit der einstigen Bemalung rechnen“; Raeck 352: „die heute verlorene Bemalung“; Giuliano, Documento 444: „anticamente policromate“, sc. le figure.

391 Auch Koeppel VII 43 ff. Nr. 18, mit 44 Abb. 14.

392 Z. B. der erste Soldat von links, direkt hinter *Roma* und Konstantin, oder der dritte Soldat von rechts (nicht auf Abb. 13), der gerade das andere Tiberufer erreicht: Giuliano, Arco Abb. 38; Koeppel VII 47 ff. Nr. 19, mit 48 f. Abb. 17–19.

393 De Maria 209 f. mit tav. 99, 1. – Häufig wird diese Gestalt mit Licinius identifiziert, z. B. von L'Orange/Unger 38–49; Giuliano, Documento 443; Bergmann, Konstantin und der Sonnengott 149. Ich halte das für historisch-politisch unmöglich: selbst wenn Licinius hier ursprünglich einmal dargestellt gewesen sein sollte, hätte er 324 die *damnatio memoriae* nicht ‚überlebt‘! – Ganz falsch Walter, Iconography Abb. 175, wo der ‚Tetrarch‘ mit Konstantin identifiziert wird. – Könnte es sich nicht um Claudius II. Gothicus handeln? Zu diesem ‚Vorfahrn‘ Konstantins s. o. bei Anm. 152.

394 De Maria tav. 99, 2. – Zu den anderen Medaillon-Szenen mit Opfer an Silvanus (stark zerstört, Opfernder nicht identifizierbar) und Diana siehe Wilson Jones 70 f.: nicht Konstantin als Opfernder; so aber L'Orange/Unger 44 mit Taf. 36a; Mayer 190.

395 Abgebildet u. a. bei Giuliano, Arco Abb. 19; Koeppel IV 66 ff. Nr. 31 mit 69 Abb. 31; De Maria tav. 80, 4, mit 303–305 (Kat. Nr 88).

396 Siehe z. B. Ryberg 104–119, bes. 114 f.; Baudy 215–221.

Abb. 22ab: Der Kaiser mit Schild – Detail aus dem Belagerungsrelief an der Südseite des Konstantinbogens (a) und Der *Vexillarius* hinter Konstantin im Relief des *adventus/ingressus* – Detail aus Abb. 17 (b)

Opferfeiern dieser Art (*lustratio*) werden traditionell vor Beginn, aber auch am Ende eines Feldzuges durchgeführt[396]. Im Kontext der ‚kriegerischen‘ Attika auf der Südseite des Konstantinbogens (siehe Abb. 20) bezieht sich dies auf Kriege gegen Barbaren, nicht auf den Krieg gegen Maxentius. Das Relief befindet sich als viertes einer Serie rechts am Ende. Von daher darf man wohl annehmen, daß die Opferhandlung das Ende und nicht den Beginn eines Feldzuges symbolisieren sollte. Aus meiner Sicht ist die Weihrauchgabe des Kaisers auf dem gleichen (niedrigen) ‚Niveau‘ angesiedelt wie, mit Rücksicht auf die pagane Armee, der Einsatz von Haruspices vor Beginn des Feldzugs gegen Maxentius[397]; deshalb wird Konstantin dem Senat die Verwendung des Reliefs, auch hier mit Blick auf die pagane Armee, gestattet haben.

— Und wirklich sehr bemerkenswert ist schließlich[398], daß man, als beim Bau des Bogens für Konstantin einige Reliefs von einem Monument Kaiser Marc Aurels verwendet wurden, auf eines, das sich heute im Treppenhaus des Konservatorenpalastes zu Rom befindet, sicher nicht zufällig verzichtet hat: auf das Relief mit dem Opfer des Kaisers vor dem Tempel des *Iupiter Optimus Maximus* auf dem Kapitol[399] – das ja auch tatsächlich nicht stattgefunden hat.

Man kann J. Ruysschaert angesichts dieses Befundes nur zustimmen, wenn er mit einer kühnen Formulierung schreibt[400]: „Païen par ce qu'il exprime, l'arc de Constantin est chrétien par ce qu'il tait. Il témoigne de la foi païenne de ceux qui l'ont construit et de la préférence apollinienne de l'empereur descendant des Gaules, mais aussi de l'évolution religieuse nouvelle de ce dernier". Und jüngst kommt M. Wilson Jones, dies ergänzend, zu der überzeugenden Ansicht, daß das vom paganen Senat verantwortete Bildprogramm des Bogens zusammen mit der Dedikationsinschrift „a deliberate, indeed vital, ambiguity" erkennen läßt: „one that was designed to offend neither pagans nor Christians"[401]. Eben diese religiöse Ambiguität ist es, die anzeigt, daß sich etwas geändert hat.

---

397 S. u. bei Anm. 452. – Zum Gebrauch von Weihrauch in den seit 312 von Konstantin erbauten christlichen Basiliken s. u. Anm. 468.

398 Ruysschaert 96 ff.; De Maria 210 mit Anm. 78.

399 Abgebildet auch bei Koeppel IV 52 ff. (Kat.-Nr. 25) mit Abb. 29; De Maria 211 mit Anm. 78, 303–305 (Kat. Nr. 88), dazu tav. 81, 3.

400 Ruysschaert 99.

401 Wilson Jones 72.

VI. Frühestes Selbstzeugnis des christlichen Kaisers – Taten, Gesten, Bilder, Worte (312 bis 314)

Daß Konstantin sich dem Christengott zugewandt und den traditionellen Göttern Roms, vor allem *Apollo* bzw. *Sol Invictus* als prominenten Gottheiten der Christenverfolger[402], für sich persönlich 311/312 eine Absage erteilt hatte, wird nach Maßgabe der heute noch zugänglichen Quellen an gewissen literarisch bezeugten Verhaltensweisen bzw. Entscheidungen, an Monumenten und dann aber auch durch authentische Aussagen des Kaisers erkennbar. Diese frühen Selbstzeugnisse[403] des Kaisers werden in der Forschung eigenartigerweise von denjenigen Autoren teils ignoriert, teils in ihrer Aussagekraft unterschätzt oder auch zielgerichtet bagatellisiert, die, aus welchen Gründen auch immer, eine ‚Frühdatierung‘ von Konstantins Christsein oder sein Christsein überhaupt in Abrede stellen.

1. Zwei Statuen und das ‚rettungbringende Zeichen‘ in Rom

Deutliche ‚Signale‘ und ‚Selbstzeugnisse‘ waren bereits das Christogramm am Helm des Kaisers (seit 311)[404], das kreuzgestaltige Labarum mit Christogramm an der Spitze der Invasionsarmee 311/12 gegen Maxentius und das Symbol für Christus – Staurogramm oder Christogramm – als Schildzeichen in der Schlacht an der Milvischen Brücke[405], sodann das Unterlassen des Opfers auf dem Kapitol am 29. Oktober 312 sowie beim Konsulatsantritt am 1. Januar 313 und, 314, die Verweigerung der apollinischen Saecularfeiern mit den Opfern an die Staatsgötter[406]. Zu den öffentlich wahrnehmbaren ‚Signalen‘ darf man auch eine mitten in Rom errichtete Statue Konstantins rechnen, über die Eusebius von Caesarea in verschiedenen seiner Werke berichtet. Der Kaiser, so schreibt er in der ‚Kirchengeschichte‘ und in der ‚vita Constantini‘, habe unmittelbar (αὐτίκα) nach dem ihm von seinem Gott geschenkten Sieg über Maxentius, also[407] in den

---

402 S. o. bei Anm. 143 ff. und 198.
403 Ausdruck von Dörries: eine unübertroffene Behandlung des gesamten Quellenmaterials.
404 S. o. bei Anm. 288.
405 S. o. bei Anm. 245 und 306 ff.
406 S. o. Kap. V 2.
407 Aufenthalt in Rom bis zur Abreise nach Mailand: Barnes, New Empire 71.

ca. 10 Wochen von Ende Oktober 312 bis Anfang/Mitte Januar 313, angeordnet, daß man einer ihn darstellenden Statue (εἰκὼν ἐν ἀνδριάντι), die „auf
Roms belebtestem Platz" errichtet wurde, „das Siegeszeichen des rettungbringenden Leidens" (τοῦ σωτηρίου τρόπαιον πάθους), „das rettungbringende Zeichen des Kreuzes" (τὸ σωτήριον τοῦ σταυροῦ[408] σημεῖον), „das rettungbringende
Zeichen" (τὸ σωτήριον σημεῖον) als Lanze „in Kreuzform" in die rechte Hand
gebe[409]; und er habe die folgende (in ihrer Authentizität ohne Grund ange-
zweifelte) Inschrift anbringen lassen:

> „Mit diesem rettungbringenden Zeichen (τῷ σωτηριώδει σημείῳ), dem wahren
> Erweis der Tapferkeit, habe ich eure Stadt, die ich gerettet hatte, vom Joch des
> Tyrannen befreit; darüber hinaus habe ich sowohl dem Senat als auch dem Volk der
> Römer durch die Befreiung das alte Ansehen und die alte Ehre wiedergegeben"[410].

Welches andere Zeichen sollte dies gewesen sein, wenn nicht eine Nachbildung
des neuen kaiserlichen Vexillums, das seit Herbst 311 von Gallien her an der
Spitze der Armee mitgeführt worden war? Ein sozusagen nacktes Kreuz darf
man sicher ausschließen[411]. Doch aus christlicher Sicht war ein Vexillum, ob mit
oder ohne Christogramm, das – verhüllte – Abbild des Kreuzes Christi, und
wenn Konstantin ein solches jetzt 312 in Rom seiner Statue in die Hand geben
und durch die Inschrift als „rettungbringend" bezeichnen ließ, dann war auch
für Nichtchristen erkennbar der Bezug zum Christentum hergestellt.

Dieses christliche Zeichen also hielt die Statue in der Rechten. Läßt sich die
Statue heute noch identifizieren?

---

408 Auf diese besser bezeugte handschriftliche Variante in Eus. HE IX 9, 10 macht zu Recht
Thümmel, Wende 159 f. aufmerksam.

409 Eus. HE IX 9, 9–11; VC I 40, 1 f. Siehe auch die Anspielung darauf in HE X 4, 16
(Kirchweihrede des Eusebius in Tyros, ca. 315); LC IX 8 f. (Tricennatsrede des Eusebius
336). – Vogt, Frage 369 ff.; Leeb, Konstantin 33 ff. (gegen Labarum, für ‚Kreuzszepter‘);
Thümmel, Wende 158–165; Singor 482–484; Weber, Kaiser, Träume 284 f. („kaum"
das Labarum); Nicholson. Vgl. auch die Überlegungen von Singor 482 ff.

410 Eus. HE IX 9, 11 (ähnlich VC I 40, 2). Vgl. den lateinischen Text des Rufinus in seiner
Übersetzung der HE des Eusebius (Ruf. HE IX 9, 11): *statim denique, ubi imagines sibi
ob honorem triumphanti senatus erexit, vexillum dominicae crucis in dextera sua iubet
depingi et subter adscribi, quia*
IN HOC SINGULARI SIGNO, QUOD EST VERAE VIRTUTIS INSIGNE,
URBEM ROMAM SENATUMQUE ET POPULUM ROMANUM IUGO TYRAN-
NICAE DOMINATIONIS EREPTAM PRISTINAE LIBERTATI NOBILITATIQUE
RESTITUI.
Zur Inschrift, die Rufinus auch im Original gesehen und abgeschrieben haben kann,
Grünewald, Constantinus 70 f. Vgl. auch Curran 77 ff.

411 Gründe: s. o. bei Anm. 248 f.

a. Der Marmorkoloß im Konservatorenpalast

Nach langer kontroverser Forschungsdiskussion ist man sich jetzt offenbar darin
einig geworden – ob zu Recht, wird noch zu fragen sein (s. u.) – , daß Eusebius
die ca. 10 m hohe Sitzstatue Konstantins gemeint hat[412], deren eindrucksvolle
Fragmente, die in der Westapsis der von Konstantin umgestalteten Maxentius-
Basilika[413] gefunden worden waren, seit einigen hundert Jahren im Innenhof der
Konservatorenpalastes zu Rom bewundert werden können[414]:

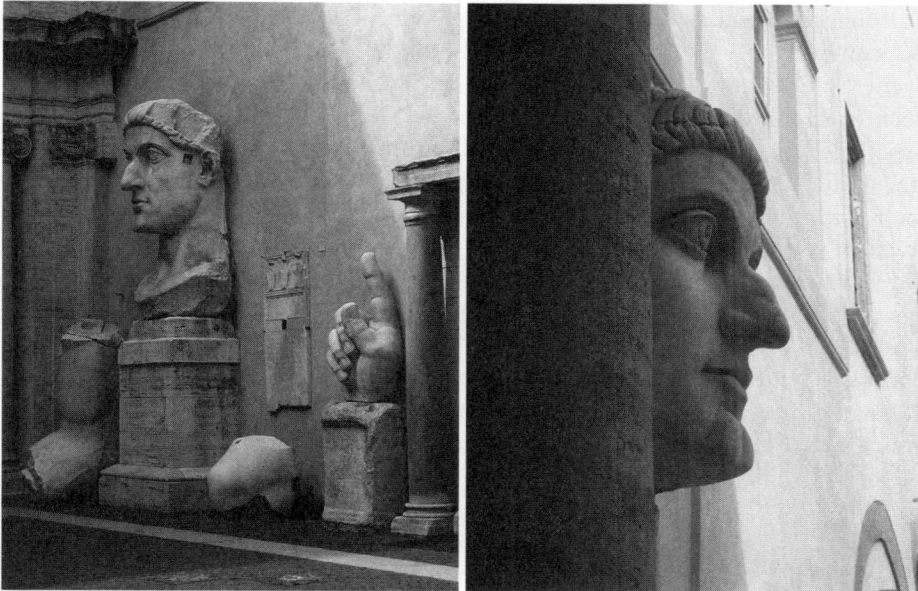

Abb. 23: Fragmente der kolossalen Konstantin-Statue in Rom/Konservatorenpalast (a) mit
dem ergänzten Zeigefinger der rechten Hand und Portrait im Profil (b)

Der Zeigefinger an der rechten Hand (Abb. 23a) ist von der gut sichtbaren
Bruchstelle an nicht original. Daher erweckt eine häufig abgebildete Rekonstruktion der Statue mit dem senkrecht nach oben gerichteten Zeigegestus[415]

---

412 Zuletzt L'Orange/Unger 70–77; Thümmel, Wende 171–179; Curran 82; Barnes,
    Young Constantine 18; Turcan, Constantin 162.
413 Zu dieser zuletzt Curran 80 ff.
414 Zur Forschung: Fittschen/Zanker Kat.-Nr. 122 (mit Taf. 151 und 152), 147–152. –
    Vom Kopf war eigens für die Konstantin-Ausstellung 2007 in Trier eine Marmorkopie
    hergestellt worden, die demnächst in Rom die Stelle des Originals einnehmen wird. Vgl.
    dazu Köhne.
415 Siehe die Abbildung z. B. bei Clauss, Konstantin 109; Kolb, Herrscherideologie 206;
    Brandt, Konstantin 51; Herrmann-Otto 103.

einen unzutreffenden Eindruck. Tatsächlich war der Zeigefinger, schon im noch vorhandenen Ansatz leicht gekrümmt, wie die ganze Hand um einen stabähnlichen Gegenstand gelegt[416].

Vielleicht handelt es sich bei der Statue, deren Blick quer durch die Maxentiusbasilika nach Osten auf den neronischen Sonnenkoloß gerichtet war[417], um eine umgearbeitete, mit den Gesichtszügen Konstantins versehene Maxentiusstatue, die im Schema des Gottes *Iupiter* gestaltet war, vielleicht aber um eine umgearbeitete Götterstatue[418]. Im übrigen ist auch die Zeit der Umarbeitung und damit die Datierung des Portraits Konstantins unsicher; manche Autoren sprechen sich, möglicherweise zu Recht, für die Zeit der kaiserlichen Vicennalien um 325/26 aus[419]. Ob das Standbild in späteren Jahren noch ein weiteres Mal verändert worden ist und ob das nicht erhaltene ‚Zeichen‘ in der rechten Hand des Kaisers nun (ursprünglich?) ein kurzes (Kreuz-)Szepter oder (später?) das lange kreuzförmige Vexillum mit dem Christogramm oder ein gewöhnliches kreuzförmiges Vexillum bzw. ein neutrales Langszepter war, läßt sich nicht verläßlich entscheiden[420]. Ein einfaches Kreuz oder ein Kreuzszepter, auch in verfremdeter Form, halte ich[421] deshalb für höchst unwahrscheinlich, ja im Grunde für unmöglich, weil das Kreuz erst in spätkonstantinischer Zeit zu einem öffentlich und unverhüllt gezeigten Symbol geworden ist[422]. Im übrigen basiert die Hypothese ‚Vexillum mit Christogramm‘ oder gewöhnliches kreuzförmiges Vexillum, das christlich verstehbar war, auf der Prämisse, daß Eusebius tatsächlich besagte Statue gemeint hat. Das ist aber keineswegs sicher. Ich möchte hier eine Alternative zu erwägen geben.

---

416 Richtig daher die neue Rekonstruktion bei Presicce 131; Köhne 247 Abb. 3.

417 So jetzt Löhr, mit Rekonstruktionen und Abbildungen.

418 Fittschen/Zanker 149; Presicce 126–130.

419 Siehe nur L'Orange/Unger 76 ff.; Leeb 62 ff. mit der älteren Literatur.

420 Die Frage stellt sich deshalb, weil zwei rechte Hände erhalten sind, deren eine nach unten hin geschlossen, die andere geöffnet ist, so daß erstere ein kurzes, nach oben aus der Hand herausragendes Szepter, letztere ein langes, auf den Boden aufgesetztes Szepter gehalten haben kann. Abbildungen der Hände: L'Orange/Unger 70–76 mit Taf. 50 f. Daß beide Hände zu der gleichen Statue gehören, wird gelegentlich infrage gestellt. – Langszepter: siehe die Rekonstruktion im Beitrag von Presicce 131.

421 Im Gegensatz zu Leeb, Konstantin 33–39. L'Orange/Unger 65 und 75: ein Kreuz.

422 S. o. bei Anm. 252 ff. – Zur Kontroverse um den Gegenstand auf der Vorderseite des Medaillons von Ticinum s. o. bei Anm. 375.

b. Die Panzerstatue in S. Giovanni in Laterano

Die von Eusebius angesprochene Statue hielt nach Aussage des Bischofs das christianisierte Vexillum, also ein Feldzeichen, in der rechten Hand. Sie läßt deshalb an den Kaiser als Feldherrn und Krieger denken[423]. Könnte es sich daher nicht eher um die wohl ca. 312 entstandene, etwa 3, 3 m hohe Panzerstatue handeln (Abb. 24), die, offenbar gefunden bei den Konstantin-Thermen auf dem Quirinal, heute, an zahlreichen Stellen ergänzt, im Atrium der Lateranbasilika steht[424]?

Denkbar wäre natürlich auch eine nicht erhaltene Statue dieses Typs, die auf dem Forum gestanden haben könnte[425]. Der Kaiser trägt hier die mit einer im Nacken herabhängenden Schleife zusammengehaltene *corona civica*, den Eichenkranz, der seinen Träger als Retter römischer Bürger aus Lebensgefahr darstellt,

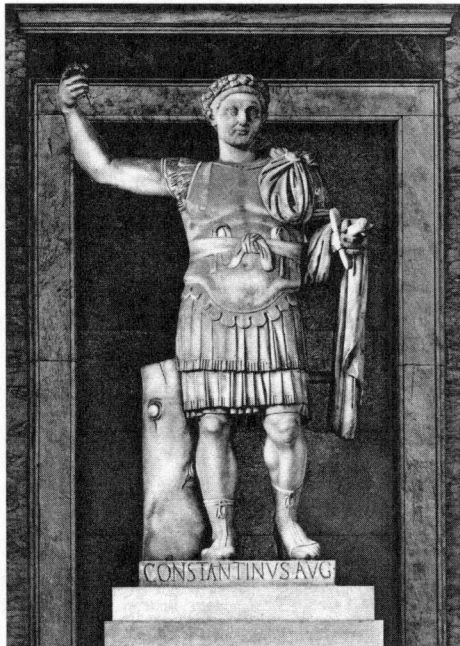

Abb. 24: Panzerstatue Konstantins in S. Giovanni in Laterano/Rom

---

423 Vgl. Singor 483 Anm. 7; Veyne 144, der mit Blick auf die zitierten Eusebius-Stellen meint, der Kaiser sei „en guerrier" dargestellt worden.

424 Vgl. Bruun, Christian Signs 28 mit Anm. 2. – Zur Statue siehe Delbrueck 118 f. mit Taf. 33 und 34; v. Heintze 407–417: Beschreibung, 410: Schemazeichnung mit Erhaltenem und Ergänztem, 426 ff. und 430 ff.: zeitliche Einordnung – früh, ca. 312; L'Orange/Unger 60 f., 126, mit Taf. 43 f. – Die Thermen: Vilucchi.

425 Vgl. Aur. Vict. XL 28: in Rom seien nach Konstantins Sieg 312 *statuae locis quam celeberrimis, quarum plures ex auro aut argenteae sunt*, errichtet worden.

Abb. 11a/b: Portrait Konstantins mit Blick zum Himmel (a) und das Labarum
mit Christogramm auf dem Fahnentuch in der Hand des Kaisers (b)

ihn aber auch, wie das Beispiel des Oktavian/Augustus zeigt[426], für die Schonung
des Lebens von Römern im Bürgerkrieg (*ob cives servatos*) preist; das dürfte eine
Anspielung auf die ‚Befreiungstat‘ Konstantins gegen Maxentius und die Begna-
digung der überlebenden Gegner sein[427]. In der erhobenen Rechten, die vom
Ärmel an gewiß richtig ergänzt ist, kann er das auf dem Boden aufgesetzte
Vexillum mit dem Christogramm gehalten haben: in etwa so, wie es auf dem
einzigartigen Goldmedaillon Abb. 11b zu sehen ist, dessen Motiv sich auch auf
einer Silberprägung der Stadt Rom[428] sowie, mit verschiedenen kleineren Varianten, später auf Münzen der Kaisersöhne Konstantius II. und Konstans und auf
einem Münztyp des Vetranio (350)[429] befindet. Der Kaiser erscheint auf diesen
Prägungen ebenfalls in voller Rüstung und hält in der Rechten die kreuzförmige
Standarte mit dem Christogramm auf dem Fahnentuch. Die offenbar, nach
vorhandenen Resten zu urteilen, etwas angewinkelte Linke der Lateran-Statue ist
mit einem Schwert und dem größten Teil des Feldherrnmantels ergänzt[430]. Bei

---

426 Siehe (zu 27 v. Chr.) rgdA 34:...*coronaque civica super ianuam meam fixa est.* Cass. Dio
      53, 16, 4. Dazu das Augustus-Portrait mit Eichenkranz in der Münchener Glyptothek.
427 Siehe die Inschrift LIBERATORI VRBIS am Konstantinbogen: ILS 694, 2. Begnadi-
      gung: paneg. Lat. IX/12 (313) 10, 5: *in proeliis ferocissimus, parta securitate mitissimus*;
      20 f.; führende pagane Funktionsträger des Maxentius: Lenski, Evoking 210 ff. –
      Konstantins *corona* (*aurea*): paneg. Lat. IX/12 (313) 25, 4. – Auch die Konstantinstatue
      auf der Balustrade des Kapitolsplatzes trägt die *corona civica:* L'Orange/Unger 58 ff. mit
      Taf. 40.
428 S. o. bei Anm. 278.
429 Vetraniomünze mit Bezug auf Konstantin wegen der Legende HOC SIGNO VICTOR
      ERIS (griechisch in Eus. VC I 28, 2): Alföldi, Hoc signo Abb. 1; ders., Conversion 42;
      R.-Alföldi, Labarum 15 f.; Odahl, Constantine 106 f. mit Abb. 25. Der Münztyp: RIC
      VIII 369 Nr. 283 (Siscia); vgl. auch ebd. 367 Nr. 260 (Siscia). – Münztyp für Kon-
      stantius II. und Konstans: s. o. Anm. 278.
430 Siehe die Literatur in Anm. 424, bes. v. Heintze 409.

dieser oder ähnlicher Armhaltung läßt sich aber ebensogut eine fast bis zum Boden reichende Lanze vermuten (wie auf dem Medaillon Abb. 11b) oder, wie auf der stadtrömischen Silbermünze mit Konstantin, ein Szepter. Es würde indessen zu weit führen, wenn man die Gestalt des Kaisers auf dem Goldmedaillon Abb. 11b mit der Lateran-Statue identifizieren wollte: die Lateran-Statue trägt die *corona civica*, auf der Rückseite des Medaillons hingegen sieht man deutlich das erst seit 324/25 nachweisbare Banddiadem[431].

In jedem Falle aber war das von Eusebius angesprochene Monument mit der Inschrift ein 312/13 das Christsein des Kaisers öffentlich in der Hauptstadt des Imperiums selbst dokumentierendes Zeichen und damit ein frühes ‚Signal' im hier gemeinten Sinne. Daß Konstantins Attribut das christianisierte Vexillum gewesen ist, bedeutete eine entscheidende Neuerung: es geschah hier zum ersten Mal in der Geschichte der Kaiserikonographie, daß ein Kaiser persönlich mit einer militärischen Standarte in der Hand dargestellt wurde[432], und diese Standarte war das Labarum. Möglicherweise hatte der Dichter Prudentius viele Jahrzehnte später eben diese Statue vor Augen, als er vielleicht nach einem Besuch in Rom über Konstantin im Jahr 312 schrieb[433]:

> „Daß ein Christus verehrender Heerführer sich der Stadt nahte,
> bezeugt der *pons Mulvius*, der den Tyrannen, als er sich auf der Brücke
>   befand,
> in die Fluten des Tibers hinabstürzte; (der *pons* bezeugt auch,) von
>   welcher (himmlischen) Majestät er die siegreichen
>   Waffen gelenkt sah,
>   welches Feldzeichen die rächende Rechte (sc. Konstantins)
> 485 vorantrug, von welcher Art Kränzen die Speere erstrahlten:
>   Christus, eingewebt mit Gold, das mit Edelsteinen besetzt war (sc. das
>   Christogramm),
>   kennzeichnete das purpurne Labarum, die Zeichen auf den Schilden
>   hatte Christus
> geschrieben, es glänzte das oben auf den Helmen aufgesetzte Kreuz".

---

431 S. o. Anm. 279.
432 Alföldi, Hoc signo 236 f.; ders., Conversion 42.
433 Prudent. c. Symmach. I 481–488:
> *Testis christicolae ducis adventantis ad urbem*
> *Mulvius, exceptum Tiberina in stagna tyrannum*
> *praecipitans, quanam victricia viderit arma*
> *maiestate regi, quod signum dextera vindex*
> *praetulerit, quali radiarint stemmate pila:*
> *Christus purpureum gemmanti textus in auro*
> *signabat labarum, clipeorum insignia Christus*
> *scripserat, ardebat summis crux addita cristis.*
> Vgl. damit die Beschreibung, die Eusebius gegeben hat: VC I 31, 1 f.

2. Kaiserliche Briefe und die Programmrede von 314

Früheste schriftliche Selbstzeugnisse zur persönlichen Wende liegen in Gestalt von Aussagen des Kaisers in zwei Briefen an den paganen Prokonsul von Africa, Anullinus, vor. Im ersten, von Ende 312, bezeichnete Konstantin das Christentum, dessen beginnende Förderung (s. u. Kap. VII) er in dem Brief begründete, als die „dem zwischen Gottheit und Mensch waltenden Recht entsprechende allerheiligste katholische Religion" und die Christengemeinschaft als „die allerheiligste katholische Kirche"[434]. Dies sagt nicht irgendwer, sondern hier spricht autoritativ der Kaiser und *pontifex maximus*[435], und er spricht nicht zu einem Christen, sondern zu einem Paganen. Das verleiht der Wertung eine besondere Aussagekraft bezüglich der Einstellung des Wertenden zu der genannten Religion und Kirche. – Im zweiten Brief, von Anfang 313, schrieb Konstantin dem paganen Prokonsul unter Anspielung auf seinen Sieg an der Milvischen Brücke zur Begründung des Privilegs der Immunität für den christlichen Klerus (s. u. Kap. VII): „durch vielerlei Tatsachen" sei erwiesen, daß der Vernichtungskampf der Tetrarchie – im Namen der traditionellen Götter (immer unter Einschluß des *Apollo* und des *Sol Invictus*) – gegen das Christentum politisch höchst gefährliche Folgen für das Reich gehabt habe; „durch Tatsachen" – gemeint ist des Kaisers militärische Sieghaftigkeit gegen Maxentius – sei demgegenüber ebenso klar, daß die rechtliche Zulassung (sc. seit 306 im Machtbereich Konstantins bzw. seit 311 durch das Edikt des Galerius) und sorgsame Pflege „derjenigen Religion, in welcher die machtvolle Hoheit der allerheiligsten himmlischen Gottheit mit frommer Scheu geachtet" werde, d. h. des Christentums als *religio licita*, „dem römischen Namen, bewirkt durch göttliche Wohltaten (sc. das *beneficium* des Sieges über Maxentius), größten Erfolg und überhaupt allen menschlichen Dingen außerordentliches Wohlergehen gebracht" habe[436]. Und auch gegenüber dem römischen Bischof Miltiades sprach der Kaiser 313 seine allergrößte Hochachtung vor der „katholischen Kirche" aus, die „dem zwischen Gottheit und Mensch waltenden Recht" entspreche, und wenn er dankbar betont, daß seiner Ansicht nach „die göttliche Vorsehung" ihm, dem Kaiser, „auf Grund ihrer eigenen Entscheidung" die

---

434 Eus. HE X 6, 1 ff. = v. Soden, Urk. 8 Z. 6 und 21 f. – In einem zeitlich noch etwas früheren Brief von 312 an den Prokonsul (Eus. HE X 5, 15 ff. = v. Soden, Urk. 7) gibt es solche prägnanten Aussagen nicht. – Es fällt auf, daß der Kaiser in den Briefen nicht von der ‚christlichen' Religion bzw. der ‚christlichen' Kirche spricht. Die Betonung des ‚Katholischen' läßt vermuten, daß er bereits über den Donatistenstreit informiert ist (was ohnehin naheliegt). Zu ‚katholisch' s. u. bei Anm. 626 ff., 753 ff.

435 Bezeugung des Titels in den Quellen zu Konstantin: Stepper 100 f.

436 Eus. HE X 7, 1 f. = v. Soden, Urk. 9 Z. 4 ff. – Girardet, Wende 94 ff. (auch zum christlichen Verständnis der in dem Brief verwendeten Gottesbezeichnung).

Herrschaft über den ganzen Westen übertragen habe[437], so ist der Rückbezug auf den unter dem Zeichen des Labarums bzw. des Christogramms mit Hilfe des Christengottes errungenen Sieg von 28. Oktober 312 als Manifestation der „göttlichen Vorsehung" deutlich genug: der Kaiser versteht sich als Herrscher von des Christengottes Gnaden. Und im übrigen drängt sich von selbst der Gedanke auf, daß, wenn Christentum und christliche Kirche aus der Sicht des Kaisers dem „zwischen Gottheit und Mensch waltenden Recht entsprechen", diejenigen Kulte und Religionen, in deren Namen Christentum und Kirche hatten vernichtet werden sollen, eben diesem Recht nicht entsprechen.

Konstantin hat sich außerdem mehrfach über den Prozeß seiner Hinwendung zum Christengott geäußert, so in der einzigen noch erhaltenen seiner zahlreichen Reden, einer religiösen und religionspolitischen Programmrede; er hat sie am Karfreitag, dem 16. April, des Jahres 314 in Trier einem christlichen Publikum vorgetragen (*oratio ad sanctorum coetum*)[438]. Hier erklärte er unmißverständlich, daß aus seiner Sicht, die die Sicht der Christen war, die „Mutter Natur" wie auch alle Gestirne und mit ihnen die Sonne auf keinen Fall als Gottheiten, sondern nur als göttlicher Verehrung nicht würdige Geschöpfe seines Gottes gelten konnten[439]. Besonders wichtig ist hier am Schluß die Aussage, daß der *invictus Christus/Sol Iustitiae* und nicht mehr wie noch 310/11 der pagane *Sol Invictus* sein göttlicher *comes* bzw. *socius* war[440]. In dieser Rede, aber auch in seinem Entlassungsschreiben an die im Sommer des gleichen Jahres 314 in Arles versammelten Bischöfe, die er zu einem ‚Kaiserkonzil' eingeladen hatte und die ihn als *piissimus imperator* bezeichneten[441], sprach er rückblickend über seine Abwendung vom Paganismus: ohne Vermittlung durch andere, so heißt es in der Rede, habe Gott selbst, der Christengott, sich ihm, als er „im besten Mannesalter" stand, geoffenbart – eine klare Anspielung auf das seit 311 christlich interpretierte Himmelsphänomen des Jahres 310 im *templum* zu

---

437 Eus. HE X 5, 18–20 = v. Soden, Urk. 12 Z. 27 ff. mit Z. 10 ff.

438 Neue Datierung und neue Lokalisierung: s. u. Exkurs 2 am Ende von Kap. VI . – Deutsche Übersetzung im Anhang zur Übersetzung der ‚Vita Constantini' des Eusebius von J. M. Pfättisch in: Des Eusebius Pamphili ausgewählte Schriften Bd. 1. Bibliothek der Kirchenväter Bd. 9. Kempten/München 1913, 191 ff. Zur Zeit arbeite ich an einer neuen deutschen Übersetzung, die, mit ausführlicher Einleitung und kommentierenden Noten, in der Reihe ‚Fontes Christiani' erscheinen soll.

439 Constant. or. ad sanct. coet. I 2 und XXI 1 (Natur), VI 5 ff. (Gestirne). Ähnlich dann auch 324 in der 2. Proklamation: Eus. VC II 58. – Sicht der Christen: siehe nur Lact. div. inst. II 5–6; epit. 21; de ira dei II 4; Eus. praep. evang. I 4, 9; III 6, 5; III 10, 1; XIII 18, 11; dem. evang. IV 7, 4; LC I 5; VI 19; X 2; XI 8 ff.; XIII 1 (u. ö.). – Amerise, Monotheism, hat sich die Stellungnahme Konstantins entgehen lassen.

440 Constant. or. ad sanct. coet. XXVI 2.

441 So in ihrem Synodalschreiben an Silvester von Rom: Opt. append. IV = v. Soden, Urk. 16 Z. 9. – Zu ‚Kaiserkonzil' s. u. bei Anm. 715.

Grand (s. o. Kap. III 3), als Konstantin noch keine 40 Jahre alt war[442] – ; und so habe Gott selbst, erklärt er in gleichem Sinne brieflich den Bischöfen in Arles, dafür gesorgt, daß er durch Abkehr von der falschen Religion den Weg zur ‚Weisheit' und zur ‚Gerechtigkeit' gefunden habe[443]. Selbst wenn, wie wahrscheinlich, dieser Brief nicht anders als alle anderen erhaltenen Urkunden in der kaiserlichen Kanzlei entworfen worden ist, muß als ihr offizieller Autor doch der Kaiser gelten, und die darin stehenden Aussagen über die Hinwendung zum Christengott sind somit wie alle anderen Inhalte vollgültiges kaiserliches Selbstzeugnis[444]. Dieser Feststellung sei die andere hinzugefügt, daß es in der schriftlichen Hinterlassenschaft Konstantins nicht ein einziges Dokument gibt, das als eindeutiges paganes Selbstzeugnis angesprochen werden könnte[445].

3. Der *pontifex maximus*

a. ...und die Paganen

Indessen ist zu beobachten, daß pagane Motive wie der Sonnengott z. B. an dem römischen Ehrenbogen von 315, den aber der pagane Senat hatte errichten lassen, und, mit abnehmender Tendenz, in der Münzprägung noch bis in die 320er Jahre hinein fortbestanden[446]. Doch das ist kein Indiz für pagane Vorlieben des Kaisers oder Unsicherheit über seine Hinwendung zum Gott der Christen[447]. Es ist politisch zu erklären[448]: der Christ Konstantin nahm klugerweise Rücksicht auf die überwältigende Mehrheit der Paganen in der Führungsschicht, in der Armee und in der Reichsbevölkerung insgesamt. Er un-

---

442 Constant. or. ad sanct. coet. XI 1 und 2; siehe auch XXI 4: die ‚Heilung' vom Paganismus (dieser also eine ‚Krankheit').

443 Brief an das Konzil von Arles: Opt. append. V = v. Soden, Urk. 18, Z. 2–16. Die hier und da vorgebrachten Einwände gegen die kaiserliche Urheberschaft des Schreibens bzw. einiger Teile des Schreibens (so zuletzt wieder Herrmann-Otto 87) sind in keiner Weise überzeugend. Vgl. zu diesem Schreiben die lehrreichen Bemerkungen von Dörries 330 mit Anm. 1; Odahl, Epistle; D(e Palma) Digeser, Letter; Girardet, Wende 58 f. mit Anm. 68.

444 Dies zu den Bedenken u. a. von Leeb, Konstantin 1 ff.

445 Das gilt auch für das gesamte bekannte epigraphische Material; s. u. bei Anm. 495.

446 *Sol* als *Comes* des Kaisers in der Münzprägung: s. o. Abb. 5. – Bruun, Disappearance; Grünewald, Constantinus 130 f.; Leeb, Konstantin 9 ff.; De Giovanni 123 ff.; vgl. auch Berrens 158 ff., 166 f. (aber mit problematischen Wertungen).

447 Vielfach wird auch noch immer die Konstantinstatue auf der Porphyrsäule in Konstantinopel als Indiz dafür gewertet, daß der Kaiser nahezu bis an sein Lebensende ein Verehrer des Sonnengottes gewesen sei; siehe nur Wallraff, Christus 133 f. (Identifikation des Kaisers mit dem Sonnengott); ders., Devotion 260 ff. Dagegen überzeugend Bergmann, Konstantin 153 ff. Vgl. De Giovanni 127–130, 145 f.; Mayer 96 f.

448 So z. B. auch Lane Fox 666.

terließ aufdringliche Propaganda im Sinne seines persönlichen Christseins und verzichtete gleichzeitig auf demonstrative Beseitigung aller paganen Symbolik. Von systematischer Bekämpfung des Paganismus durch staatliche Gesetzgebung kann schon gar keine Rede sein[449]; so hat es beispielsweise kein generelles Opferverbot gegeben[450]. Mit Recht wird daher von einer „bedächtigen Politik" gesprochen, „welche dem Grundsatz einer allmählichen Heranführung der Untertanen an die neue Religion des Kaisers folgte", und von einer „Orientierung an den Gegebenheiten des politisch Machbaren"[451]. So war Konstantin, obwohl bereits 311 ein erklärter Christ, imstande, vor dem Krieg gegen Maxentius mit Blick auf sein paganes Heer und vor allem natürlich auf die Generalität die *haruspices*, wie der Panegyrist von 313 angibt, befragen zu lassen – deren ablehnendes Votum er indessen nicht befolgte; vielmehr leistete er der Ermunterung durch eine dem Panegyristen unbekannte Gottheit Folge[452]. Sodann gestattete er, gewiß wiederum mit Blick auf die ihm treu ergebene Armee, dem Senat, am römischen Ehrenbogen von 315 jenes umgearbeitete Relief anzubringen, das ihn mit Weihrauchgabe bei einer Lustrationsfeier zeigt, was natürlich nicht bedeutet, daß er diese Handlung auch tatsächlich vollzogen hat[453]. Als ihn, wie ein Text vom 1. März 320 dokumentiert, eine Gruppe von Veteranen mit den Worten akklamierte: *„Auguste Constantine, dii te nobis servent, vestra salus nostra salus"*[454], hatten offensichtlich weder die paganen Sol-

---

449 S. u. bei Anm. 690 ff.

450 Girardet, Wende 128 ff. Dagegen jedoch neuerdings wieder De Giovanni 161 ff., der das im Reskript von Hispellum (s. u. bei Anm. 460 ff.) ausgesprochene Verbot paganer Kultpraktiken in einem speziellen Fall als die Anwendung eines generellen Verbotes auffaßt (166 f.), nach meiner Ansicht zu Unrecht. – Iul. or. VII 228b: Konstantin habe die Tempel ‚entehrt' und geplündert, womit aber kein Kultverbot gemeint ist: s. u. bei Anm. 690 ff. Siehe auch Liban. or. XXX 6.

451 Kuhoff 168. So schon Baynes 83 Anm. 57. Vgl. auch Barnes, Constantine and Eusebius 48: die „apparent ambiguity of his religious attitudes is a sign of caution, not of doubt or hesitation in his own mind"; De Giovanni 140 f.

452 Paneg. Lat. IX/12 (313) 2, 4 f.: *quisnam te deus, quae tam praesens hortata est maiestas, ut omnibus fere tuis comitibus et ducibus non solum tacite mussantibus, sed etiam aperte timentibus, contra consilia hominum, contra haruspicum monita ipse per temet liberandae urbis tempus venisse sentires?* Vgl. Ronning 301 ff., 308 ff. – Woher Rosen (Wende 101; vgl. auch ders., Constantins Weg 860 f.) die Information bezogen hat, daß christliche Soldaten in Konstantins Heer an der Milvischen Brücke gekämpft, zu ihrem Gott „offensichtlich …um den Sieg gebetet und sich dann in der Schlacht besonders tapfer geschlagen hatten", bleibt ein Rätsel. Möglicherweise handelt es sich um eine Reminiszenz an die auf Liban. or. XXX 6 gestützte Darstellung bei v. Ranke (oben Anm. 307), der seinerseits die Ansicht von Gibbon aufgegriffen haben könnte: Gibbon, Decline Kap. XX, Bd. 2, 227 f..

453 S. o. bei Anm. 395 ff.

454 CTh VII 20, 2: „Augustus Konstantin, die Götter mögen dich uns erhalten, euer Heil (ist) unser Heil".

daten in ihrer polytheistischen Lebenswirklichkeit Schwierigkeiten mit der neuen Religion ihres Kaisers, noch hatte der Kaiser, obwohl ein Christ, Schwierigkeiten mit dieser paganen Akklamation seiner Soldaten.

Konstantin nahm überdies, ganz Staatsmann, bis zum Ende seines Lebens bei paganen Kulten sogar auch seine Aufgaben als *pontifex maximus* wahr[455]. Einige Beispiele mögen genügen:

– Der Flavier Konstantin (C. Flavius Valerius Constantinus) gestattete die Einrichtung eines *sacerdotium* der *gens Flavia* in Africa[456], entpaganisierte den Kaiserkult aber dadurch, daß er sein Bildnis aus allen Tempeln entfernen ließ[457].
– Die Stadt Cirta/Nordafrika benannte er in *Constantina* um[458], wie die Stadt auch heute noch heißt; sie hat sicherlich, wie später Hispellum/*Flavia Constans* (s. u.), eine *aedis Flaviae gentis* erhalten – und, wohl gleichzeitig, eine christliche Basilika[459].
– Auch für Rom selbst sind *pontifices Flaviales* bezeugt, und vielleicht ist entweder der sog. Tempel des *divus Romulus* (ursprünglich für den verstorbenen Sohn des Maxentius?) am Forum oder der von Maxentius erneuerte, gleich gegenüber der Maxentius- bzw. Konstantinbasilika auf der Velia gelegene Tempel der *Venus* und *Roma* vom Senat der *gens Flavia* gewidmet worden[460], gewiß mit Einverständnis des Kaisers.
– Ca. 333/335 gab Konstantin der Stadt Hispellum in Umbrien, die in *Flavia Constans* umbenannt wurde, auf deren Petition hin die Erlaubnis, zwar nicht, wie erbeten, ein *templum*, aber doch eine *aedis Flaviae gentis* zu errichten, untersagte allerdings mit starken Worten pagane Kulthandlungen an dieser Stätte:

---

455 De Giovanni 152 ff. u. ö. – Auch für Konstantius II. ist dies bezeugt: bei seinem (einzigen) Rombesuch 357 *replevit nobilibus sacerdotia* (Symmach. relat. III 7). Rüpke indessen bestreitet, daß dies ein Handeln des Kaisers als *pontifex maximus* war: Fasti Teil 3, 1602 f.

456 Nicht datierbar. – Aur. Vict. XL 28.

457 Eus. VC IV 16. – Vgl. Aland, Abbau; ders., Verhältnis 90–106.

458 Aur. Vict. XL 28.

459 Opt. append. X = v. Soden, Urk. 36 vom 5. November 330, Z. 58–74. Konstantin bewilligt hier den antidonatistischen Orthodoxen in Constantina den Neubau einer Kirche aus staatlichen Mitteln, nachdem die früher (wohl bald nach 312/13) für die Orthodoxen vom Kaiser erbaute Basilika von den Donatisten besetzt worden war.

460 *Pontifices:* CIL VI 1690, 1691, 1694. Zum Tempel siehe (als einzige Quelle) Aur. Vict. XL 26: *urbis fanum atque basilicam Flavii meritis patres sacravere.* Die genannte *basilica* ist die heutige Konstantin- bzw. Maxentiusbasilika am Forum; F. Coarelli, LTUR 1, 1993, 170–173. Zum Problem der Identifizierung des *urbis fanum* (heute wohl zumeist der *Venus*- und *Roma*-Tempel und nicht der ‚Romulus'-Tempel) siehe E. Papi, LTUR 5, 1999, 96, s. v. Urbis Fanum, Templum (mit Hinweis auf Cassiodor, chron. in Chron. Min. II 142; Amm. Marcell. XVI 10, 14; HA, Hadr. 19, 12); vgl. Mayer 184 f.; Curran 57 f., 82 f.; Van Dam, Revolution 89 Anm. 12.

„…wobei folgende Maßgabe ausdrücklich festgeschrieben ist, daß das unserem Namen geweihte Gebäude nicht durch betrügerische Machenschaften irgendeines seuchenartigen Aberglaubens besudelt wird"[461].

Auch ein *pontifex Flaviae gentis* ist hier bezeugt[462].

Die Verwendung des Wortes ‚besudeln‘ (*polluere*) in der Inschrift rechtfertigt die Interpretation, daß das ausgesprochene Verbot besonders auf blutige Schlachtopfer zielte, von denen man weiß, daß sie dem Kaiser ein tief empfundener Greuel waren[463]. Das Verbot wird in der Inschrift dann noch verbal verharmlost: durch das Edikt werde den traditionellen Einrichtungen „nicht sehr viel weggenommen"[464]. – Welche Kulthandlungen durften in oder bei der *aedis* aber noch stattfinden[465]? Keine? Zu bestimmten Festtagen, etwa beim Landtag der Region Umbrien, doch wohl Gebete *pro salute imperatoris* und der Caesares, etwa in der Art des christlich-monotheistischen Sonntags-Gebetes, das Konstantin bei der größtenteils paganen Armee eingeführt hatte[466]; Gebete waren ja nach christlichem Verständnis spirituelle Opfer[467]. Durfte Weihrauch verwendet werden? Schließlich konnte man am Konstantinbogen in Rom den Kaiser höchstpersönlich bei einer Weihrauchgabe sehen, und in den von Konstantin gestifteten Kirchen wurde of-

---

461 ILS 705, 45 ff.: *ea observatione perscripta, ne aedis nostro nomine dedicata cuiusquam contagios*[a]*e superstitionis fraudibus polluatur.* – Zur Inschrift siehe Seeck, Untergang 472 f.; Dörries 209 ff.; Grünewald, Constantinus 152 f.; Curran 180 f.; De Giovanni 154 ff., bes. 161; Turcan, Constantin 266 ff.; Van Dam, Revolution 27–34, 115 ff. – Paganismus generell als *superstitio*: s. u. bei Anm. 507; als (Be-)Trug und Wahn 314: Constant. or. ad sanct. coet. IV, VI, X u. ö. Dann z. B. in der 2. Proklamation von 324: Eus. VC II 56, 1 f. und 60, 2; Brief an Shapur II.: ebd. IV 10, 1. Eus. VC IV 29, 3.
462 ILS 6623; Dörries 212; Van Dam, Revolution 117. – Das ist der von Stepper 195 vermißte Quellenbeleg.
463 Opferverbot für Hispellum: z. B. Dörries 209 ff., 339 f.; Price 227; weiter gefaßt von Gascou 651 ff., bes. 654 f.; de Giovanni 161: „l’imperatore abbia vietato …le liturgie ed i sacrifici, di qualunque specie essi fossero, del paganesimo politeistico", 169 f.; zur Forschungsdebatte ebd. 154 ff. – Konstantin voll Ekel gegen (Schlacht-)Opfer: z. B. or. ad sanct. coet. XI 7; im Brief an Bischof Makarios von Jerusalem: Eus. VC III 53, 1; im Brief an Shapur II.: ebd. IV 10, 1. – Hermann-Otto hingegen meint (171), der Kaiser habe mit dem Reskript den „Kult des lebenden Gottes Konstantin" gestattet.
464 Z. 54 f.: *ita quippe nec veteribus institutis plurimum videbitur derogatum* etc.
465 Diese Frage wird in der für Opferverbot eintretenden Forschung, wenn ich richtig sehe, merkwürdigerweise nicht gestellt. Allgemein zum Opfer im Rahmen des Kaiserkultes: Price 207 ff.
466 Eus. VC IV 20, 1: „… Wir alle sind dir (sc. dem einzig als Gott Anerkannten) gegenüber Bittflehende, wir flehen darum, daß unser Kaiser Konstantin und seine Gott wohlgefälligen Söhne uns für den größten Teil des Lebens gesund und siegreich erhalten werden". Zu diesem Gebetstext s. o. Anm. 269. – ‚Landtag‘ (*concilium*): Gascou 639 ff.
467 Siehe nur Constant. or. ad sanct. coet. XII 5; Eus. VC I 48; III 15, 1 (Feier mit Bischöfen 325); Eus. LC II 5 ff. – Vgl. Thümmel, Versammlungsraum 493 ff. („Der Opfergedanke").

fenbar Weihrauch verwendet[468]. Und gab es in der *aedis* (Kult-)Bildnisse Konstantins und seiner Söhne? Wohl kaum, wenn es zutrifft, daß Konstantin sein Bild aus den Tempeln hat entfernen lassen[469]. Die traditionellen jährlichen Spiele (Theater, Gladiatorenspiele) aber sind, aus Rücksichtnahme auf *dignitas pristina* (Z. 13) und Respekt vor *vetera instituta* (Z. 55), unangetastet geblieben[470]. Ja es scheint, daß die einzige Aufgabe oder jedenfalls die Hauptaufgabe der Priester das Veranstalten dieser Spiele gewesen ist[471].

– Im Jahre 320 gab Konstantin, „mit Rücksicht auf den Brauch einer althergebrachten Einrichtung" (*retento more veteris observantiae*), für die Stadt Rom die Erlaubnis zur Befragung von *haruspices* bei Unwillen Jupiters signalisierendem Blitzeinschlag in den Palast auf dem Palatin oder in andere öffentliche Gebäude, mit der Verpflichtung zur Berichterstattung an den Kaiser[472] – der dann entsprechende Berichte wohl dadurch politisch entschärfte, daß er sie *ad acta* legen ließ. Im gleichen Text wird dem *praefectus praetorio* Maximus bestätigt, daß die ihm vorgelegte Anzeige und priesterliche Interpretation (*denuntiatio adque interpretatio*) eines Blitzeinschlags ins Kolosseum beim Kaiser, dem Vorsitzenden des Pontifikalkollegiums, eingetroffen sei (*ad nos scias perlatam*); was damit geschehen ist, erfährt man nicht.

– Im Jahre 326 finanzierte Konstantin, inschriftlich durch einen Graffito mit Dank an die Götter und an den Kaiser dokumentiert, eine Studienreise des Nikagoras aus Athen nach Ägypten: der Mann war ein paganer Philosoph und Priester der Eleusinischen Mysterien[473].

---

468 Konstantin am Bogen in Rom: s. o. bei Anm. 395 ff. – Weihrauch in Kirchen: nach dem Liber Pontificalis haben die konstantinischen Basiliken u. a. *thimiateria/thymiateria* (Räuchergefäße) und *aromata* erhalten; siehe die Texte bei Voelkl 51–59. Vgl. Caseau 279–303.

469 Eus. VC IV 16.

470 Siehe aber CTh XV 12, 1 (325): Abneigung des Kaisers gegen Gladiatorenspiele (*non placent*); dann: *quapropter qui omnino gladiatores esse prohibemus eos* etc., und es folgt die Anweisung, daß zum Tode Verurteilte nicht mehr zu Gladiatoren gemacht werden dürfen; sie sollen statt dessen Zwangsarbeit in Metallbergwerken leisten (in der Regel mit tödlichen Folgen). Zu Text und Interpunktion (Komma vor oder nach *eos*) Gascou 649 ff. – Vgl. Eus. VC IV 25, 1: generelles Verbot von Gladiatorenspielen. Doch gäbe es ein solches, bedürfte es eigentlich der zitierten Bestimmung des Gesetzes nicht. Außerdem sind weiterhin im ganzen Reich Gladiatorenspiele bezeugt: Ville passim. Der sprachlich wohl nicht einwandfrei überlieferte Text des Gesetzes ist jedenfalls umstritten. Der Brief, am 1. Oktober 325 in Berytos/Syrien veröffentlicht, war an den *vicarius Orientis* Maximus gerichtet; möglicherweise galt das Verbot der Gladiatur (wenn es sich um ein solches handelte) nur im östlichen Teil des Reiches, vielleicht auch nur – aber warum? – in Phönizien. Zur Kontroverse siehe z. B. Ville 314 ff. (317: „édit éphémère de Constantin"); Gascou 649 ff.; De Giovanni 98–103.

471 Dörries 339 f. (mit Hinweis auf die gleiche Praxis des Konstantius II.: CTh XVI 10, 3); Gascou, bes. 648 f.

472 CTh XVI 10, 1.

473 OGIS 720 und 721; dazu Grünewald, Constantinus 155 f.

- Möglicherweise in der Zeit Konstantins und dann doch wohl, angesichts sonstiger Einschränkung des Tempelbaus, mit der ausdrücklichen Erlaubnis des Kaisers wurde der baufällige oder eingestürzte Tempel der *Concordia* in Rom wiederhergestellt[474].

- Die Riten der Gründung und der Einweihung Konstantinopels, das zuvor Byzantion geheißen hatte, am 11. Mai 330 fanden offenbar unter Mitwirkung paganer Priester und Astrologen statt[475].

- In Konstantinopel, das seinen Namen einer an den Kaiser ergangenen „Weisung Gottes" (*iubente deo*) verdankt haben soll[476], gestattete (oder befahl) Konstantin den Bau oder die Restaurierung eines Tempels der *Tyche*, der Stadtgöttin, und der Göttermutter *Rhea*, deren Standbild er aber zu dem einer Betenden umgestalten ließ[477]. Nach dem byzantinischen Autor Johannes Malalas hat er der *Tyche* nach der Renovierung des Tempels und der Umbenennung in *Anthusa* „ein unblutiges Opfer" dargebracht; ein solches ist ein christliches Gebet[478]. Die beiden Tempel sind also ,entpaganisiert' worden. – Außerdem existierte ein Tempel der Dioskuren *Castor* und *Pollux*[479].

- Johannes Malalas berichtet außerdem, daß Konstantin die drei auf der Akropolis von Byzantion/Konstantinopel gelegenen Tempel des *Helios*, der *Artemis Selene* und der *Aphrodite* ihrer Einkünfte beraubte, sie aber bestehen ließ[480].

- In Konstantins nächster Umgebung lebte zeitweilig der pagane Philosoph Sopatros, ein Schüler des Neuplatonikers Jamblichos; er war an den Gründungsriten von Konstantinopel beteiligt, wurde aber später nach einer Intrige wegen (angeblichen) Schadenzaubers hingerichtet[481].

- Mit CTh XII 1, 21 (335) legte der Kaiser gewisse Privilegien für ehemalige *flamines* und *sacerdotes* fest.

- Auch das Gesetz CTh XII 5, 2 regelt den Status von *sacerdotales* und zudem von *flamines perpetui* (sowie *duumvirales*); publiziert wurde es in Karthago am 21. Mai 337, einen Tag vor Konstantins Tod.

---

474 ILS 3781 = CIL VI 89. – Zur Einschränkung des Tempelbaus s. u. bei Anm. 795.
475 Zonar. XIII 3, 6 f. – Hierzu und zum Folgenden Dagron 339 ff.; Ando 23 ff.; Turcan, Constantin 256–261.
476 CTh XIII 5, 7 (334). Eine Anweisung Gottes an den Kaiser auch in Eus. VC III 30, 4: Beseitigung paganer Kultbauten am und auf dem Grabe Christi in Jerusalem.
477 Zos. II 31, 2 f. – Hierzu und zum Folgenden Brandt, Geschichte 118–122; ders., Konstantin 136–145.
478 Malal. XIII (320, 17 ff. Bonn). – Christliches Gebet als Opfer: s. o. Anm. 369, 467.
479 Zos. II 31, 1; vgl. Soz. HE V 4, 8. – Nazarius, der pagane Panegyrist von 321, hatte das ,Erscheinen' himmlischer Heerscharen aus Gallien unter ,Führung' von Konstantins Vater 312 an der Milvischen Brücke in Parallele gesetzt zum Erscheinen der Dioskuren als Helfer der Römer gegen die Latiner am Lacus Regillus (499 v. Chr.): paneg. Lat. X/4 (321) 14 f. – Cic. nat. deor. II 6; vgl. Liv. II 20, 12 f.
480 Malal. XIII (324, 1–4 Bonn).
481 Eunap. VI 2, 1 ff.

b. ... und die Christen

Über Konstantins eigene religiöse Orientierung konnten die Zeitgenossen, die Paganen wie die Christen, nicht im Zweifel sein. Während E. Gibbon, gefolgt von vielen Neueren, meinte: „The mind of Constantine might fluctuate between the Pagan and the Christian religions"[482], hat ganz zu Recht, aber kaum beachtet, schon O. Seeck geschrieben: „Alle Äußerungen seiner religiösen Gesinnung finden die Modernen zweideutig, weil sie sie zweideutig finden *wollen* (...). Constantins Zeitgenossen...haben von jener Zweideutigkeit nie etwas bemerkt, sondern Christen wie Heiden sind sich über die Stellungnahme des Kaisers in dem Streite der Religionen vollkommen klar gewesen"[483]. Das zeigte sich sofort schon 312 auch durch seine Politik des Kirchenbaus. Als Kaiser war Konstantin, wie alle seine Vorgänger seit Augustus (12 v. Chr.), mit dem Amt des *pontifex maximus* der höchste Verantwortliche für die *pax deorum/deum*, für den Frieden zwischen der Welt des Göttlichen und der Menschheit, der nach antikem – paganem wie christlichem – Denken die politische Wohlfahrt garantierte[484]. Ganz im Geiste dieser traditionellen Verpflichtung (*munus principis*)[485] verhielt er sich seit dem Sieg vom Oktober 312, den er aber nach eigenem Bekunden nun eben nicht mehr paganen Göttern, in denen er seit 311 als Christ allenfalls nur noch vom Teufel gesteuerte Dämonen sehen konnte[486], sondern dem wohltätigen Geschenk (*beneficium*) seines Gottes, des Gottes der Christen, zu verdanken glaubte, den er als die einzige wirksame Gottheit erfahren hatte und immer wieder erfuhr. Er stattete seinem neuen Gott den schuldigen Dank in der Form ab (*officium*), daß er, während frühere Kaiser ihren Schlachtenhelfern *Iupiter, Mars, Hercules, Apollo, Sol* etc. Tempel und Kultstatuen errichtet hatten, noch 312/13 zunächst im Westen zu Ehren des Christengottes mit einem großzügigen Programm der Errichtung von Kirchen mit bedeutendem, Klerus und Kultbetrieb unterhaltendem Landbesitz (*massae*) begann, die die eher bescheidenen Hauskirchen, d. h. Kulträume in Privat-

---

482 Gibbon, Decline Kap. XX, Bd. 2, 223; mit Hinweis auf das berühmte Schlußkapitel des Paneyricus von 313: paneg. Lat. IX/12 (313) 26 mit verschiedenen Gottesvorstellungen; hier spricht aber eben nicht der Kaiser.

483 Seeck, Untergang 472; Hervorhebung von Seeck.

484 Vgl. zur Wechselwirkung von ‚Leistung‘ und ‚Gegenleistung‘ aus christlicher Sicht etwa Lact. de ira dei XVI, 3: Gegenleistungen Gottes für ‚Dienstleistungen‘ der Frommen; Wechselwirkung von *officium/beneficium*: Constant. orat. ad sanct. coet. XXIII 2 f. Aus einer überreichen Fülle vergleichbarer Beispiele siehe nur Ambros. (an Valentinian II.) ep. 17, 1: *aliter ... salus tuta esse non poterit, nisi unusquisque deum verum, hoc est deum Christianorum, a quo cuncta reguntur, veraciter colat*; ders., de Abr. I 2, 9.

485 Girardet, Wende 86 ff.

486 Vgl. Constant. or. ad sanct. coet. X 2, XI 2.

häusern oder -wohnungen, ablösten[487]: das früheste Beispiel ist die gewaltige fünfschiffige, dem Erlöser Christus gewidmete Lateranbasilika in Rom[488], demonstrativ errichtet auf dem Areal des zuvor niedergerissenen Quartiers der *equites singulares*, der Elitetruppe des Maxentius. Es folgten u. a. die ebenfalls riesige Basilika zu Ehren des Apostels und Märtyrers Petrus am Vatikanischen Hügel sowie weitere Basiliken in der Stadt Rom, über dem Grab des Apostels und Märtyrers Paulus und für andere Märtyrer[489]. Das waren monumentale, aus kostbarsten Materialien errichtete Bauwerke neuen Typs[490], die den Christen wie den Paganen sehr eindrucksvoll zeigten, daß der Bauherr sich im *caput mundi*, in der den *orbis* repräsentierenden *urbs*, für alle sichtbar zu seinem Helfer-Gott bekannte.

Die stadtrömischen Basiliken sind sämtlich an der Peripherie gebaut worden. Das geschah aber nicht, um die religiösen Gefühle der Paganen zu schonen[491]. Es hängt vielmehr damit zusammen, daß der Kaiser nur hier aus eigenem Besitz Baugrund vergeben konnte, und es dokumentiert Konstantins Bruch „sowohl mit der Religionspolitik seiner Vorgänger als auch mit dem traditionellen Kaiserbild", da es die pagane Staatsreligion „ihrer zentralen Rolle" beraubt; denn indem der erste christliche Kaiser auf diese Weise „das Christentum bewußt neben die althergebrachte Religion" stellte, schuf er eine „Konkurrenzsituation", durch welche „die fast unbegrenzt integrationsfähigen ‚heidnischen' Kulte zur Disposition gestellt und zu einem System, dem Heidentum, gemacht" wurden[492]. – Auch die erste basilikale Bischofskirche der Kaiserresidenz Trier, die eine kleine ‚Hauskirche' ersetzte und deren im Vergleich mit stadtrömischen Basiliken sehr bescheidenen Reste gerade erst vor wenigen Jahren gefunden worden sind, verdankt ihre Entstehung wohl diesem Bauprogramm[493]. Wiederum durch Eusebius von Caesarea, aber ebenso durch bis heute

---

487 Darüber Voelkl, Kirchenstiftungen; Odahl, Christian Basilicas; Leeb, Konstantin 71 ff.; Krautheimer, Building policy; zuletzt de Blaauw; Bering; Noethlichs, L'évêque; Bleckmann, Einleitung 80 ff. – Hauskirchen: Rordorf, Gottesdiensträume; Corby Finney (zu den Bedingungen für die Möglichkeit der Vorstellung von der ‚Heiligkeit des Ortes'); Thümmel, Versammlungsraum; Brandenburg, Die frühchristlichen Kirchen 11–15 („Die Frühzeit des christlichen Kultbaues").
488 Von ca. 100 m Länge, 55 m Breite, etwas über 30 m Höhe. – Krautheimer, Corpus 72–85; Thümmel, Wende 179–183; ders., Versammlungsraum 496 ff.; Brandenburg, Die frühchristlichen Kirchen 6–37 (Lateran). – Von Wallraff, Christus 129 als ein „vergleichsweise marginales Projekt" kraß fehlbeurteilt.
489 Curran 90–114; Brandenburg, Die frühchristlichen Kirchen 55–108.
490 Vgl. den Brief Konstantins an den Bischof Makarios von Jerusalem aus dem Jahre 326 mit Anweisungen über den Bau der Grabeskirche: Eus. VC III 29 ff.
491 So jedoch Krautheimer, Capitals 26 ff.
492 Mayer 186.
493 Vgl. Weber, Neue Forschungen; ders., Kaiserresidenz 69 f. mit Plan des Dombereichs (Tafel 4) und darin eingetragen der frühesten Basilika; ders., Trierer Kirchenanlage,

sichtbare Bauten sind wir darüber unterrichtet, daß das Programm in intensivierter Form nach 324 auch im östlichen Teil des Reiches (Konstantinopel, Antiochien, Jerusalem, Bethlehem etc.) zur Ausführung kam[494]. Und es ist im übrigen schon des Bemerkens wert[495], daß in der gesamten epigraphischen und literarischen Überlieferung kein einziger Hinweis auf eine Weihung des Kaisers an eine pagane Gottheit existiert.

Nach der 311 erfolgten Konstantinischen Wende in der religiösen Orientierung manifestiert sich in alledem sowie in weiteren noch Ende 312 massiv einsetzenden Maßnahmen zu Gunsten der Christen als Dank an den Christengott nunmehr auch eine Konstantinische Wende in der Religionspolitik: von der Duldung seit 306 zu einer zielgerichteten Förderung seit 312, die das Christentum zur vorherrschenden und womöglich einzigen Religion im Reich und auf Erden[496] machen sollte. Denn Klerus und Gemeinden erhielten sogleich schon seit 312/13 vom Kaiser nicht nur monumentale öffentlichkeitswirksame Kirchengebäude, die an die Stelle der verborgenen Hauskirchen traten, sondern auch umfangreiche Finanzhilfen und vielfältige Förderung, die ihren gesellschaftlichen Rang im Vergleich mit den anderen Religionen entscheidend veränderten (s. u. Kap. VII).

4. Christsein des Kaisers und späte Taufe

Für die Zeitgenossen, die christlichen wie die nichtchristlichen, muß auf Grund des kaiserlichen Selbstzeugnisses in Gestalt von ‚Signalen‘, Gesten, Verhaltensweisen, brieflichen Aussagen, Baupolitik und politischen Entscheidungen seit Ende Oktober 312 vollkommen klar gewesen sein, daß Konstantin den Gott der Christen als seinen einzigen Helfer-Gott angenommen hatte, daß er zum Christen geworden war, auch wenn er die Taufe erst am Tag vor seinem Tod zu Pfingsten im Mai 337 auf dem Sterbebett in der Nähe von Nikomedien in Kleinasien empfangen hat[497]. Entgegen einer mindestens seit Voltaire und E. Gibbon auch heute immer noch verbreiteten Meinung, der Kaiser sei erst durch den Taufakt zum Christen geworden[498], muß betont werden, daß eine späte

---

bes. 81 ff. mit Abb. 2; Binsfeld 15 ff. – Allgemein zu den vorkonstantinischen Hauskirchen und Hausgemeinden siehe Rordorf, Gottesdiensträume, und ders., Hausgemeinde.

494 Siehe u. a. Eus. VC I 42, 2; II 45, 46; III 25–43, 48, 50, 51–53, 58; IV 36, 1; 58–60. – Leeb, Konstantin 86 ff., sowie die oben Anm. 487 f. genannte Literatur.
495 Thümmel, Wende 151 mit Anm. 39.
496 S. u. Kap. IX.
497 Girardet, Teilnahme 143 (=21) ff., 150 (=28) f., 154 (=32) f.; vgl. Amerise, Battesimo.
498 Voltaire: am Ende seines Artikels ‚Constantin‘ im Dictionnaire philosophique. Vgl. Nowak 197 f.; Schlange-Schöningen, Aufklärung 164 ff.; ders., „Bösewicht“ 224–228.

Taufe in jener Zeit das absolut Übliche war[499]. Anders gesagt: in der Spätantike war, ob das dem Klerus nun paßte oder nicht, der größte Teil der Christen nicht getauft (wohl wegen der strengen Bußregelungen im Fall von Sünden nach erfolgter Taufe). Ein Ambrosius war sogar noch in dem Moment, als man ihn 374 zum Bischof von Mailand wählte, ein ungetaufter Christ; eine Woche vor der Bischofsweihe hat er dann rasch noch die Taufe empfangen[500]. Gleiches gilt schon für den Bischof Cyprian von Karthago (248)[501] und später auch noch u. a. für den Bischof Nektarios von Konstantinopel (381)[502]. Niemand wäre in der Spätantike auf den Gedanken gekommen, einen dieser Herren bis zur Taufe als Nicht-Christen zu bezeichnen. Auch Konstantins Mutter galt den Zeitgenossen und gilt bis heute ohne Taufe als Christin, ja manchen sogar als Heilige[503]. Schließlich sagt Ambrosius mit Blick auf Valentinian II., ein christlicher Kaiser, ob getauft oder nicht, sei *filius ecclesiae*, und als solcher stehe er *intra ecclesiam*[504]. Und er konnte diesen Kaiser, der nicht getauft war, wie zuvor schon dessen ebenfalls nicht getauften älteren Halbbruder Gratian offensichtlich problemlos sogar als *Christianissimus imperator* anreden[505]. Nach dem gleichen Maßstab darf man über Kaiser Konstantin ohne zu zögern sagen: wenn auch ungetauft, war der Wegbereiter des Christentums als Reichs- und Weltreligion seit 311 ein Christ, wie auch immer man aus heutiger Sicht die Art seines Christentums beurteilen mag[506]. Der Paganismus, polytheistisch oder henotheistisch, war seitdem für ihn nur noch, wie es etwas spätere Texte bezeugen, ,Aberglaube', eine *praeterita*, eine *aliena*, eine *contagiosa superstitio*[507].

– Gibbon, Decline Kap. XX, Bd. 2, 219. – Siehe in neuerer Zeit etwa Grasmück 95: daß der Kaiser sich 337 hat taufen lassen, „machte ihn für die Christen zu einem der ihren"; ebd.: Taufe „als letzter Schritt Konstantins hin zum Christentum"; Rosen, *Cor* 275 f. So auch Piepenbrink, Konstantin und seine Zeit 121. Ebenso offenbar Schuller/Wolff (Hg.) 7, wenn sie im Vorwort schreiben, Konstantin habe seit 312/13 das Christentum als „Nicht-Christ" gefördert und als ein solcher z. B. 325 auf dem 1. Oikumenischen Konzil (Nicaea) den Vorsitz geführt.

499 Vgl. Koschorke.

500 Dazu Fischer; Duval.

501 Cypr. ad Don. III 5, 1 ff. (*conversio*); IV 6, 3 ff. (Taufe); v. Cypr. 3, 4 und 5, 1 (Erhebung zum Bischof).

502 Soz. HE VII 1–7.

503 S. o. bei Anm. 126.

504 Und nicht *supra ecclesiam*: Ambros. sermo c. Auxent. 36.

505 Ambros. ep. 72, 3 (Zelzer) von 384. – Gratian als *Christianissimus*: Ambros. ep. extra collect. 12, 1 von Herbst 380 (?-Zelzer): *Christianissime principum – nihil habeo, quod hoc verius et gloriosius dicam*; als *fidelissimus*: Ambros. ep. 73, 34 (Zelzer). Theodosius d. Gr. hat dieses Prädikat merkwürdigerweise nicht erhalten.

506 Vgl. oben Anm. 237 ff. – Antike Kriterien für Christsein ohne Taufe: s. o. Anm. 115 und 368 f.

507 ,Aberglaube', schon in der Rede von 314, Constant. orat. ad sanct. coet. I 5 und XVI 1: δεισιδαιμονία. CTh IX 16, 1 (*superstitio*) und 2 (*praeteritae usurpationis officia* für pagane Kultpraktiken), beide 319; XVI 2, 5 (323): *ritus alienae superstitionis*; ILS 705 (Inschrift

Konstantin wollte eigentlich, so berichtet Eusebius, die Taufe im Jordan empfangen – wie Jesus Christus[508]. Diese Selbst-Angleichung des Kaisers an Christus, die sich auch in anderen Aussagen zeigt, hat eine christlich-kirchliche Antwort durch die Tricennatsrede des Eusebius (336) erhalten, die konstantinische Gedanken[509] von 314 aufgreift und weiterentwickelt: die irdische Monarchie des christlichen Kaisers ist Abbild der himmlischen Monarchie Gottes, die irdischen Herrschaftsverhältnisse sind das Abbild der himmlischen, und wie Christus als Gottes Abbild und Beauftragter den Kosmos regiert, so Konstantin die irdische Oikumene als Abbild und Beauftragter Christi – Christus erscheint kaisergleich, der christliche Kaiser christusgleich[510]. Ebendies wurde schließlich gleichsam Gestalt in der sog. Apostelkirche zu Konstantinopel, die der Kaiser als seine Grablege entworfen hatte. Hier stand sein Sarkophag umgeben von Kenotaphen der Zwölf Apostel, und hier wurde er bestattet, als Dreizehnter Apostel oder eher doch wohl, jedenfalls nach seiner eigenen Intention, als sterbliches Abbild Christi im Kreis der Zwölf[511].

*

*   *

Exkurs 2: Konstantins ,Rede an die Versammlung der Heiligen'
(*oratio ad sanctorum coetum*)
Ort und Zeit*

Eines der wichtigsten Zeugnisse für Konstantins persönliches Verhältnis zu seinem Gott und zum Christentum ist die Rede vor christlichem Publikum, die der Kaiser an einem Karfreitag in lateinischer Sprache vorgetragen hatte. Eusebius von Caesarea hat sie in griechischer Übersetzung, die in der kaiserlichen Kanzlei angefertigt worden ist, seiner *Vita Constantini* angefügt (VC IV 32)[512].

---

von Hispellum: s.o. bei Anm. 461 ff.) Z. 47 f: *contagiosa*. – De Giovanni 158 ff.; Dumézil 38 ff.

508 Eus. VC IV 62, 1 f.

509 Zu diesen, in or. ad sanct. coet. III, s.o. bei Anm. 185 und 274.

510 Rebenich 314 f. – Vgl. Amerise, Monotheism 77 ff.

511 Eus. VC IV 58–60; 71, 2. Dazu Rebenich 308–317; Marcone 171 ff.; Bonamente, Costantino santo.

*   Erweiterter und etwas modifizierter Text des Kapitels „Eine Rede Konstantins als Zeugnis für das Christsein des Kaisers" in Girardet, Konstantin und das Christentum 76–80.

512 Text: Heikel, Eusebius Werke 1, 154–192; die (später hinzugefügten) Kapitelüberschriften: ebd. 151–153.

Ihre Authentizität, die in den letzten 150 Jahren mehrfach massiv bestritten worden war[513], kann heute als gesichert gelten[514]. Ungeklärt ist bisher aber die Frage, an welchem Ort und zu welcher Zeit der Kaiser sie gehalten hat.

1. Stand der Forschung

Im Verlauf der Forschungsgeschichte sind unterschiedliche Orte genannt worden, an denen die Rede vorgetragen worden sein soll: Rom, Serdika, Thessalonike, Byzantion, Nikomedien, Antiochien. Ein Teil der Forscher hat sich für eine Frühdatierung in die Jahre 313, 314 oder 315, also für einen Termin in der Nähe zum Sieg über Maxentius 312, ausgesprochen; die meisten aber bevorzugen eine spätere Datierung, nämlich in die Jahre 317, 321, 323, 324 oder erst in die Zeit nach dem Sieg über Licinius im Jahre 324, wie 325, 327 oder 328. Es sind aber auch Zweifel geäußert worden, daß es überhaupt möglich ist, Ort und Zeit zu bestimmen[515]. Ein Autor meinte sogar, die *oratio* sei gleichsam zeit- und ortlos; es handele sich, in Analogie zu modernen Politikerreden, um die ca. 324/325 geschriebene letzte Fassung eines über viele Jahre hin vom Kaiser bei verschiedenen Gelegenheiten an verschiedenen Orten in verschiedenen Varianten vorgetragenen Textes[516].

Datierungen (jeweils Karfreitag):

313   (27. März): Pfättisch 1913[517]; Kurfeß 1930 (Rom)[518], 1950[519]

314   (16. April): Edwards 1999 (Rom)[520]

315   (8. April): Edwards 2003 (Rom)[521]

317   (12. April): Barnes 1976 (Serdika)[522]

321   (31. März): Barnes 1981 (Serdika)[523]; Rist 1981[524];

---

513 Besonders von Heikel, Eusebius Werke 1, p. XCI–CII.

514 Siehe z. B. Kurfeß, Zu Kaiser Konstantins Rede; Barnes, *Speech*.

515 Barnes, New Empire 69 Anm. 99.

516 Drake, Suggestions 348 f.; ders., Constantine and the Bishops 292–296; vgl. auch ders., Policy passim. Ihm folgt Cristofoli 16 f., 28, der Drakes Ansatz für eine Idee hält, „che rivoluziona l'approccio al carattere dell'*Oratio*" (16).

517 Rede Konstantins 98: zwischen 313 und 325, „wohl vor dem Konzil" von Nicaea.

518 Kaiser Konstantins Rede 121 (nichts zum Ort des Vortrags; verfaßt in Rom?); 124: „vielleicht das erste Sendschreiben des Kaisers an die verschiedenen Bischofssitze".

519 Zu Kaiser Konstantins Rede 164 f.: „Sendschreiben .... an die ganze Kirche", ... „dazu bestimmt, in allen Kirchen am Karfreitag (313) vorgelesen zu werden"; vgl. unten Anm. 545.

520 Constantinian Circle 253, 268.

521 Constantine and Christendom p. XXIX.

522 Sermon 423.

523 Constantine and Eusebius 73, 75 f., 323 Anm. 115.

524 155 ff.

323   (5. April): Piganiol 1932 (Thessalonike)[525]; Calderone 1962 (Thessalonike)[526]; Barnes 1981 (Thessalonike)[527]

324   (27. März): Barnes 1981 und Turcan 2006 (Thessalonike)[528]

325   (16. April): Mazzarino 1974 (Byzantion)[529]; de Decker 1978 (Antiochien)[530]; Ison 1984 (Nikomedien)[531]; Lane Fox 1986 (Antiochien)[532]; Pizzani 1993[533]; Elliott 1996 (Nikomedien)[534]; Miglietta 2000[535]; Barnes 2001 (Nikomedien)[536]; Odahl 2004 (Nikomedien)[537]; (Cristofoli 2005)[538]; (Herrmann-Otto 2007)[539]

327   (24. März): (Ison 1984)[540]

328   (12. April): (Ison 1984)[541]; Bleckmann 1997 (Nikomedien)[542]; Marcone 2002 (Nikomedien)[543]; (Herrmann-Otto 2007)[544]

Lokalisierungen:

Rom: (Kurfeß 1930 und 1950 (313))[545]); Edwards 1999 (314) und 2003 (315)

Serdika: Barnes 1976 (317), 1981 (321)

Thessalonike: Piganiol 1932 (323); Barnes 1981 (321, 323, 324)

Byzantion: Mazzarino 1974 (325)

Nikomedien: (Kurfeß (313))[546]; Ison 1984 (325); Elliott 1996 (325); Bleckmann 1997 (328); Barnes 2001 (325); Marcone 2002 (328); Odahl 2004 (325); (Cristofoli 2005); Herrmann-Otto 2007 (325? 328?)

---

525 Dates 372; ders., Constantin 136–138.
526 Costantino 333 Anm. 1, wie Piganiol.
527 Constantine and Eusebius 323 Anm. 115: „cannot be excluded"; Turcan, Constantin 200.
528 Constantine and Eusebius 323 Anm. 115: „cannot be excluded".
529 Antico, tardoantico 111, 112–116.
530 Discours 84 ff.
531 210 f.
532 627 ff.
533 820 ff.
534 Christianity 186 ff.
535 246.
536 Speech 28 ff., 36.
537 Constantine 11 und 367 f.
538 16 ff. („letzte Fassung' der Rede)
539 173: zwischen 325 und 328 „eventuell in Nikomedien".
540 210 f.: vielleicht 327/28 in Nikomedien.
541 210 f.: vielleicht 327/28 in Nikomedien.
542 Ein Kaiser 197 ff.; so auch zuletzt auch Heck, Constantin und Lactanz 128 mit Anm. 66.
543 141 f.
544 S. o. Anm. 539.
545 S. o. Anm. 518 f.: „Sendschreiben", Rede also wohl als fiktiv gedacht, als Abfassungsort kommt wohl nur Rom oder Oberitalien (Mailand) infrage; siehe Konstantins Itinerar 312/13: Barnes, New Empire 71. – Geschrieben in Rom (?): s. u. Anm. 546.
546 Im Bericht über einen Vortrag von Kurfeß in einer Sitzung des Philologischen Vereins Berlin 1919 (Kurfeß, Christliche Deutung) heißt es 338: „Für die Datierung der in Rom

Antiochien: de Decker 1978 (325); Lane Fox 1986 (325)

Nach Prüfung aller bisher in der Forschung vertretenen Ansätze und Argumente und nach langem Schwanken habe ich mich für eine Frühdatierung entschieden. Ich skizziere meine Gründe und schlage einen neuen Ort der Rede vor[547]. Die Basis bilden Angaben Konstantins in den Kapiteln XXII und XXV. Hier, und nur in diesen Kapiteln, finden sich Hinweise auf Städte, auf Personen der Zeitgeschichte und auf politische Ereignisse, die in der Debatte um Lokalisierung und Datierung der *oratio* eine entscheidende Rolle gespielt haben. So wird etwa eine „große Stadt" erwähnt, eine dem Kaiser „sehr liebe Stadt" (XXII 1) sowie Rom (XXII 2), dann auch Nikomedien (XXV 2) und schließlich noch einmal eine „große Stadt"(XXV 4). In der Forschung setzt man ausgesprochen oder unausgesprochen wie selbstverständlich zumeist voraus, daß Konstantin die *oratio* in einer dieser Städte gehalten hat[548]. Doch zu einer solchen Prämisse berechtigt im Kontext der Erwähnungen nichts. Man kann aber versuchen, herauszufinden, welche konkreten Ereignisse und Personen mit besagten Städten in Verbindung gebracht sind und in welchem Zeitrahmen sich das Angedeutete abgespielt hat. So gewinnt man wenigstens einen ungefähren Anhaltspunkt wenn nicht für die Lokalisierung, so doch für die Datierung der *oratio*.

2. Zeitereignisse

a. in Kap. XXII

In Kapitel XXII 1 spricht Konstantin, in einer gebetartigen Anrede an die christliche Religion (θεοσέβεια), vom Jubel „der großen Stadt" über seine Siege (Z. 1)[549], die offensichtlich zu Gunsten dieser Stadt errungen worden waren. Da er den Namen der „großen Stadt" nicht nennt, darf man annehmen, daß, wie auch in einer Rede des Eusebius[550], für den zeitgenössischen antiken Hörer oder Leser der *oratio* ohne weiteres klar war, um welche Stadt es sich handelte. Es wird auch durch den Kontext erschließbar. Denn weiter heißt es (Z. 1–4), daß sich dem Jubel über die Siege auch das Volk der dem Kaiser „sehr lieben Stadt"

---

geschriebenen, wahrscheinlich in Nikomedien gehaltenen Rede ergibt sich Ostern 313 aus folgenden Erwägungen" etc. Der Vortrag wurde 1920 veröffentlicht: Kurfeß, Vergils vierte Ekloge; darin findet sich aber kein Wort über Datierung und Lokalisierung.

547 So zuerst in Girardet, Konstantin und das Christentum 76–80.

548 So z.B. Barnes, Constantine and Eusebius 75; ders., Speech 27, 28, 29; Ison 202 f.; Lane Fox 633; Bleckmann, Ein Kaiser 192, 195; Edwards, Constantinian Circle 262 ff.; ders., Constantine and Christendom XXIII ff., bes. XXVII; ebd. 53 mit Anm. 9.

549 Text: Heikel, Eusebius Werke 1, 188. – Die Anrede: seit Kap. XXI 4 (187 Z. 19–27); dann erneut XXII 1 (187 Z. 29), XXII 2 (188 Z. 8–9).

550 Eus. LC XIII 7: die ‚große Stadt', in welcher dem *Iupiter Latiaris* Menschenopfer dargebracht werden – d.h., ohne Nennung des Namens, Rom.

anschließen wolle (nicht: angeschlossen habe; s. u.), obwohl es zuvor, durch trügerische Hoffnungen getäuscht, sich auf die Seite eines „unwürdigen Herrschers" gestellt habe[551]. Dieser ‚Unwürdige' sei alsbald verdientermaßen wegen seiner Schandtaten überwältigt worden. Von dessen Schandtaten jedoch, so betont der Redner emphatisch, wolle er keinesfalls sprechen (Z. 5–7), da er sich um reine und heilige Worte bemühe; d. h.: er will in seiner Anrede an die christliche Religion nicht genötigt sein, den Schandtaten des ‚Unwürdigen' entsprechende ‚unreine' und ‚unheilige', wohl moralisch Anstößiges bezeichnende Worte zu verwenden. Da er statt dessen gleich anschließend (XXII 2–5) pauschal ohne Nennung von Namen die Christenverfolgungen von „Tyrannen", d. h. Diokletians und seiner tetrarchischen Mitkaiser wie etwa des Maximianus Herculius, thematisiert, kann mit den Schandtaten des überwältigten ‚Unwürdigen' keine Verfolgung der Christen gemeint sein: der ‚Unwürdige' ist also zwar ein moralisch diskreditierter Herrscher, aber ganz sicher kein Christenverfolger. Es kann sich daher nur um den Usurpator Maxentius handeln[552]; denn von ihm als einzigem Herrscher der Zeit außer Konstantin ist bekannt, daß er nicht nur kein Verfolger war, sondern daß er gleich am Beginn seiner Herrschaft (28. Oktober 306) die Verfolgungen in seinem Reichsteil (Italien, Africa) beendet hat[553].

Die ‚große', dem Kaiser ‚sehr liebe Stadt', in der dieser ‚Unwürdige' zeitweise geherrscht hat, ist demnach Rom[554], und wenn von einer ‚Täuschung' des Volkes dort die Rede war (Z. 2–3), darf man sich daran erinnern, daß Maxentius 311/312 gegen die Bedrohung durch Licinius insgeheim ein politisch-militärisches Bündnis mit dem östlichen Augustus Maximinus Daia geschlossen hatte[555]. Das Volk der Stadt Rom, gemeint wohl in erster Linie das christliche Gemeindevolk, das Maxentius wegen seiner christenfreundlichen

---

551 Daß, wie man gelegentlich gemeint hat, die ‚große Stadt' eine andere als die dem Kaiser ‚sehr liebe Stadt' sein könnte (so z. B. Edwards, Constantine and Christendom 53 f. Anm. 9), gibt der Text nicht her.

552 ‚Unwürdig' auch in paneg. Lat. IX/12 (313) 4, 3 über Maximianus Herculius im Jahre 307: *ipse denique … senserat in illud dedecus* (sc. sein ‚Sohn' Maxentius) *sua fata transisse*; 14, 3: *nequam animal*, sc. Maxentius. Die unmoralischen ‚Schandtaten' des Maxentius: z. B. paneg. Lat. IX/12 (313) 3, 5–7; 4, 3–5; ebd. 16, 2: Maxentius als *nefarius homo*; Lact. mort. pers. 18, 9: *homo perniciosae ac malae mentis, superbus, contumax*; Eus. HE VIII 14, 2–6 und 16–17; VC I 33–36. – Grünewald, Constantinus 64–71.

553 Zu 306 siehe Opt. I 18: *iubente deo indulgentiam mittente Maxentio Christianis libertas est restituta*; Eus. HE VIII 14, 1. – Rückgabe von konfisziertem Gemeindeeigentum (308? 311?): Aug. brev. coll. III 18, 34; c. part. Donat. XIII 17.

554 Konstantins ‚Liebe' zu Rom: z. B. paneg. Lat. IX/12 (313) 25, 4 und 26, 2: *pietas*; X/4 (321) 11, 2.

555 Eus. HE VIII 14, 7; Lact. mort. pers. 43, 2–3 und 44, 10. Vgl. auch die (angebliche) Planung des Maximinus Daia 313, nach erhofftem Sieg über Licinius *duplicatis viribus* gegen Konstantin zu ziehen: Lact. mort. pers. 46, 1.

Haltung zuneigte, war insofern getäuscht[556], als dieser gemeinsame Sache mit einem Christenverfolger[557] gemacht hatte, womit insinuiert wird, daß auch er womöglich noch zum Verfolger hätte werden können. Der ‚Unwürdige' aber war, nach den Worten der Rede, wegen seiner – unmoralischen – Schandtaten als Usurpator „verdientermaßen" beseitigt worden (Z. 3–4). Damit ist auf Konstantins Sieg am 28. Oktober 312 an der Milvischen Brücke angespielt, dem auf dem Weg nach Rom mehrere Siege in Oberitalien (Susa, Turin, Mailand, Verona, Aquileia) vorausgegangen waren[558]. Die Siege scheinen von der Redesituation aus gesehen noch nicht lange zurückzuliegen; denn vom „Volk" wird gesagt (Z. 1–2), es ‚wolle' in den allgemeinen Jubel einstimmen – nicht: es habe bereits eingestimmt.

Im gleichen Kapitel wird die Stadt Rom im Sinne rhetorischer *variatio* auch mit ihrem Namen genannt (XXII 2/188 Z. 10)[559]: dort, so Konstantin, habe es Sympathisanten der Christenverfolger gegeben. Dies kann ein Hinweis auf Angehörige des paganen Senatsadels oder auf pagane Amtsträger sein, vielleicht aber auch auf den Augustus Maximian, den Vater des Maxentius, der, zunächst mit Diokletian am 1. Mai 305 in den Ruhestand getreten, Ende 306 erneut zum Purpur gegriffen und sich bis zu seinem Zerwürfnis mit dem Sohn 307/308 zeitweilig in Rom aufgehalten hatte[560]. Schließlich redet Konstantin in diesem Kapitel auch einen nicht mit Namen genannten ‚Tyrannen' in rhetorischer Stilfigur direkt an (XXII 4–5/188 Z. 21–33) und fragt polemisch nach Motiven für die Verfolgungspolitik dieses *impiissimus* (Z. 22: δυσσεβέστατε)[561]. Er könnte dabei Diokletian im Auge gehabt haben, der im Dezember 311 (oder 313?) gestorben war[562], vielleicht aber auch, wegen Anspielungen (XXII 5/188 Z. 27–33) auf den Inhalt des Duldungsedikts von 311 (Lact. mort. pers. 34), den noch im gleichen Jahr verstorbenen Augustus Galerius. Es könnte aber auch, wie die – nicht verbindliche – Kapitelüberschrift nahelegt[563], Maximinus

---

556 Vgl. auch Eus. HE VIII 14, 1–2: enttäuschte Hoffnungen der Christen.
557 Maximinus Daia als Verfolger: s.o. bei Anm. 73, 148, 218.
558 Siehe paneg. Lat. IX/12 (313) 5–6.
559 Vgl. ähnlich paneg. Lat. II/10 (289) 1, 1: erst nur *sacra urbs*, und dann 2, 1: *Roma*. – Siehe auch Constant. or. ad sanct. coet. XIX 9 (182 Z. 19): die βασιλεύουσα πόλις, womit natürlich nur Rom gemeint sein kann.
560 Barnes, Constantine and Eusebius 30 ff.
561 Polemische Verkehrung der traditionellen Herrschertugend der *pietas*, wohl deshalb, weil die antichristliche Politik der Tetrarchie als Akt der *pietas* gegenüber den tradierten Göttern und Werten begründet worden war; Vogt, Religiosität. Vgl. auch die Weihung der 308 in Carnuntum versammelten IOVII und HERCVLII an den DEVS SOL INVICTVS MITHRAS: die Kaiser bezeichnen sich hier als RELIGIOSISSIMI (ILS 659).
562 An einem 3. Dezember. – Lact. mort. pers. 42: im Zusammenhang mit der *damnatio memoriae* des Maximianus Herculius durch Konstantin 311; epit. Caes. 39, 7 und Sokr. HE I 2, 10 für 313. – Barnes, New Empire 31 f.; Kienast, Tabelle 267.
563 Heikel, Eusebius Werke 1, 153 Z. 1–4. – Kapitelüberschriften nicht authentisch: Heikel, Eusebius Werke 1, p. CIII.

Daia sein, der sich wohl im Mai 311 in einer mündlichen, durch Brief seines *praefectus praetorio* Sabinus erhaltenen Anweisung an die Statthalter in seinem östlichen Herrschaftsbereich (Kleinasien und Diözese *Oriens*) für die Duldung der Christen ähnlicher Argumente wie Galerius bedient, die Verfolgungen ab Herbst 311 jedoch fortgeführt hatte[564]; gestorben ist er im Spätsommer 313 auf der Flucht vor Licinius[565].

Die Hindeutungen dieses Kapitels auf Zeitereignisse und Personen der Zeitgeschichte beschränken sich also auf das Jahrzehnt der Christenverfolgungen von 303 bis 313; über 313 führt kein Hinweis hinaus.

b. in Kap. XXV

In Kapitel XXIII fordert Konstantin zu einen Vergleich zwischen dem Christentum und der Religion der Christenverfolger auf und kommt zu dem Ergebnis, daß die Verfolger unweigerlich göttlicher Strafe anheimfallen. Kap. XXIV zeigt die Bestrafung und das Scheitern dreier Verfolger des 3. Jahrhunderts: der Kaiser Decius (249 bis 251), Valerian (253 bis 260) und Aurelian (270 bis 275)[566]. Das Kap. XXV wendet sich wieder der Gegenwart zu. Hier[567] wird erneut eine „große Stadt" erwähnt (XXV 4/191 Z. 26–27). Kann es sich um eine andere als um die schon zuvor in Kapitel XXII 1 (188 Z. 1) genannte handeln? Oder lassen sich die Aussagen auch dieses Kapitels widerspruchsfrei mit Rom in Verbindung bringen?

Konstantin setzt sich ausführlich mit dem Christenverfolger Diokletian auseinander (XXV 1–3), dessen Wirken und „Krieg gegen Gott" er zeitweilig in Nikomedien persönlich miterlebt habe (XXV 2/190 Z. 24–25)[568]. Schließlich aber sei die Gottlosigkeit dieses Tyrannen (XXV 2/191 Z. 15) durch die göttliche Vorsehung bestraft worden (XXV 4–5/191 Z. 21–27). Denn ein „nichtswürdiger Mensch", der sich durch einen Gewaltstreich zu der Zeit an die Macht geputscht habe, als die Fürsorge Gottes „die große Stadt" befreite, sei in den Besitz des ganzen Heeres Diokletians gekommen (Z. 24–26), und dieses sei in mehreren verschiedenartigen Schlachten vernichtet worden (Z. 26–27).

Wer ist der ‚Nichtswürdige', der Usurpator, derjenige, der das ‚ganze Heer' Diokletians an sich gebracht hatte? Licinius kann es nicht sein: er war, 308 auf der Kaiserkonferenz in Carnuntum in aller Form zum Augustus erhoben[569], kein

---

564 Sabinusbrief: Eus. HE IX 1, 3–6. – Ca. Herbst 311 Wiederaufnahme der Verfolgung nach ca. einem halben Jahr: Eus. HE IX 2.

565 Tod des Daia: Kienast, Tabelle 288; vgl. Barnes, New Empire 67 (Selbstmord ca. Juli).

566 Aurelian als Verfolger: in der antiken Literatur nur hier und bei Laktanz, mort. pers. 6.

567 Text: Heikel, Eusebius Werke 1, 190–192.

568 Siehe auch Konstantins ähnliche Aussage im Brief an die Provinzialen 324: Eus. VC II 51.

569 S. o. Anm. 295.

Usurpator. Maxentius war ein Usurpator, ist aber nicht in den Besitz des dio-kletianischen Heeres gekommen, hat vielmehr die Armee seines Vaters Maxi-mianus Herculius übernommen, die unter dem Kommando des 307 von Maxentius entmachteten und ermordeten Augustus Severus gestanden hatte[570]. Ich meine, der ‚Nichtswürdige' und Usurpator mit dem Heer Diokletians ist kein anderer als Maximinus Daia, den der von Konstantin nicht namentlich erwähnte Licinius mehrmals, 311 und endgültig von Frühjahr bis Sommer 313, besiegt hat[571]. Denn entgegen den Beschlüssen der Kaiserkonferenz von Car-nuntum 308, auf der Maximinus Daia im Rang eines *filius Augustorum* für die Diözese *Oriens* bestätigt worden war (siehe die Karte Abb. 1), und gegen den Willen des seinerzeit höchstrangigen Augustus Galerius hatte Daia sich 310 durch seine Armee in einem usurpatorischen Akt zum Augustus proklamieren lassen[572]. Nach dem Tode des Galerius, der 305 Diokletian in der Herrschaft über die Diözesen *Pannoniae*, *Moesia*, *Thraciae*, *Asiana* und *Pontus* nachgefolgt war, hatte er versucht, ohne Absprache mit den Kaiserkollegen das bisherige direkte Herrschaftsgebiet und die ursprünglich diokletianische Armee des Ver-storbenen in die Hand zu bekommen. Bei den kleinasiatischen Gebieten und den dortigen Truppen (Diözesen *Asiana* und *Pontus*) war ihm das im Sommer 311 gelungen[573]. Sein Versuch im gleichen Jahr, auch in den europäischen Gebieten Diokletians bzw. des Galerius Fuß zu fassen, scheiterte zunächst am Widerstand des Licinius. Doch um die Jahreswende 312/13 fiel er erneut in die Gebiete westlich des Bosporos (Diözese *Thraciae*) ein[574]. So konnte man etwas übertrieben, aber doch mit einem gewissen Recht sagen, daß er – wenn auch nur kurzzeitig – in den Besitz der ehemals Diokletian bzw. Galerius direkt unter-stehenden Reichsteile und ihrer Heeresmacht gelangt war[575]. Wenn Konstantin in der *oratio* sagte, dies sei gerade um die Zeit geschehen, als „die große Stadt"

---

570 Lact. mort. pers. 26, 5 f.: Severus mit Heer des Maximianus Herculius; 44, 2: *plus virium Maxentio erat, quod…patris sui exercitum receperat a Severo* (etc.).

571 Dies und das folgende bei Barnes, Constantine and Eusebius 32–33, 39–41, 62–65; ders., New Empire 66–67. – Licinius nicht erwähnt: vielleicht wegen der Spannungen, die wohl im Sommer/Herbst 314 zu einem ersten kurzen Krieg zwischen den Kaisern geführt haben; dazu Girardet, Sonnen-Tag 193 (=293) ff. Seltsamerweise wird Licinius auch schon im Panegyricus von Sommer/Herbst 313 nicht erwähnt, weder die Kaiser-konferenz von Mailand (Februar/März) noch die Siege des Licinius über Maximinus Daia: paneg. Lat. IX/12 (313).

572 Lact. mort. pers. 32, 5; Eus. HE VIII 13, 15.

573 Lact. mort. pers. 36, 1 f. und 45, 1–5. – Dies und das Folgende bei Barnes, Constantine and Eusebius 39 f., 62 ff.

574 Konstantin in Rom vom 29. 10. 312 bis Anfang Januar 313; dann Reise nach Mailand zur Konferenz mit Licinius Februar/März 313: Barnes, New Empire 71; ders., Con-stantine and Eusebius 48–65. Maximinus Daia: ders., New Empire 66 f.; Constantine and Eusebius 62 f.

575 Vgl. auch Praxagoras, FHG Bd. IV 3: Maximinus Daia als Nachfolger Diokletians.

durch Gottes Fürsorge befreit wurde (Z. 26–27), dann kann es sich nur wieder um einen Hinweis auf die Befreiung Roms handeln, die Konstantin im Herbst 311 begonnen hatte und seit Ende Oktober 312 militärisch und politisch-organisatorisch bis Anfang Januar 313 zum Abschluß[576] brachte. Einige Monate später erfolgte dann die Niederwerfung des ‚Unwürdigen‘ bzw. die Vernichtung seiner ‚diokletianischen‘ Armee, d.h. des Maximinus Daia, durch Licinius. Denn in Absprache mit Konstantin im Februar/März 313 bei der Konferenz von Mailand ist Licinius gegen Maximinus Daia gezogen, den er bis zu dessen Tod im Spätsommer des Jahres mehrmals besiegte (vgl. 191 Z. 27)[577]. Damit war gewissermaßen Diokletians Armee vernichtet. Zum Schluß des Kapitels (XXV 5) preist Konstantin daher den nunmehr seit dem Untergang des vor-erst[578] letzten Christenverfolgers Maximinus Daia eingetretenen Zustand des Reiches: der ‚Krieg gegen Gott‘ ist beendet, die Christen des Ostens haben die – ihnen von Daia vorenthaltene – Freiheit und rechtliche Geschätfsfähigkeit er-langt[579], und damit ist der innere Friede dank „der Fürsorge Gottes und seiner Zuneigung zu den Menschen" reichsweit wiederhergestellt.

3. Zeit und Ort

In den untersuchten Kapiteln XXII und XXV, den einzigen Passagen der *oratio* mit Anspielungen auf Zeitgeschehen, wird kein späteres Ereignis erwähnt bzw. angedeutet als der Tod des Maximinus Daia im Juli 313 (und vielleicht der Tod Diokletians, falls er erst im Dezember 313 eingetreten sein sollte). Im übrigen findet sich weder hier noch in irgendeinem anderen Kapitel auch nur der geringste Hinweis auf Zeit und Ort der *oratio*. Allenfalls kann man sagen, daß die *oratio* zeitlich in großer Nähe zu den Ereignissen von 312/13 zu stehen scheint: das (Christen-)Volk in Rom ist noch nicht so recht auf Jubel über den Untergang des christenfreundlichen Maxentius Ende Oktober 312 eingestellt (XXII 1), die Erleichterung über die Vernichtung der Verfolger und das Ende aller Verfolgungen 313 (XXV 5; XXVI 2) wirkt noch sehr ‚frisch‘, und wenn Konstantin am Schluß der Rede sein Publikum aufruft, „dem Heiland aller lobpreisend Dank (zu) sagen für unsere eigene Errettung und für den glück-haften Zustand der öffentlichen Angelegenheiten" (XXVI 2), wird dies ein

---

576 Lact. mort. pers. 45, 1: *rebus in urbe compositis* bricht Konstantin nach Mailand auf.

577 Lact. mort. pers. 46 f., 49.

578 Ab 320/21 wird Licinius sich wieder gegen die Christen wenden: Barnes, Constantine and Eusebius 70 ff..

579 Entsprechend der Mailänder Vereinbarung zwischen Konstantin und Licinius im Februar/März 313 durch schriftliche Anweisung des Licinius an die Statthalter des Ostens: Lact. mort. pers. 48; Eus. HE X 5, 2–14. Zu der Vereinbarung siehe Kap. VII 3.

Rückblick auf die gerade erst überstandenen Gefahren seines Krieges gegen Maxentius und die anschließende Ordnung der Verhältnisse sein.

Vorausgesetzt ist für die Redesituation allgemein jedenfalls eine Zeit ohne Christenverfolgung (I 3–5; XXV 5; XXVI 2)[580] sowie, außer dem Tod Diokletians (XXV 2), Dezember 311 oder 313, und des Maxentius 312 (XXII 1; XXV 4), auch das Ende der Verfolgungen und des Christenverfolgers Maximinus Daia im Sommer 313 (XXV 4–5). Da die *oratio* an einem Karfreitag gehalten worden ist (I 1), kommt frühestens der Karfreitag des Jahres 314 infrage, der 16. April. Für ein späteres Jahr – denkbar wären die verfolgungsfreien Jahre bis ca. 320/21, als Licinius mit antichristlicher Politik begann[581], und natürlich die Zeit der Alleinherrschaft Konstantins seit 324 – gibt es in der gesamten Rede keinerlei Anhaltspunkt. Ein früheres Jahr, 313, scheidet aus, da um die Osterzeit die Verfolgung im Osten noch nicht beendet war; ein Duldungserlaß des Maximinus Daia zu Gunsten der Christen erging wohl im Mai 313, jedenfalls nach der Niederlage des Kaisers gegen Licinius bei Adrianopel Ende April[582], und Daias in der Rede vorausgesetzter Tod erfolgte im Spätsommer 313. Alle Indizien sprechen also dafür, daß die Rede am Karfreitag des folgenden Jahres 314 gehalten worden ist.

Die Frage, in welcher Stadt Konstantin die Rede vorgetragen hat, läßt sich auf der vorhandenen Textgrundlage nicht beantworten. Daß Rom indirekt (‚große' und ‚geliebte' Stadt) und direkt genannt wurde (XXII 1/188 Z. 1–2, 10; XXV 4/191 Z. 26), besagt für den Ort der Rede eben so wenig wie die Erwähnung der im Osten gelegenen Stadt Nikomedien (XXV 2/190 Z. 24); der jeweilige Kontext läßt nicht einmal ahnen, daß die Rede hier oder dort gehalten worden sein könnte. Mit Blick auf die rekonstruierte Zeit ist Nikomedien jedenfalls ganz unmöglich, da Konstantin erst zehn Jahre später in den Osten gereist ist. Vom Itinerar des Kaisers her[583] sind für den Karfreitag 314 im Westen nur zwei Städte denkbar. Die eine ist Rom. Zwar hielt sich Konstantin nachweislich am 26. März und am 1. Juni 314 in Trier auf. Das bedeutet aber nicht, daß er zwischen diesen beiden Daten kontinuierlich in Trier gewesen sein muß. Bei einer Reisezeit von ca. 3 Wochen[584] könnte er bis zum 16. April, dem Karfreitag dieses Jahres, Rom erreicht und hier die *oratio* gehalten haben, dann noch etwa drei Wochen in der *urbs magna* geblieben und bis zum 1. Juni wieder nach Trier zurückgekehrt sein. Aber diese Rechnung ist vielleicht mit zu vielen

---

580 In XXVI 2 spricht Konstantin von dem durch Gottes Hilfe errungenen Sieg in ‚Schlachten' – sc. gegen Maxentius – und im ‚Krieg' der Verfolger – sc. zuletzt Maximinus Daia – gegen Gott (XXII 2 und XXV 2: Verfolgung als Krieg gegen Gott) und sein Volk.

581 Barnes, Constantine and Eusebius 68–72.

582 Eus. HE IX 10, 7–11; Barnes, New Empire 67.

583 Barnes, New Empire 71.

584 Stoffel 163; A. Kolb 321–330, 329 mit Tab. 15.

Unsicherheiten behaftet. Und von den reisetechnischen Möglichkeiten einmal abgesehen: die militärische Spannungssituation am Rhein und eventuell in Britannien zu dieser Zeit[585] dürfte die Nähe des Kaisers im Norden erforderlich gemacht haben. Außerdem war 314 das Jahr, in welchem nach 110 Jahren erstmals wieder die Saecularfeiern mit den großen Staatsopfern hätten stattfinden sollen; wenn Konstantin jetzt nach Rom gekommen wäre, hätte er, der Christ, die Feiern wohl nicht so ohne weiteres ausfallen lassen können[586]. Rom ist aus diesen Gründen als Ort der *oratio* in hohem Maße unwahrscheinlich. Dann bleibt nach dem Itinerar des Kaisers nur eine Stadt übrig – das Rom des Nordens, Trier[587].

4. Die Rede und ihr Publikum

Alle Indizien fügen sich nach meinem Eindruck widerspruchsfrei zu folgendem Ergebnis: Konstantin hat die von Eusebius überlieferte Rede nicht, wie mehrfach behauptet wurde, 324 oder noch später auf Griechisch anläßlich einer Bischofssynode oder einer Gemeindeversammlung im Osten des Reiches[588], sondern am Karfreitag, dem 16. April, des Jahres 314 in lateinischer Sprache in Trier vor einem Publikum gehalten, welches er selber eine Versammlung von ‚Heiligen‘ genannt hat (Eus. VC IV 32). Es ist also ein christliches Publikum[589]. Er spricht zuerst „geliebte Lehrer" an (I 1/154 Z. 5), also möglicherweise solche Personen wie den Kirchenlehrer Laktanz, falls dieser schon seit 310 (oder gar noch früher) als Erzieher des Kaisersohnes Crispus am Hof zu Trier weilte[590]; die *oratio* zeigt jedenfalls sehr deutliche Spuren von Gedanken diese Gelehrten[591]. Es können aber auch Bischöfe gemeint sein[592], wie etwa Maternus von

---

585 Vg. Barnes, New Empire 71 f.

586 Zos. II 7, 2. – Turcan, Constantin 189 spricht jedoch von einem „oubli des Jeux Séculaires".

587 Nicht gänzlich ausgeschlossen erscheint mir auch Karfreitag 315 (8. April), wenn sich Konstantin im Frühjahr des Jahres kontinuierlich in Trier aufgehalten haben sollte: Barnes, New Empire 72; doch 314 ist wahrscheinlicher wegen der größeren Nähe zum Berichteten der Jahre 312/13. – Edwards, Constantine and Christendom für 315, aber Rom: p. XXIX.

588 So z. B. Lane Fox 629, 631, 635, 643 (Antiochien 325). – Vgl. de Decker 85 f.: Brief an das Konzil von Antiochien 325; Ison 210 f.: Nikomedien 325. Bleckmann, Ein Kaiser 195 ff.: Konzil von Nikomedien 328. Rede im Osten nach Sieg über Licinius 324, aber ohne Festlegung auf Ort und Jahr: Drake, Constantine and the Bishops 293; Cristofoli 17, 20, 28.

589 Selbstverständnis der Christen als ‚Heilige‘: Acta 9, 32; R 1, 7; 1 Kor 14,33 und 16,1; Eph 5,26; Phil 1,1; Kol 3,12; 1 Petr 1,16 und 2,9 u. ö.

590 S. o. bei Anm. 201.

591 Siehe z. B. Kurfeß, Zu Konstantins Rede. Dazu auch oben Anm. 121, 566 und unten Anm. 606, 609, 613.

592 Diese als ‚Lehrer‘: z. B. Eus. DE I 9; VC IV 51.

Köln, Marinus von Arles und Reticius von Autun. Diese drei nämlich hatte Konstantin, da er sie schon seit längerer Zeit vor 312 persönlich kannte, für Anfang Oktober 313 zu einem ‚Reichs- oder Kaiserkonzil'[593] nach Rom beordert, wo sie zusammen mit dem römischen Bischof Miltiades im Donatistenstreit entscheiden sollten[594]. Anschließend, wohl noch im Herbst 313 (Oktober/November), sind die Akten zu Konstantin nach Trier gebracht worden[595], wahrscheinlich doch durch die kaiserlichen Emissäre, die sich also um die Jahreswende und im Frühjahr 314 in Trier aufgehalten haben können. Die drei wurden dann wegen donatistischer Einsprüche gegen die römische Entscheidung vom Kaiser gemeinsam nach Arles geschickt, wo sie im Sommer 314 an einem ‚Kaiserkonzil' über den Donatistenstreit teilnahmen[596]. Daß auch der berühmte Bischof Ossius von Corduba sich 314 zur fraglichen Zeit am Hofe in Trier aufhielt, ist möglich[597], läßt sich aber nicht beweisen[598].

Zum Publikum der *oratio Constantini* gehörten nach Aussage des Autors ferner „alle übrigen (mit ihm) befreundeten Männer" (I 1/154 Z. 5–6), d. h. wohl christliche oder christenfreundliche Mitglieder des Hofstaates. Außerdem erwähnt er „die Menge der Verehrer" des Christengottes (I 1/154 Z. 6–7), dann einen „heiliger Jungfräulichkeit teilhaftigen Lenker" oder Leiter (II 1/155 Z. 21)[599], womit der Ortsbischof gemeint sein dürfte, der vielleicht bereits zu diesem Zeitpunkt amtierende Trierer Bischof Agricius[600]; ihn hat Konstantin einige Monate später wie die drei eben genannten Bischöfe zur ‚Kaisersynode' nach Arles geschickt, in deren Synodalschreiben an den Bischof von Rom die Absenderliste hinter dem Vorsitzenden Marinus von Arles den Namen Acratius=Agritius/Agricius als des Bischofs der Kaiserresidenz auf dem ehrenvollen zweiten Platz dokumentiert[601]. Angesprochen hat Konstantin in der *oratio* ferner die Christengemeinde insgesamt (II 1/155 Z. 21–22), sei es des Ortes, sei es die Gemeinschaft aller Christen, wie er besonders auch diejenigen angesprochen hat (II 1/155 Z. 24–25), die „aufrichtig Gott verehren", offenbar ungetaufte

---

593 Zum Begriff s. u. bei Anm. 715.

594 Zu diesen gallischen Bischöfen in der Umgebung des Kaisers Eck, Zeitenwende 76 ff.

595 Opt. append. III = v. Soden, Urk. 14 Z. 15 ff.

596 Namenliste: Ch. Munier (Hg.), Concilia Galliae a. 314 – a. 500. CChrL 148. Turnhout 1963, 4–22. – Zur Sache: Girardet, Reichskonzil von Arles (314).

597 In einer Urkunde zum Donatistenstreit von Ende 312 erwähnt Konstantin einen ‚Hosios'/Ossius, der eine Liste mit Namen von Klerikern als Empfängern kaiserlicher Geldgeschenke aufgestellt habe: Eus. HE X 6, 2 (Brief an Bischof Caecilianus von Karthago).

598 Lippold, Ossius.

599 Vgl. Barnes, Speech 34 Anm. 42. – ‚Leiter', ‚Lenker': sicher nicht der aktuellen ‚Versammlung der Heiligen' (so aber Lane Fox 631), sondern der örtlichen Gemeinde.

600 Zu ihm siehe Heinen, Trier und Trevererland 331–333; ders., Frühchristliches Trier 54–59, 84–98.

601 S. o. Anm. 596, dort 4.

Christen (wie er selbst); denn anschließend sind auch diejenigen genannt, „die der göttlichen Mysterien kundig sind" (II 2/155 Z. 31), d. h. wohl die getauften Christen in der Trierer Gemeinde.

Die in lateinischer Sprache schriftlich aufgesetzte *oratio principis* wurde vom Kaiser persönlich oder in seiner Anwesenheit von einem Beauftragten – Laktanz? – vor diesem christlichen bzw. christenfreundlichen Publikum verlesen. Über den Ort in der Stadt Trier kann man nur spekulieren, jedenfalls sicher nicht in der *aula palatina*, deren Bau erst in nachkonstantinischer Zeit vollendet wurde[602]. Auch die basilikale Bischofskirche aus dem 2. Jahrzehnt des 4. Jh. scheidet aus, da sie sich, als Teil des frühen konstantinischen Kirchenbauprogramms, an der Stelle einer wohl zwischen 303 und 305 in der Verfolgung unter Konstantius I. zerstörten kleinen Hauskirche noch im ca. 313 begonnenen Bau befunden haben dürfte[603]; abgesehen davon ist nicht bekannt, daß Konstantin jemals ein Kirchengebäude betreten hätte, und in der Rede deutet nichts darauf hin, daß sie als ‚Predigt' in einem gottesdienstlichen Rahmen gehalten worden wäre. Die Versammlung hat also wohl in einem repräsentativen Raum des Kaiserpalastes zu Trier stattgefunden.

Die *oratio* hat aber auch noch ein sehr viel größeres Publikum erreicht. Da sie nach den Worten des Eusebius von Caesarea generell der Christengemeinschaft gewidmet war (VC IV 32), wurde der lateinische Text anschließend offenbar als Sendschreiben an alle Bischöfe im Reichsteil Konstantins verschickt; das waren derzeit noch die westlichen Diözesen *Galliae, Hispaniae, Italia, Africa*. Hier gab es aber auch griechischsprachige Gemeinden, z. B. in Süditalien oder auf Sizilien. Sie erhielten die *oratio* in griechischer Übersetzung, wie sie – aus der kaiserlichen Kanzlei stammend – vielleicht über den Bischof Chrestos von Syrakus zu Eusebius nach Palästina gelangte und durch dessen Werk als Anhang der ‚Vita' heute vorliegt; wohl auf diesem Weg hatte der Bischof von Caesarea schon einige Urkunden zum Donatistenstreit erhalten, die sich in seiner ‚Kirchengeschichte' finden[604]. Es könnte aber natürlich auch sein, daß Konstantin die griechische Version der *oratio* in seiner Eigenschaft als *maximus Augustus*[605] mit Zuständigkeit für das ganze Reich zusätzlich direkt an die Bischöfe des von Licinius beherrschten Balkans und der östlichen Reichshälfte hat schicken lassen.

---

602 Goethert.
603 S. o. bei Anm. 493.
604 Eus. HE X 5, 15 ff.; 5, 18 ff.; 5, 21 f. (Konstantin an Chrestos von Syrakus); 6, 1 ff.; 7, 1 f. = v. Soden, Urk. 7, 12, 15, 8, 9.
605 S. u. bei Anm. 642 ff.

5. Inhaltliches: der Kaiser als Christ

In der Rede hat Konstantin mehrfach sein Verhältnis zu seinem Gott und zum Christentum angesprochen. Darauf will ich hier noch kurz, fast nur stichwortartig, eingehen, wobei ich viele andere wichtige Aspekte außer acht lassen muß[606]:

- der Kaiser führt aus, er halte, in angeborener Gottesliebe (II 2), seine Rede auf direkte Inspiration durch Gott und Christus (II 3; XXVI 1)[607];
- er sagt, er habe Belehrung über den Christengott nicht durch Menschen, sondern durch Gott selbst (XI 2) erlangt; ich fasse dies als deutliche Anspielung auf das Erlebnis des solaren Himmelsphänomens (Halo) von 310 auf, das er zuerst pagan als Begegnung mit *Apollo/Sol invictus*, dann seit 311 christlich als Erscheinen des *Sol Iustitiae*, des *invictus Christus* interpretiert hat[608];
- der Christengott sei der monarchische Schöpfer von allem und Herr über Himmel und Erde, der Polytheismus sei eine Absurdität (III);
- die Gestirne, die Planeten seien Geschöpfe Gottes, die von Gott gegebenen Gesetzen, nicht etwa einem Schicksal oder Zufall folgen (VI 5–9); sie sind also nicht, wie der Paganismus unter Einschluß des solaren Henotheismus will, Götter[609]; für den paganen Gott *Sol Invictus* bedeutet dies unmißverständlich, daß Konstantin ihn nicht mehr, wie noch 310/11, als eine Gottheit auffaßt, mag er auch vorerst noch weiterhin in der Münzprägung erscheinen[610];
- Polytheismus und Götterdienst werden scharf abgelehnt (III und IV);
- allein schon das Sprechen über den Paganismus verunreinigt den Mund (V 1);

---

606 Wie z. B. dogmatisch unbefangene Aussagen über Christus als den δεύτερος θεός (IX 3; vgl. XI); vgl. Barnes, Speech 34–36. Die gleiche (für die Frühdatierung der Rede sprechende) Unbefangenheit auch bei Laktanz: inst. div. IV 6, 4 (im griechischen Hermeszitat; Hinweis von Heck, Constantin und Lactanz 128 Anm. 66); epit. 37, hier bes. 4 f. – Das erwähnte Theologoumenon ist ein alter apologetischer Topos: Iust. dial. 55–56 (bes. 55, 1 und 56, 4); Arnob. II 60.

607 Vgl. Lact. de ira dei II 2: der Glaube an Gott und Christus als *secundus* und *tertius gradus* des Christseins (Opferverweigerung als *primus gradus*).

608 S. o. Kap. III 2 und IV 1. – Christlicher Bericht über einen Halo 350/51 bei Jerusalem: Brief des Bischofs Kyrillos von Jerusalem an Kaiser Constantius II. in BHG³ 413; dazu Philostorg. III 26. Hinweis von Weiß 259. – Kritisch bearbeiteter Text des Briefes bei Bihain 286–291.

609 Siehe auch Konstantins Proklamation an alle Provinzen von 324 gegen den Polytheismus in Eus. VC II 58: Sonne und Mond (etc.) als Geschöpfe Gottes – und nicht als Götter. – Der gleiche Gedanke (erneut ein Argument für die Frühdatierung der Rede) bei Laktanz: s. o. Anm. 121, 439; später (336) auch bei Eusebius: LC X 2, XIII 1. – Vgl. Lact. de ira dei II 4: die Verehrung von *mundi elementa* wie *caelum, terra, mare, sol ceteraque astra* als ‚Rückfall' vom *primus gradus* des Christseins, nämlich der Absage an solche Verehrung, in den Paganismus.

610 Zur politischen Beurteilung dieses Sachverhalts s. o. bei Anm. 446 ff.

- Ziel der gottgewollten Geschichte sei Vertilgung des Paganismus und die Christianisierung der ganzen Oikumene (XXIV);
- der Untergang der Kulte in Memphis und Babylon, deren Ruinen der Kaiser mit eigenen Augen gesehen hat, wird als Beispiel des verdienten Lohns für Paganes genannt (XVI 1–2), desgleichen das fürchterliche Schicksal der dem Götterdienst ergebenen Christenverfolger (XXIV)[611];
- Konstantin ruft zu einer ‚Umkehr‘, verstanden als Abkehr vom Paganismus, auf, bezeichnet es als seine selbstgestellte Aufgabe, mit Gottes Hilfe die paganen Untertanen zum Christentum hinzuführen, erklärt die Reue, die Sinnesänderung (μεταμέλεια, vielleicht *conversio*) für den wichtigsten Teil des Heils; und er äußert den Wunsch, ihm wäre die Offenbarung dieser Einsicht schon früher zuteil geworden, aber immerhin habe er die „Weisheit" im besten Mannesalter erlangt (XI 1) – im Jahr 311 war er etwa 37 oder 38 Jahre alt[612]; das besagt mit größter Deutlichkeit, daß Konstantin nach eigener Aussage kein sozusagen geborener, als Kind im Christentum erzogener Mensch war, daß vielmehr ein von Reue über Vergangenes geprägter Schritt zur „Weisheit", dem Christentum, erfolgt war[613], eben seine Abwendung vom Paganismus im Jahre 311;
- Konstantin erinnert an Kämpfe und an einen Krieg, der mit Gottes Fürsorge dem (Christen-)Volk den Sieg gebracht habe, und für alle sichtbar habe Gott den Gebeten des Kaisers Beistand geleistet (XXVI 2)[614]; auch darin sehe ich einen Hinweis auf den kürzlich errungenen Sieg des Jahres 312.

Nicht unerwähnt bleiben soll mit Blick auf die Datierungsfrage, daß viele der Aussagen Konstantins in dieser Rede[615] deutliche Parallelen zum Werk des Laktanz über die *divinae institutiones* aus den Jahren 305 bis ca. 310 und zu des Autors Schrift ‚de mortibus persecutorum‘ aufweisen[616]. Abgeschlosssen sei dieser Exkurs mit der Erklärung des Kaisers am Ende der Rede (XXVI 2), gerechtes Gebet sei „unbesiegbar" (191 Z. 20–21: ἀνίκητον); wer mit reinem Herzen zu Gott flehe, verfehle sein Ziel nicht (191 Z. 21–22), und Christus sei sein „unbesieglicher Kampfgenosse" – der ἀήττητος σύμμαχος (191 Z. 30). Das

---

611 Über die gerade zu dieser Zeit (313/14) – ein weiteres Argument für die Frühdatierung der Rede – Laktanz in Trier sein bekanntes Werk ‚de mortibus persecutorum‘ schreibt: D(e Palma) Digeser, Making 142, 171.

612 Zu seinem wahrscheinlichen Geburtsjahr 272/273 s. o. Anm. 124.

613 So auch im gleichen Jahr 314 im Entlassungsschreiben an das Konzil von Arles: Opt. append. V Anfang; Girardet, Wende 58 f. – Vgl. oben bei Anm. 441 ff. – Christentum als (wahre) *sapientia* bei Laktanz: inst. div. III und IV.

614 Gebete vor und bei dem Zug gegen Maxentius: Eus. HE IX 9, 2; VC I 37, 1.

615 Ebenso wie in seinem Entlassungsschreiben an das Konzil von Arles im Herbst 314: D(e Palma) Digeser, Letter 34–38.

616 Siehe nur Kurfess, Kaiser Konstantins Rede; ders., Zu Kaiser Konstantins Rede.

heißt nichts anders als dies: in der Rede am Karfreitag des Jahres 314 in Trier ist nicht wie noch 310/11 *Sol Invictus* der göttliche *comes*; sondern der *Sol Iustitiae*, der *invictus Christus* ist *socius* oder *comes* des Kaisers, er ist der Gott des *Imperator Caesar Constantinus invictus Augustus*[617].

---

617 So sein offizieller Titel, z.B. CIL VIII 22333 = Grünewald, Constantinus Nr. 178. – Wichtig Grünewald Nr. 162: mit Christogramm ca. 315. – Zum *socius* (und *comes*) des Kaisers vgl. auch den Panegyricus von 311 (hier noch, ohne Namensnennung, *Sol*): oben bei Anm. 289 ff.

VII. Der neue Kurs – Förderung von christlichem Klerus und Kirchengemeinden

1. Die Rechtsgrundlage

Dem römischen Kaiser und *pontifex maximus* als dem höchsten Verantwortlichen für den Frieden mit der Welt des Göttlichen und für das Wohlergehen des Imperiums oblag es, über die Einhaltung des *ius publicum* zu wachen. Der Jurist Ulpian hat dieses folgendermaßen definiert (dig. I 1, 1, 2):

> „das öffentliche Recht ist dasjenige, das Bestand und Ordnung des römischen Gemeinwesens zum Zweck hat … das öffentliche Recht besteht aus Bestimmungen für die Kulte, das Kultpersonal, die Magistrate"

> (*publicum ius est, quod ad statum rei Romanae spectat …. publicum ius in sacris, in sacerdotibus, in magistratibus consistit*).

Anders als in unserer heutigen säkularisierten Welt sind also in der römischen Antike Kultus, Religion, Kultpersonal Gegenstände des öffentlichen Rechts, und sie sind das im Rang noch vor dem ‚profanen' Bereich der Magistratur. Von daher bedeutete die reichsweite (Wieder-)Anerkennung des Christentums als Körperschaft des öffentlichen Rechts 311 durch Galerius (für den Osten situationsbedingt bestätigt durch die Mailänder Vereinbarung zwischen Konstantin und Licinius 313)[618], daß auch diese Glaubens- und Kultgemeinschaft wie alle anderen automatisch der Aufsichtspflicht des Kaisers als *pontifex maximus* unterstand, unabhängig davon, ob er Christ oder Nichtchrist war.

Das ist die Rechtsgrundlage der Religions- und namentlich der Christenpolitik des seit 311 christlichen Kaisers Konstantin[619]. Und da der Kaiser nach dem Scheitern der traditionellen Götter den Gott der Christen zu seinen einzigen Gott und Helfer erkoren und dieser ihm überreiche *beneficia* wie die Siege über Maxentius und Licinius und überhaupt allgemeine Sieghaftigkeit geschenkt hatte, war es an ihm, im Sinne des (spät-)antiken Staatsrechts pflicht-

---

618 S. u. bei Anm. 656 ff.

619 Wie Stepper zu der Ansicht kommen kann, „daß die christliche Kirche und Religion nicht dem pontifikalen Aufgabenbereich zugeordnet werden können" (194), bleibt unerfindlich, zumal da die Autorin keine Quellen beibringt. Wenig später (196 f.) erklärt sie dann aber mit Bezug auf Konstantins Rolle bei Konzilien ganz unbefangen, es sei „für einen römischen Kaiser selbstverständlich, daß er sich um die Ordnung kultischer Angelegenheiten kümmert"; über die daran anschließenden Versuche, mit Eus. VC I 44 und IV 24 klarzukommen, will ich mich nicht äußern. Zu den beiden Stellen s. u. bei Anm. 757 ff.

gemäße Gegenleistungen – *officia* – zu erfüllen, unbeschadet seiner Pflichten gegenüber den paganen Kulten[620].

2. Privilegien und deren Begründung

Das Kirchenbauprogramm war nicht die einzige Form, in der Konstantin seiner Herrscherpflicht des Dankes an den Christengott Genüge tat. Eine andere, nicht minder folgenreiche Form war die Fürsorge für die ungestörte Ausübung des Kultus seines Helfer-Gottes, für die Dienerschaft dieses Kultus, den Klerus, und für das materielle Wohlergehen der Kirchengemeinden. Er begann daher energisch und konsequent seit Ende 312 gleich nach dem Sieg über Maxentius mit dem Einbau der Christengemeinschaft in das Gefüge des Reiches, und zwar auf eine das Christentum und seinen Klerus im Vergleich mit allen anderen Religionen sehr deutlich bevorzugende Weise[621].

Schon der pagane Usurpator und ‚Tyrann' Maxentius hatte den Christen in seinem Herrschaftsbereich (Italien, Africa) nicht nur Kultfreiheit gewährt (306), sondern den Gemeinden auch in der Verfolgungszeit bis 305 beschlagnahmtes Eigentum zurückerstattet[622]. Konstantin, in dessen bisherigem Reichsteil (Britannien, Gallien, Hispanien) solche Restituierungen 306 nicht notwendig gewesen waren, da es keine Enteignungen gegeben hatte[623], bestätigte dies sogleich im Oktober/November 312 nach seinem Sieg, der ihn zum Herrn auch über Italien und Nordafrika gemacht hatte (siehe die Karte Abb. 1). Im zeitlich frühesten erhaltenen Brief an den Prokonsul Anullinus in Karthago bezeichnete er die Rückerstattung als Gebot der Gerechtigkeit[624]; Briefe gleichen Inhalts sind sicher auch an die anderen Provinzstatthalter des neu erworbenen Reichsteils geschickt worden, und außerdem hat der Kaiser wohl im November 312 bei einer Regierungskonferenz in Rom entsprechende mündliche Instruktionen gegeben[625]. Diese Bestätigung der Restituierungen des Gemeindeeigen-

---

620 Dazu oben Kap. VI 3a.

621 Girardet, Wende 93 ff., 146 ff. Vgl. auch Lizzi Testa.

622 Zu 306: Eus. HE VIII 14, 1 f.; Opt. I 18: *iubente deo indulgentiam mittente Maxentio christianis libertas est restituta.* Zu (308 oder) 311: Aug. brev. coll. III 18, 34 und contr. part. Donat. post gest. XIII 17. – Kriegbaum 44 ff.; Girardet, Christliche Kaiser 33–37. – Zur Frage einer eventuellen Entschädigung für die bisherigen Besitzer findet sich in den Quellen nichts.

623 S. o. Anm. 131 und 136.

624 Eus. HE X 5, 15–17 = v. Soden, Urk. 7. Zu diesem Brief und den weiteren siehe u. a. Calderone, Costantino 135–150. – In welcher Weise bisherige Besitzer entschädigt wurden, läßt sich den Quellen nicht entnehmen; vermutlich so, wie es auf der Kaiserkonferenz von Mailand 313 für den Osten geregelt wurde; s. u. Anm. 657.

625 Hinweise auf die Konferenz im Brief Konstantins an den Bischof Caecilianus von Karthago: Eus. HE X 6, 1 ff. = v. Soden, Urk. 8 Z. 17 und 24.

tums war notwendig, weil durch die *damnatio memoriae* des Maxentius alle *acta* des ‚Tyrannen' zunächst einmal suspendiert waren[626]. In dem Brief an Anullinus findet sich nun aber auch zum ersten Mal, soweit ich sehe, in einem staatlichen Dokument der Ausdruck ‚katholisch'. Das Duldungsedikt des Galerius von 311 hatte noch allgemein den *Christiani* gegolten, unabhängig davon, ob sie zu den zahlreichen häretischen und schismatischen Gemeinschaften[627] oder zur ‚Mehrheitskirche' gehörten[628]; aus paganer Sicht spielte dies offensichtlich keine Rolle. Aus Gründen, die in der innerkirchlichen Konfliktsituation seines neuen Herrschaftsbereichs lagen[629], hat Konstantin es aber jetzt, gewiß nach Beratung mit kirchlichen Kreisen in Rom, für notwendig befunden, nicht allgemein von der ‚christlichen Kirche' oder den ‚Christen' zu sprechen – zu denen ja auch die Ketzer und Schismatiker gehören würden – , sondern in einer auffällig prononcierten Formulierung die „Kirche, und zwar die katholische der Christen" als Empfängerin des restituierten Gemeindeeigentums zu bezeichnen[630]. Und es ist sicher im gleichen gegen schismatische Christen abgrenzenden Sinne zu verstehen, daß er auch in den folgenden Urkunden jeweils das ‚Katholische' und damit das aus seiner Sicht Rechtgläubige der von ihm geförderten Religion oder Kirche betonte[631].

Konstantin ging aber nach der Restituierung des Gemeindeeigentums noch einen ganz erheblichen Schritt weiter; denn er finanzierte nicht nur überall im Westen (und nach 324 auch im Osten) den Kirchenbau, der gewaltige Summen verschlungen haben muß, und stattete die Kirchen zu deren Unterhalt mit

---

626 Vgl. CTh XV 14, 3. Barnes, Constantine and Eusebius 45 mit Anm. 9; Grünewald, Constantinus 70.

627 Aus der Sicht des Staates waren sie jedenfalls Christen. – S. o. bei Anm. 64 ff.

628 Lact. mort. pers. 34. Gleiches gilt für die *litterae Licinii* vom Juni 313: ebd. 48; Eus. HE X 5, 2–14; hier wird pauschal den Christen des Ostens (wie auch allen anderen) Glaubensfreiheit gewährt – auch den Ketzern und Schismatikern? – Zu den *litterae* s. u. bei Anm. 653 ff.

629 Donatistenstreit. Dazu unten bei Anm. 635, 707 ff.

630 In Eus. HE X 5, 16 = v. Soden, Urk. 7 Z. 9. In der Überschrift zu dem Brief verweist Eusebius von Caesarea außerdem darauf, daß die Rückerstattung „allein der katholischen Kirche" zugedacht war (ebd. Z. 2 f.). – Vgl. Marcone 97 ff. – Weiteres zu ‚katholisch' s. u. bei Anm. 753 ff.

631 So z. B., aber mit der ‚einfachen' Formulierung „katholische Religion" oder „katholische Kirche", in Eus. HE X 6, 1 und 4 = v. Soden, Urk. 8 Z. 6 und 21; Eus. HE X 7, 2 = v. Soden, Urk. 9 Z. 16; Eus. HE X 5, 20 = v. Soden, Urk. 12 Z. 28; Opt. append. III = v. Soden, Urk. 14 Z. 4 und 75; Eus. HE X 5, 21 = v. Soden, Urk. 15 Z. 6 f.; Opt. append. V = v. Soden, Urk. 18 Z. 1 f.: *Constantinus Aug. episcopis catholicis*, sc. beim antidonatistischen Konzil von Arles 314. – Siehe auch Opt. append. II = v. Soden, Urk 19 B Z. 40 f.: *christianus populus catholicae legis*; Aug. ep. 88, 4 = v. Soden, Urk. 20 Z. 7; Opt. append. IX = v. Soden, Urk. 31 Z. 2; CTh XVI 5, 1 (326). Vgl. auch im Bericht des Anullinus an Konstantin: Aug. ep. 88, 2 = v. Soden, Urk. 10 Z. 6: *catholicae custodita sanctitate legis*.

bedeutenden Stiftungen aus, sondern vergab auch Finanzhilfen in bar und
sonstige Schenkungen an die lokalen Gemeinden[632], restituierte außerdem das
beschlagnahmte Privateigentum (u. a.) verfolgter Christen[633] und verfügte zur
Sicherung des Kultus die sog. Immunität des Klerus, d. h. die vollständige
Freiheit der Kleriker aller Grade, die im Gegensatz zu den paganen städtischen
Priestern lebenslang amtierten, von allen *munera*, d. h. von sämtlichen vermö-
gensabhängigen und kostenintensiven Lasten und Dienstleistungen zugunsten
von Staat und bürgerlicher Gemeinde, ergänzt wohl auch noch um die Steu-
erfreiheit[634]. Dies geschah wahrscheinlich, in einer nicht erhaltenen Verfügung,
um die Jahreswende 312/13; denn in einem Brief an den Prokonsul Anullinus
in Karthago nahm der Kaiser wenig später, wohl im Januar 313 und jedenfalls
noch vor der Abreise nach Mailand zum Treffen mit Licinius, eine Einschränkung des Privilegs auf eine bestimmte Gruppe von Klerikern vor: nur diejenigen, die in der *communio* mit dem karthagischen Bischof Caecilianus standen,
sollten die Immunität erhalten; denn nur diese Gemeinschaft, nicht aber die der
Donatisten, die Caecilianus als Schismatiker exkommuniziert hatten[635], war aus
Sicht des Kaisers und der außerafrikanischen Kirchen des Westens ‚katholisch‘[636].
   Grund für dieses Privileg war die Überzeugung Konstantins, daß, nach dem
307 durch das Scheitern der Tetrarchen Severus und Galerius gegen Maxentius,
311 durch das Duldungsedikt des Galerius und 312 durch seinen eigenen Sieg
über Maxentius dokumentierten Versagen der paganen Götter, nur der christliche Kultus die politisch notwendige Gunst des Himmels, aber auch das Heil
der Seelen[637] erwirken und sichern könne. Er bezeichnete daher in dem Brief an

---

632 Siehe als Beispiel den Brief des Kaisers an den Bischof Caecilianus von Karthago: Eus.
   HE X 6, 1 ff. = v. Soden, Urk. 8. Außerdem Eus. VC I 42 f., II 45 f. – Kirchenbau: s. o.
   bei Anm. 484 ff.. – Schenkungen: CTh XI 1, 1 (315).
633 Eus. VC I 41, 3. So dann auch 324 im Osten gemäß der 1. Proklamation: Eus. VC II
   20 f. und bes. 30 ff. – Vgl. CTh X 1, 1 (315).
634 Gaudemet, Législation 27 ff.; Crifò.
635 Aug. c. Fulg. 26 = v. Soden, Urk. 6C Z. 10 f.: *Caeciliano in schismate a traditoribus
   ordinato non communicare oportet*; Sentenz des Bischofs Marcianus, entsprechend dem
   allgemeinen Exkommunikationsurteil des donatistischen Konzils, nach Aug. brev. coll.
   III 14, 26 = v. Soden, Urk. 6A Z. 10–12.
636 Während die Donatisten sich selbst als ‚katholisch‘, die Caecilianer hingegen als Schismatiker verstanden. – Der Brief des Kaisers: Eus. HE X 7, 2 = v. Soden, Urk. 9 Z. 15 ff.
   Vgl. auch CTh XVI 2, 1 (313); 2, 2 (319). – Donatisten als ‚Katholiken‘: die Petition
   der Donatisten an Konstantin heißt *libellus ecclesiae catholicae criminum Caeciliani*: Aug.
   ep. 88, 2 = v. Soden, Urk. 10 Z. 16 f.; siehe auch Opt. append. II = v. Soden, Urk. 19 B
   Z. 38 ff.
637 Siehe nur Constant. orat. ad sanct. coet. I 5; Eus. VC II 67 (Brief von 324 lt. Kapitelüberschrift bei Eusebius an Alexander von Alexandrien und Arius in Alexandrien;
   nach St. G. Hall 86–97 jedoch von Anfang 325 an die Kirche oder an das Konzil von
   Antiochien).

den schon genannten paganen Prokonsul Anullinus von Januar 313 die Ausübung des christlichen Priesteramtes als „den allerhöchsten Dienst gegenüber
dem Göttlichen", der „das größte denkbare Maß an Segen für die öffentlichen
Angelegenheiten erbringen wird"[638]. Der christliche Klerus übertraf somit an
Wertschätzung seitens des Kaisers und an Rang alle vergleichbaren Priester-
schaften der anderen Religionen in den Städten, der *sacerdotes, flamines* und
pontifices[639]; daß der Kaiser aus politischen Gründen die Pflichten als *pontifex
maximus* bis an sein Lebensende auch gegenüber den nichtchristlichen Kulten
erfüllte[640], steht dem keineswegs entgegen. Die den Klerus privilegierende Gesetzgebung hatte allerdings die höchst unerfreuliche Nebenwirkung, daß sich
recht bald ein ungeahnter Drang zum attraktiv gewordenen Klerikeramt und
wohl auch ökonomisch motivierte Konversionen bemerkbar machten, da man
auf diese Weise den *munera* des Dekurionenstandes entgehen konnte. Der
Kaiser sah sich daher schließlich sogar zu einem gesetzlichen *numerus clausus* für
den Klerikerstand genötigt: freiwerdende Klerikerstellen durften nur noch
durch *fortuna tenues* besetzt werden, d. h. durch Männer in bescheidenen Le-
bensverhältnissen unterhalb der Vermögensgrenze für die Mitgliedschaft im
Dekurionenstand[641].

3. Die Kaiserkonferenz in Mailand (Februar/März 313) und das religionspolitische Programm des Licinius für den Osten (Nikomedien, Juni 313)

Die Christenpolitik Konstantins konnte zunächst nur die Westhälfte des Imperiums erreichen, und dies, obwohl der römische Senat Ende 312 die seit dem
Tode des Galerius 311 bestehende Rangfolge der drei verbliebenen Augusti
(Maximinus Daia – Konstantin – Licinius)[642] durch förmlichen Beschluß verändert hatte. Konstantin nämlich war nach dem Sieg über Maxentius der *titulus
primi nominis* verliehen worden[643], und seit Frühjahr 313 nannte er sich daher
MAXIMVS AVGVSTVS, wie z. B. auf dem schon erwähnten Goldmultiplum,
das ihn mit seinem ‚Zwilling' *Sol Invictus* zeigt und das den kaiserlichen *ad-*

---

638 Eus. HE X 7, 2 = v. Soden, Urk. 9 Z. 23 ff.

639 Girardet, Wende 148–150, mit politischer Bewertung. Zu den Folgen in nachkon-
     stantinischer Zeit siehe Rebillard/Sotinel.

640 S. o. bei Anm. 435 ff.

641 CTh XVI 2, 3 (320, mit Berufung auf eine frühere, nicht erhaltene Anordnung) und 2, 6
     (326). – Vgl. auch die Klage des Eusebius in VC IV 54, 2 über Mißstände auf diesem
     Gebiet. – Noethlichs, Einflußnahme.

642 ILS 663 und 664; Lact. mort. pers. 44, 11. – Grünewald, Constantinus 58–60.

643 Lact. mort. pers. 44, 11 f. – Vgl. Barnes, Constantine and Eusebius 46; Grünewald,
     Constantinus 86 ff.

ventus in Mailand im Februar 313 feiert (RIC VI 296 Nr. 111)[644]. Konstantin besaß dadurch neben dem Recht, Jahr für Jahr die Konsuln zu bestimmen, die Kompetenz zu einer Gesetzgebung, die reichsweit Gültigkeit beanspruchte.

Doch die massive Förderung des Christentums ist seinen beiden paganen Mitregenten erheblich zu weit gegangen. Maximinus Daia, der noch im Herbst 311 das Duldungsedikt des Galerius in seinem Reichsteil Kleinasien und Diözese *Oriens* außer Kraft gesetzt und mit Christenverfolgungen begonnen hatte[645], fuhr trotz einer Drohung Konstantins im gleichen Jahr[646] mit antichristlicher Politik fort, weshalb Konstantin ihm jetzt Ende 312 nach dem Sieg über Maxentius erneut eine drohende Botschaft zustellen ließ[647]. Der Brief ist leider nicht erhalten; nach den Angaben bei Eusebius zu urteilen, hat Konstantin Maximinus offenbar zugleich, im Sinne eines ebenfalls nicht überlieferten „umfassenden Gesetzes zu Gunsten der Christen", über die Grundlinien und Maßnahmen seiner Christenpolitik informiert. Über die Situation der Christen auf dem Balkan hingegen und in den Donauprovinzen seit 311 kann man nichts Sicheres in Erfahrung bringen. Bis 311 aber hat es auch hier zahlreiche Martyrien gegeben[648], und dafür verantwortlich war seit 308 Licinius. Von daher stand nicht zu erwarten, daß dieser Mann, auch wenn er dem Galeriusedikt von 311 Folge leistete und die Verfolgungen einstellte, der dynamischen Christenpolitik seines christlichen Kollegen Sympathie entgegenbringen und diese gar in allen Teilen übernehmen würde. Auf einer Konferenz zu Mailand im Februar/März 313 konnten sich die beiden daher nur auf ein religionspolitisches Minimalprogramm[649] einigen, das für den derzeitigen Herrschaftsbereich des Licinius, den Balkan, und namentlich den Osten des Reiches gedacht war, wo gegenwärtig noch der Christenverfolger Maximinus Daia regierte.

Auf den Gesprächen in Mailand basiert ein erhaltenes Dokument, das vielfach immer noch fälschlich als ‚Edikt von Mailand' bezeichnet und als „l'acte de la révolution constantinienne" und geradezu als ein Epochendatum gepriesen

---

644 S. o. Anm. 372.

645 Eus. HE IX 2 ff.; Lact. mort. pers. 36, 3.

646 S. o. bei Anm. 148 und 228.

647 Eus. HE IX 9, 12 f. und ebd. 9a, 12. Auch Licinius war nach Eusebius im Präskript von Konstantins Brief genannt, aber gewiß nur aus protokollarischen Gründen. Vgl. Corcoran 187 f. Umgekehrt verhält es sich in der Urkunde (Brigetio) FIRA I Nr. 93 vom 9. Juni 311: ein Brief Konstantins und des Licinius an den *praeses* der Provinz Valeria (?), Dalmatius, geschrieben in Serdica und somit auch eigenhändig unterzeichnet, von Licinius, der Konstantin aus protokollarischen Gründen an erster Stelle nennt.

648 Bratož, dazu auch ebd. 209 ff. (Verzeichnis der Opfer).

649 Vogt, Constantinische Frage 383; Bringmann 45. – In Mailand fand zu dieser Zeit auch die 311 verabredete Eheschließung zwischen Konstantins Halbschwester Konstantia und Licinius statt: Barnes, New Empire 81; s. o. bei Anm. 297.

wird[650]: im Jahre 1913 war vom damaligen römischen Bischof Pius X. sogar ein Jubiläum ,1600 Jahre Mailänder Edikt' ausgerufen worden[651]. Damit wird das Dokument aber politisch-historisch gänzlich inadäquat bewertet[652] – 1913 war ein falsches Jubiläum, und man kann nur hoffen, daß sich dies im Jahre 2013 nicht als 1700-Jahrfeier wiederholt. Aber Pessimismus ist angebracht: man braucht nur einmal, abgesehen von einem Teil der neueren und neuesten Forschungsliteratur, mit einem Suchprogramm im Internet das Stichwort ,Mailänder Edikt' oder ,Edikt von Mailand' aufzurufen…mit deprimierendem Ergebnis.

Tatsächlich verhält es sich mit dem eben als Minimalprogramm bezeichneten Dokument folgendermaßen: Monate nach der Konferenz protokollarisch korrekt im Namen beider Kaiser von dem Paganen Licinius[653] im Anschluß an seinen Sieg über Maximinus Daia verfaßt und im Juni des Jahres 313 im Osten publiziert, blieb die Verfügung hinter Konstantins in dessen eigenem Reichsteil (Britannien, Gallien, Hispanien, Italien, Africa) gültiger Förderung des Christentums weit zurück[654]. Der im Wortlaut bei Laktanz (*litterae Licinii*) und Eusebius von Caesarea erhaltene Text[655] proklamierte nämlich für die Christen

---

650 Zitate: Perrin 89 f.; Dassmann, Kirchengeschichte II 1 15 f. So zuletzt auch wieder Dumézil 42 : „En 313, Constantin lui (sc. dem christianisme) donna un statut légal"; Barbet 128: „la bataille du pont Milvius contre Maxence, en 312, est suivie de la liberté de culte en 313 (édit de Milan)". Die „liberté de culte" war jedoch im Westen schon 306 von Konstantin und Maxentius, reichsweit schon 311 von Galerius verfügt worden. Auch Bellen 18 spricht fälschlich von einer „in Mailand vereinbarte(n) neue(n) Richtung"; vgl. ebd. 12 f.; Marcone 82: „una data fondamentale nella storia dell'Occidente". – ,Edikt von Mailand': z.B. Jacobs 168 f.; Drake, Constantine and the Bishops 193 ff.; auch Städele 28 f., 65; Marlowe 236 (auch noch vermeintlich „Constantine's earliest public declaration of support" für das Christentum!); Turcan, Constantin 173: es habe sich um eine „déclaration claire et solennelle" gehandelt, die Instruktionen für die Statthalter sowohl unter Konstantin als auch unter Licinius gegeben habe; Herrmann-Otto 231 Anm. 17; doch 49: „fälschlicherweise", dann 77: „Mailänder Edikt'".

651 Vgl. Nowak 207–212; Schlange-Schöningen, „Bösewicht" 243 ff.; Sproll, Diskurse passim.

652 Nach wie vor gültig: Seeck, Sogenanntes Edikt; Knipfing.

653 Laktanz hielt ihn 314 noch für einen Christen(-freund): mort. pers. 46, 3 ff.; 48, 1. Nicht anders Eusebius 314/15: HE IX 9, 1; X 4, 16; 4, 60; 8, 2. Siehe jedoch die Münzprägung mit Jupiter: z.B. RIC VI 591–608; Licinius und sein gleichnamiger Sohn als IOVII: RIC VII 645 Nr. 13 (Kyzikos). Der Sonnengott (323?): ILS 8940. – Zu der innenpolitischen Situation 313/14 und den Konflikten zwischen den rivalisierenden Kaisern (Konstantin, Licinius, Maximinus Daia) siehe den Überblick bei Barnes, Constantine and Eusebius 44 ff., 62 ff.; Grünewald, Constantinus 92 ff.

654 Nicht beachtet z.B. von Drake, Constantine and the Bishops 193 ff.; Marcone 83 ff.; Herrmann-Otto 77 ff.

655 Brief an den Statthalter von Bithynien (und auch an alle anderen Statthalter des Ostens), am 13. Juni 313 in Nikomedien veröffentlicht: Lact. mort. pers. 48, 2–12; weitgehend

im Osten, den Licinius inzwischen bis zum Sommer 313 im Krieg gegen Maximinus Daia erobert hatte, wie schon 306 Konstantin selbst und Maxentius und wie dann das Galeriusedikt von 311 zwar die Kultfreiheit, die ausdrücklich auch allen anderen Religionen garantiert wurde[656]; denn dies war offenbar politisch notwendig geworden, u. a. wohl wegen paganer Besorgnisse angesichts der erkennbaren Intentionen und der Dynamik von Konstantins Christenpolitik. Außerdem wurde zwar die Anerkennung der Christengemeinden als Körperschaften des öffentlichen Rechts (*corpus* bzw. *corpora*) verfügt, die implizit schon durch das Edikt des Galerius zugestanden, von Maximinus Daia indessen verweigert worden war. Und schließlich gab Licinius den christlichen Gemeinden beschlagnahmtes Eigentum zurück, auch dies im Westen durch Maxentius bzw. Konstantin längst realisiert, möglicherweise in nicht erhaltenen Anweisungen des Galerius 311 bereits für das ganze Reich vorgeschrieben[657].

Aber politisch entscheidend ist etwas anderes: von den Privilegien für den Klerus (Immunität etc.), von staatlichem Kirchenbau und Stiftungen, von Finanzhilfen für die Gemeinden und von der Restituierung von Privateigentum verfolgter Christen wie im Reichsteil Konstantins ist in dem Dokument des Licinius mit keinem Wort und keiner Andeutung die Rede – alles dies kam den Christen des Ostens nach diesem Minimalprogramm also nicht zugute, noch nicht: sie erhielten es erst, dokumentiert durch eine im Wortlaut vorliegende Proklamation, 324 nach Konstantins Sieg über den ‚Kollegen'[658].

4. Förderung des Christentums im Westen bis 324

Unterdessen trieb Konstantin den Ausbau der neuen Stellung von Christentum und Klerus in seinem Reichsteil bis 324 zügig weiter voran, wobei ihn auch die spezifisch christliche Überzeugung leitete, daß außer der politischen Wohlfahrt des Imperiums das Heil der Seelen auf die Gunst Gottes angewiesen sei:

---

gleichlautend an den Statthalter von *Palaestina* bei Eus. HE X 5, 2–14. – Corcoran 158 ff.

656 Zu der eigentümlichen Akzentsetzung vgl. die Analyse des Textes bei Girardet, Wende 88 f., 99–105. Vgl. auch Curran 170 f.

657 Erlaubnis des Galerius zum Wiederaufbau von Versammlungsstätten (lt. Edikt Lact. mort. pers. 34, 4: *conventicula sua conponant*) setzt gegebenenfalls Rückgabe von Beschlagnahmtem voraus. Nicht erhaltene Anweisungen: Lact. mort. pers. 34, 5: *alia epistola* mit Durchführungsbestimmungen an die *iudices*, d.h. die Provinzstatthalter, angekündigt, aber nicht erhalten. Mitchell, Maximinus 112 f.; Corcoran 186 f. – Entschädigung 313 für die Vorbesitzer im Osten: Lact. mort. pers. 48, 7–9. Zur Entschädigungsfrage bei Maxentius s. o. Anm. 622; bei Konstantin 312 s. o. Anm. 624.

658 S. u. bei Anm. 668 ff.

– So machte er den Tag der Sonne (*dies solis*), der im römischen Planetenkalender als zweiter Wochentag gezählt wurde[659], mit christlicher Motivation wohl schon 313/14 (316?), dokumentiert durch zwei Gesetzestexte von 321, die die entsprechende Regelung als bereits geltend voraussetzten, zu einem nicht nur für die Christen, sondern auch für die Nichtchristen verpflichtenden staatlichen Ruhetag; aus dem ‚Sonnen-Tag‘ ist dadurch der bis heute in der europäisch beeinflußten Welt gültige ‚Sonntag‘ geworden[660]. Für die Welt der Antike war das ein absolutes Novum. Zuvor ist der Tag der Sonne nämlich nur bei den Christen in Erinnerung an die Auferstehung ihres Herrn, der ‚Sonne der Gerechtigkeit‘, als Tag des (morgendlichen und/oder abendlichen) Gottesdienstes mit dem Namen ‚Herrntag‘ (*dies dominicus/dominica*) von besonderer liturgischer Bedeutung gewesen[661]. Ein arbeitsfreier Ruhetag war er darum aber nicht, und auch bei den Paganen hatte es bis dahin keinen regelmäßig wöchentlich wiederkehrenden, staatlich angeordneten Ruhetag gegeben. Am Saturntag, dem ersten Wochentag der Planetenwoche, der bei den Römern als Unglückstag galt, stellten zwar viele nach Möglichkeit ihre Tätigkeit ein, vermieden Reisen, Geschäfte etc. Das war aber eine vom Grad des (Aber-)Glaubens abhängige Privatsache. Als einzige Religion der Alten Welt besaßen die Juden mit dem Sabbat (am Saturntag/ Samstag) einen regelmäßig jede Woche wiederkehrenden Ruhetag[662]. Durch Konstantins Gesetz erhielt nun die Zeit in aller Form für das ganze Reich verbindlich einen neuen, einen christlichen Rhythmus. Der Ruhetag war aber nicht als Tag zum Ausruhen gedacht. Er war vielmehr Teil der kaiserlichen Christianisierungspolitik. Denn die Idealvorstellung Konstantins ging dahin, daß alle Bürger des Reiches diesen Tag als Gebetstag nutzen und durch allmähliche Gewöhnung mit der Zeit ‚fromm‘ im christlichen Sinne werden sollten[663].

– Ebenfalls um 313/14, wiederum dokumentiert durch etwas spätere, weitere Einzelheiten regelnde Gesetzestexte von 316 bzw. 321, erhielten die christlichen Gemeindeversammlungen unter Leitung der Bischöfe und Kleriker das Recht, Sklaven freizulassen (*manumissio in ecclesia*), und das bedeutete im Vergleich mit dem üblichen staatlichen Verfahren, daß die Kirchen – anders

---

659 Schürer 13–39; Rordorf 26–36; Piétri, Temps; Rüpke, Kalender 456 ff.

660 CJ III 12, 2 (3) und CTh II 8, 1. Dazu Eus. VC IV 17–20. – Zu allen Einzelheiten (Motivation, Neudatierung, Regelungen für die Armee etc.) siehe jetzt Girardet, Sonnen-Tag.

661 Im Sonnenkult (*Sol Invictus, Mithras*) gab es keinen wöchentlichen ‚Gottesdiensttag‘: Girardet, Sonnen-Tag 201 (=300) ff.

662 Dölger, Planetenwoche; Rordorf 26–36.

663 Eus. VC IV 18 f.

als andere Kultgemeinschaften – kostenfrei und ohne Verwaltungsaufwand den Zugang zum vollgültigen römischen Bürgerrecht eröffnen konnten[664].

– Es folgte, zuerst dokumentiert durch ein Gesetz von 318 (aber vielleicht ebenfalls schon früher zu datieren), die *audientia episcopalis*, das rechtliche Gehör beim Bischof in Zivilstreitigkeiten, mit inappellabler Entscheidungsbefugnis des bischöflichen Richters und mit vollstreckungsrechtlichem Privileg; eine veritable Alternative zu staatlichen Gerichten, die zumeist noch mit Paganen besetzt waren und deren Zuverlässigkeit vor allem bei Streitigkeiten zwischen Christen und Nichtchristen wohl nicht über jeden Zweifel erhaben war[665].

– Und schließlich verfügte Konstantin 321 das privilegierte Erbrecht der Kirchengemeinden: das Besondere daran war, daß bei Erbschaften zu Gunsten der Kirchen, anders als bei paganen Erbschaften zu Gunsten von Tempeln, alle sonstigen Verpflichtungen des bürgerlichen Erbrechts (Berücksichtigung von Familienmitgliedern etc.) außer Kraft gesetzt werden konnten: „Constantine thereby set the tie of religion above the bonds of family" (T. D. Barnes)[666].

Dies alles galt also faktisch zunächst nur im Westen des Reiches, obwohl Konstantin noch 312 vom Senat in Rom mit dem *titulus primi nominis* die Kompetenz zu reichsweit Geltung beanspruchender Gesetzgebung erhalten hatte[667]. Im Jahre 324 dann, nachdem er durch den Sieg über den paganen Kollegen und Rivalen Licinius, der seit 320/21 zu antichristlicher Politik übergegangen war[668], unter Mithilfe seines Sohnes Crispus die Alleinherrschaft gewonnen hatte[669], wurde auch im Osten das seit 303 beschlagnahmte Privateigentum von Christen restituiert, erhielten die Christengemeinden und Kleriker durch eine im Wortlaut erhaltene Proklamation des Kaisers den gleichen privilegierten Rechtsstatus wie die Kirchen des Westens[670]. Auch dieser Sieg war, wie u.a. die Münzprägung zeigt, unter dem Zeichen des kreuzgestaltigen

---

664 CJ I 13, 1 (316) und CTh IV 7, 1 = CJ I 13, 2. Zu allen Sach- und Datierungsfragen siehe jetzt Girardet, Sonnen-Tag Kap. II 2.

665 U. a. CTh I 27 (318); Const. Sirm. I (333). Dazu Harries; Huck, À propos; ders., La „création"; Chiusi 57 ff. – Vgl. auch Lamoreaux.

666 CTh XVI 2, 4 (321). Dazu Gaudemet, Législation 41–43. – Zitat: Barnes, Constantine and Eusebius 50.

667 Zum *titulus* s. o. Anm. 643.

668 Eus. HE X 8, 8 ff.; VC I 49 ff., II 1 ff. – Barnes, Constantine and Eusebius 70 ff.; Grünewald, Constantinus 124 ff.; Lorenz, KiG I C 2 (Osten) 116 f.

669 Mitwirken des Crispus (im Flottenkommando): Optat. Porf. c. V 28 ff.; Eus. HE X 9, 4 und 6; anon. Vales. (orig. Const.) V 23, 26 f.; Zon. XIII 2, 27. – Barnes, New Empire 75 f., 83.

670 CTh XV 14, 1. – Die (1.) Proklamation: Eus. VC II 20 f., 24–42; hier 37 ff. zur Entschädigungsfrage. – Lorenz, KiG I C 2 (Osten) 119.

Vexillums mit Christogramm, das die SPES PVBLICA symbolisierte, errungen worden[671]. Der Krieg war sicher, wie Eutropius betont[672], eine machtpolitische Auseinandersetzung mit dem Ziel der Weltherrschaft:

> „Konstantin…hat mit Licinius Krieg begonnen, er, ein gewaltiger Mensch und einer, der sich dadurch auszeichnete, daß er alles zu erreichen suchte, was er sich im Geiste zum Ziel gesetzt hatte; einer, der dabei wie von einer Sucht getrieben die alleinige Herrschaft über den ganzen Erdkreis anstrebte"
>
> (*Constantinus…, vir ingens et omnia efficere nitens, quae animo praeparasset, simul principatum totius orbis adfectans, Licinio bellum intulit*).

Aber der Krieg war nicht nur ein Kampf um die Macht, sondern, anders als 311/12 im Fall des Maxentius, auch ein Religionskrieg, da Licinius einen antichristlichen Kurs eingeschlagen hatte[673]. Denn Konstantin stellte sich 323/24 wie seit 311 bei allen kriegerischen Aktionen unter das Zeichen des Christengottes[674], während Licinius nach jahrelanger Verfolgung von Christen demonstrativ mit den paganen Göttern in den Krieg zog[675]. Und da Licinius nicht nur als Christenverfolger, sondern auch als ‚Tyrann' galt[676], konnten sowohl die durch Konstantins Sieg neu gewonnene Freiheit der Christen von Verfolgungen als auch ganz allgemein die Wiederherstellung der LIBERTAS PVBLICA gefeiert werden (Abb. 25)[677].

Der Sieg hat Konstantin zum Alleinherrscher über das römische Weltreich gemacht, zum ‚Mon-archen' im Wortsinn. Die Zeit der Polyarchie in Gestalt der diokletianischen Tetrarchie und zuletzt der ‚Triarchie' mit Maximinus Daia und Licinius sowie der ‚Dyarchie' mit Licinius hatte ihr Ende gefunden. Damit war Konstantins offenbar seit früher Zeit systematisch angestrebtes Ziel erreicht. Zosimos meinte sogar, der Kaiser habe schon vor seiner Usurpation 306 die Mon-archie im Sinne der die Tetrarchie abschaffenden Alleinherrschaft ge-

---

671 Dazu oben Abb. 10 (Christogramm/Labarum und Schlange); Licinius als ‚Schlange': Konstantin an Eusebius in Eus. VC II 46, 2. – Andresen sprach, wenn auch in Anführungszeichen, in diesem Zusammenhang noch 1975 von einer *„konstantinischen ‚Machtergreifung"* (46; Hervorhebung von Andresen).

672 Brev. X 5.

673 Zum Krieg gegen Maxentius s. o. bei Anm. 325 ff. – Religionskrieg gegen Licinius: s. o. bei Anm. 668.

674 Eus. HE X 8 f.; VC II 3, 2; 4, 2; 6, 2; 7–9; 12–14; 16; 19.

675 Eus. HE X 8 f.; VC II 4, 2 f.; 5; 16.

676 CTh XV 14, 1 (der *tyrannus*). Vgl. auch CTh XV 14, 4. – Zu trotz *damnatio memoriae* erhaltenen Spuren von Gesetzen und Regierungsakten des ‚Tyrannen' siehe Corcoran 274–292.

677 Vorderseite (a): Konstantin mit Diadem nach rechts, Legende CONSTANTI-NVS MAX(imus) AVG (ustus). Rückseite (b): *Victoria* auf einem Kriegsschiff stehend mit Lorbeerkranz in jeder Hand, Legende LIBERT-A-S PVBLICA; im Abschnitt unten Prägestätte CONS(tantinopolis). Das Kriegsschiff erinnert wohl an den Seesieg des Crispus: vgl. Barnes, Constantine and Eusebius 76.

Abb. 25: ‚Freiheit' vom ‚Tyrannen' Licinius – Vorderseite (a) mit Portrait des Kaisers als *maximus Augustus* und Rückseite (b) mit *Libertas*

plant[678]. Das ist zwar nicht ausgeschlossen, scheint mir aber etwas zu früh zu sein. Doch deutete bereits die Begegnung des Kaisers mit *Apollo/Sol invictus* 310 im *templum* zu Grand und die Identifikation mit der Gottheit, deren universalistischer Aspekt so nachdrücklich herausgestellt wurde, jedenfalls in diese Richtung[679]. Und mag unter den Bedingungen eines Mehrkaisertums das einzelne Mitglied des Kollegiums ideell Mit-Herrscher über das gesamte Reich sein, so spricht doch die betonte Qualifizierung Konstantins 311, während der weitaus größere Teil des Reiches noch unter dem Regiment von mehreren Herrschern stand, als *imperator totius orbis* für weiter ausgreifende Ambitionen des Kaisers[680]. Im Jahre 314 läßt sich dann durch die religionspolitische Programmrede ‚ad sanctorum coetum' des *maximus Augustus* in Trier das theologisch begründete Konzept einer Angleichung der irdischen Herrschaftsverhältnisse an die Monarchie Gottes im Kosmos durch Beseitigung des Polytheismus und der Polyarchie erschließen[681]. Im gleichen Jahr beschrieb der Kaiser sich in seinem Verhältnis zum Gott der Christen (*summa divinitas*) als denjenigen, „dessen Fürsorglichkeit (Gott) durch seine himmlische Weisung alles Irdische (*terrena omnia*) zur Lenkung anvertraut hat"[682]. Und nun, nach dem tatsächlichen Beginn seiner Alleinherrschaft, schrieb er 324 rückblickend in seiner ersten großen Proklamation, er habe vom äußersten Westen aus namens und im

---

678 Zos. II 8, 2. Vgl. schon Aur. Vict. XL 2: *Constantinus, cuius … a puero ingens potensque animus ardore imperitandi agitabatur.*

679 S. o. bei Anm. 183 f.

680 S. o. bei Anm. 184.

681 S. o. bei Anm. 183 f., 274. – Herrschertitel: s. o. bei Anm. 643 f.

682 Brief an Ablabius, Opt. append. III = v. Soden, Urk. 14 Z. 70 f.: *cuius curae nutu suo caelesti terrena omnia moderanda commisit.*

Auftrag des einen wahren Gottes die im Namen der falschen Götter Herrschenden aus dem Weg geräumt[683], so daß jetzt nach dem Ende der Polyarchie
die Ordnung auf Erden der monarchischen Ordnung im Himmel entsprach. In
der zweiten Proklamation von 324, einem geradezu theologischen Lehrschreiben, geißelte er mit scharfen Worten diejenigen, die im Verlauf der Geschichte,
vor allem zur Zeit der Tetrarchie als einer Form der Polyarchie, für die Verfolgungen, die Bürgerkriege genannt werden, verantwortlich gewesen sind, für
Bürgerkriege, die von Polytheisten gegen den einen Gott und die christlichen
Monotheisten geführt worden waren[684].

Der erste Märtyrer der diokletianischen Christenverfolgung im Frühjahr
303 in Palästina, ein Mann mit Namen Prokopios, hatte das geforderte Opfer
an die paganen Götter mit dem Argument abgelehnt, es gebe nur einen einzigen
Gott[685]; als man ihm befahl, statt dessen den Tetrarchen ein Opfer darzubringen, verweigerte er auch dies, und zwar indem er aus Homers ‚Ilias‘ den Vers
zitierte (II 204 f.):

> „Nichts Gutes ist Herrschaft vieler: einer soll Herrscher sein,
> einer König“.

Prokopios wurde sofort enthauptet. Die Episode macht deutlich, daß das Ideal
für Christen der Monotheismus, die Monarchie ihres Gottes, war, und deren
Abbild auf Erden sollte eine der Tetrarchie als Polyarchie entgegengesetzte
Monarchie sein. Durch Konstantin ist jetzt 324 sozusagen das Vermächtnis des
Märtyrers erfüllt. Durch seine Siege unter Führung des einzigen Gottes[686] und
die nunmehr erreichte Alleinherrschaft ist garantiert, daß in der Oikumene die
gottgewollte, der kosmischen Ordnung entsprechende Monarchie zur Geltung
kommt, und der Kaiser äußert in dem ‚Lehrschreiben‘ die Hoffnung, daß, nach
Beseitigung der Polyarchie, durch die geduldige und duldsame Förderung von
Einsicht auch der polytheistische Paganismus allmählich zum Verschwinden
gebracht werden kann[687]. Im Herbst des gleichen Jahres oder vielleicht eher
doch Anfang 325 schließlich schrieb er in einem an die Christen bzw. ein Konzil
in Antiochien gerichteten Brief unter Berufung auf den Gott der Christen als
seinen Helfer-Gott über seine zur Alleinherrschaft führenden politischen
Ziele[688]. Demnach war sein erstes und somit wichtigstes Ziel,

---

683 Eus. VC II 24–42, besonders die umfangreiche Präambel 24–29 zu den gesetzlichen
  Regelungen.
684 Eus. VC II 48–60. – Verfolgung als Krieg gegen Gott: Const. or. ad sanct. coet. XXII 2,
  XXV 2, XXVI 2.
685 Eus. mart. Palaest. I 1.
686 Konstantin in Eus. VC II 55. Vgl. auch Const. or. ad sanct. coet. XXVI.
687 Eus. VC II 48, 2 mit 56–60.
688 Eus. VC II 64 f.; zit. 65, 1. – Ähnlich im Brief an Shapur II.: ebd. IV 9 f. – Zu
  Adressaten und Datum des Briefes nach Antiochien, der bisher entsprechend der Ka-

„den Ansichten aller Völker über das Göttliche eine gleichartige Gestalt zu geben und eine übereinstimmende Grundhaltung herbeizuführen";

und diese Zielvorstellung, die Christianisierung der Reichsbevölkerung und sogar der Menschheit sowie die Beseitigung theologischen Streites innerhalb der Christenheit, habe er sich mit dem „inneren Auge des Verstandes" erschlossen; sie harrt noch der Verwirklichung. Sein zweites Ziel sei gewesen,

„den Körper der weltweiten Menschengemeinschaft (Oikumene), der sozusagen an einer schweren Verwundung litt, wieder zu kräftigen und harmonisch zu verbinden";

und dieses Ziel habe er mit Waffengewalt zu erreichen versucht, womit die Beseitigung der Polyarchie und Errichtung der wahren Monarchie nach dem Vorbild von Gottes Himmelsregiment gemeint ist. Die Grundzüge dieser herrschaftstheologischen Gedanken Konstantins hat dann Eusebius von Caesarea aufgegriffen und vertieft[689]. Was jetzt noch aussteht, ist einerseits die innere Einheit des Christentums, erreichbar durch Ausschaltung der Schismen und Häresien, andererseits die Beseitigung des paganen Polytheismus.

5. Die nichtchristlichen Religionen seit 324

Der Christ Konstantin hatte nach dem Sieg über Licinius als nunmehr alleiniger Herrscher über das Imperium sozusagen freie Hand in der Religionspolitik. Natürlich drängt sich unter solcher Voraussetzung die Frage auf, was mit den nichtchristlichen Kulten im Reich geschah. Nun, sie wurden in ihrer Existenz nicht angetastet[690], und auch in der Personalpolitik des Kaisers zeigt sich bei der Besetzung höchster Beamtenstellen, daß es offenbar weder zu systematischer Benachteiligung der Paganen noch zu systematischer Bevorzugung von Christen gekommen ist[691]. Allerdings: „So wenig Constantin ein unreligiöser, ‚egoistischer' Politiker war (sc. wie J. Burckhardt ihn geschildert hatte), so wenig hat er je an eine Parität der Religionen im modernen Sinne oder gar an die Schöpfung einer neuen Religion gedacht" (A. v. Harnack)[692]. Denn er machte in zahlrei-

pitelüberschrift bei Eusebius als Brief an Alexander von Alexandrien und Arius gegolten hat, siehe St. G. Hall 86–97.

689 Eus. HE X 9, 6; LC III 5 f., XVI 3–8; VC I 5, II 19 f.

690 Grundlegend Dörries 329 ff. (zur Einstellung des Kaisers gegenüber dem Paganismus); Noethlichs, Maßnahmen 19 ff. (Heiden), 32 ff. (Juden). Siehe auch z. B. Curran 169–181.

691 Girardet, Wende 131 f. mit der Literatur.

692 Mission 513. – An so etwas wie eine (pagane) ‚neue Religion' unter Einbeziehung des Christentums als Konstantins Ziel scheint Wallraff, Christus zu denken: zit. oben bei Anm. 105 ff. ‚Parität' mit persönlicher Präferenz für das Christentum: Drake, Constantine and Consensus passim; ders., Constantine and the Bishops 205 u. ö.

chen Dokumenten und öffentlichen Erklärungen keinen Hehl aus seiner ab-
grundtiefen Verachtung für alle Nicht-Christen[693], d. h. für die Paganen, die der
‚Torheit‘, der ‚Gottlosigkeit‘, dem ‚Wahnsinn‘ verfallen seien[694], und für die
‚verbrecherischen‘ Juden[695]. Aber als ein Politiker mit genauem Blick für die
Mehrheitsverhältnisse zwischen Christen und Nichtchristen in der Reichsbevölkerung insgesamt (90 bis 95 Prozent Nichtchristen, 5 bis 10 Prozent
Christen[696]), vor allem aber in der militärischen und der zivilen Führungsschicht, hielt er, der FVNDATOR QVIETIS bzw. FVNDATOR QVIETIS
PVBLICAE[697], aus ordnungspolitischer Opportunität – *pro quiete temporis
nostri*, zur Wahrung der *quies publica* – am 312/13 eingeschlagenen Kurs der
allgemeinen Religionsfreiheit fest[698], ergänzt um den in der Trierer Programmrede vom Karfreitag 314 proklamierten, 324 für den Osten mit Nach-
druck wiederholten Grundsatz, daß der ‚Diener des Christengottes‘ (*famulus
dei*) auf dem Kaiserthron und Angehörige des *populus quietae legis*[699] seine
Christianisierungspolitik ohne Zwang und Terror durchführen wollte, daß er
vielmehr bei seinen vielfältigen öffentlichen Aufrufen zur Abwendung vom
Paganismus und Hinwendung zum Christentum in sicherer Gewißheit des
Sieges der Wahrheit seines Gottes über den Trug des Paganismus auf das Prinzip
der Freiwilligkeit vertraute[700]. Von Religionsfreiheit als einem ethischen Prinzip,
von sozusagen lupenreiner ‚Toleranz‘ aus Einsicht in die Werthaftigkeit anderer
Religionen und von einer auf religiösen Pluralismus, auf Parität und Konsens

---

693 Siehe z. B. Lane Fox 666; Lorenz, KiG C I 2 (Osten), 120 ff.
694 Siehe z. B. Constant. orat. ad sanct. coet. (Trier 314) I, III, IV, XI, XVI, XXII f., XXIV;
     CTh IX 16, 1 (319): *superstitio*; 2 (319): *praeteritae usurpationis officia*; XVI 2, 5 (323):
     aliena superstitio; Eus. VC II 27 ff. (in der 1. Proklamation von 324), 48–60 (2. Pro-
     klamation von 324). – Salzman, ‘Superstitio’; Girardet, Wende 121–127. – Dennoch
     Wahrnehmung gewisser Aufgaben als *pontifex maximus* gegenüber paganen Kulten: s. o.
     bei Anm. 435 ff.
695 Siehe z. B. CTh XVI 8, 1 (315): *feralis* und *nefaria secta*; Eus. VC III 18 f. (Konstantins
     Synodalschreiben nach dem Konzil von Nicaea 325). – Girardet, Wende 117–121.
696 S. o. bei Anm. 48 ff.
697 Die inschriftlichen Formeln finden sich am Konstantinbogen: ILS 694, 3, und in Ra-
     venna: CIL XI 9.
698 S. o. bei Anm. 656. – Das lateinische Zitat, als Motivation für die allgemeine Religi-
     onsfreiheit, stammt aus den auf die Konferenz mit Konstantin in Mailand zurückge-
     henden *litterae Licinii* von 313: Lact. mort. pers. 48, 6 und 10. Zu paulinisch-schöp-
     fungstheologischen Aspekten des Ruhegedankens siehe Staats 340 ff.
699 Der *famulus:* z. B. Opt. append. V (Entlassungsschreiben an das Konzil von Arles 314) =
     v. Soden, Urk. 18 Z. 14 u. ö.; Eus. VC II 31, 2 (auch hier Selbstbezeichnung Konstantins
     in der 1. Proklamation von 324). Vgl. auch Eus. VC I 5, 2. – Die (rechtgläubigen)
     Christen als *quietae legis populus:* Opt. append. IX = v. Soden, Urk. 31 Z. 24 f.
700 Constant. orat. ad sanct. coet. (Trier 314) XI 7: Gewaltlosigkeit nach dem Beispiel
     Christi; Eus. VC II 31, 1 (1. Proklamation von 324); ebd. 56 und 60 (2. Proklamation
     von 324).

zielenden Politik[701] kann von diesem gedanklichen Ansatz her überhaupt keine
Rede sein. Es war eine mißbilligende, an den religiösen Mehrheitsverhältnissen
orientierte und darum prekäre Duldung, die Konstantin praktizierte[702], die mit
Toleranz im modernen Sinne und Konsenspolitik gar nichts zu tun hat, und der
durch Quellen dokumentierte Umgang mit paganen Kulten und mit christlichen ‚Ketzern' zeigt überdies mancherlei Abweichungen von dem hehren
Grundsatz der Religionsfreiheit[703]. Und dennoch: man darf die Tatsache, daß es
dem überzeugten Christen Konstantin mit Augenmaß und politischem Ge-
schick gelungen ist, in einer paganen Welt die Religion einer kleinen Minderheit
unter intensiver Förderung seit 312 in das Reich zu integrieren und den
Christengott öffentlich als seinen einzigen Schutzgott zu bekennen, ohne
gleichzeitig mit seiner verächtlichen verbalen Diskriminierung der Anders-
gläubigen die riesige nichtchristliche Bevölkerungsmehrheit allzu sehr zu be-
einträchtigen und womöglich zu Aufstand und Unruhen zu provozieren, ohne
daß es also zu religiös motivierten Usurpationen und zu einem antichristlichen
Religionskrieg kam, als eine der größten politischen Leistungen des Kaisers
werten[704].

---

701 Wie von Drake, Consensus passim, bes. 7 ff., und Constantine and the Bishops 285 ff.,
   298–301 u. ö. befürwortet.
702 Vgl. Aug. ad Donat. p. c. XXXI 54 = v. Soden, Urk. 30 Z. 4: *ignominiosissima indul-
   gentia* (hier ausgesprochen gegenüber den Donatisten).
703 Girardet, Wende 127–132. Vgl. Geffcken 92 ff. – Siehe auch unten Kap. IX 2b und c.
704 Vgl. in diesem Sinne Vittinghoff 2. Gute Bemerkungen darüber auch von De Giovanni
   170.

VIII. Der neue Herr – Kaiser und Konzil

Das Kirchenbauprogramm sowie die Privilegierung von Klerus und Kirchengemeinden und deren materielle Unterstützung waren aber nicht die einzige Form, in der Konstantin sein *officium* des Dankes an den Christengott erfüllte. Auch das Herbeiführen und das Sichern der Einheit des christlichen Kultus gehörten dazu. Das erwies sich als dringend notwendig. Der Kaiser wird nämlich anfangs kaum geahnt haben, daß seine Politik der Förderung des Christentums auch höchst problematische Begleiterscheinungen bei den Christen selbst haben könnte. Denn an verschiedenen Stellen des Reiches – so in Nordafrika (Donatisten) und, von Ägypten ausgehend, im ganzen Osten (Arianer) – herrschten bei den Christen theologisch begründete Konflikte, die unter wechselseitigen Exkommunikationen mit gewalttätigen Auseinandersetzungen und dem Aufbau konkurrierender Christengemeinden und Klerikerhierarchien einhergingen. Außerdem existierte seit frühester Zeit eine nicht unerhebliche Anzahl von christlichen Gemeinschaften, die den meisten Christen als häretisch und damit nicht-christlich galten[705]. Wer aber war wirklich ‚rechtgläubig'? Wer also beanspruchte zu Recht das Prädikat ‚katholisch'[706], und wer konnte daher der rechtmäßige Empfänger der kaiserlichen Fürsorge sein?

1. ‚Reichskonzilien' – ‚Kaiserkonzilien' im Westen und im Osten des Imperiums

In Nordafrika war es über der Frage nach den Modalitäten der Integration von Christen, die in der Verfolgungszeit auf die eine oder andere Art ‚zu Fall gekommen' waren (*lapsi*), zu erbittertem Streit in Episkopat und Gemeinden gekommen[707]. Die standhaft Gebliebenen, die im Gegensatz zu der dortigen Minorität von Andersdenkenden gegenüber den *lapsi* eine strenge Bußpraxis mit Wiedertaufe vertraten, wurden nach einem ihrer prominenten Bischöfe, Do-

---

705 S. o. bei Anm. 67 zu den Angaben des Epiphanius und des Augustinus über die Anzahl ketzerischer Gemeinschaften. – Ketzer als Nicht-Christen: Lact. inst. div. IV 30, 14.

706 Aber auch die ‚Ketzer' verstanden sich so, ihre Gegner hingegen als ‚Ketzer'. Zu ‚katholisch' im Sinne von ‚rechtgläubig' s. u. Anm. 753 ff.

707 Dazu und zum Folgenden Girardet, Kaisergericht und Bischofsgericht Kap. I 1 und 2; Frend, Rise 488 ff. – Auch in der Stadt Rom waren aus dem gleichen Grund Schismen entstanden: s. o. bei Anm. 60–62.

natus von Karthago, ‚Donatisten‘ genannt. Sie waren Gegner des Caecilianus, ebenfalls Bischofs in Karthago, den sie wegen seiner aus ihrer Sicht ungültigen Weihe, die von einem *traditor* – einem ‚Auslieferer‘ von heiligen Büchern und Gegenständen in der Verfolgung – vollzogen worden sein sollte, nicht anerkannt bzw. sogar in aller Form auf einem großen afrikanischen Konzil exkommuniziert hatten[708]. Die westlichen Kirchen außerhalb Africas hielten jedoch aus theologischen Gründen, u. a. wegen ihrer milderen Bußpraxis und Ablehnung der Wiedertaufe, an der *communio* mit Caecilianus fest. Als Konstantin nun 312/13 Gemeindeeigentum restituierte, Geldzuwendungen verteilte, Kirchen bauen ließ und das Privileg der Immunität des Klerus vergab[709], waren, vermutlich auf Grund von Hinweisen des Bischofs Miltiades von Rom, der im Streit um *lapsi* und *traditores* die mildere Bußpraxis befürwortete, nur die Caecilianer bedacht, die Donatisten hingegen übergangen worden. Sie erhoben daher über den Prokonsul Anullinus beim Kaiser Klage gegen Caecilianus als einen ehemaligen Bischof, der als Exkommunizierter widerrechtlich von der kaiserlichen Förderung profitiert habe[710].

Konstantin indessen sah diesen Schritt, im Einklang mit der Position Roms und des außerafrikanischen Episkopats im Westen, als einen Angriff auf einen amtierenden Bischof an. Für ihn aber war die Frage der Einheit des christlichen Klerus und Kultus wegen der Abhängigkeit der *salus imperii* und *imperatoris* von der Gunst des Christengottes ein Politikum ersten Ranges[711]. Das wird besonders deutlich in einem Brief an den hohen christlichen Beamten Ablabius. Darin schrieb Konstantin im Jahre 314 in der Rolle des *pontifex maximus*, daß er

„es als keinesfalls für vereinbar mit dem für die Beziehung zwischen Menschheit und Gottheit geltenden Recht (*fas*) ansehe, daß solche Streitigkeiten und Zwistigkeiten von uns ignoriert werden, auf Grund deren die allerhöchste Gottheit (*summa divinitas*) sich womöglich nicht allein gegen das Menschengeschlecht wenden könnte, sondern auch gegen mich persönlich, dessen Fürsorge sie durch ihren himmlischen Befehl alles Irdische zur Lenkung anvertraut hat, und sich, durch (ein Ignorieren solcher Streitigkeiten) aufgebracht, zu Schlimmem entschließen wird. Dann nämlich nur werde ich wirklich voll und ganz sicher (*securus*) sein können und auf immer von der bereitwilligsten Gewogenheit des mächtigsten Gottes alles nur erdenkliche Förderliche und Gute erhoffen, wenn ich sehe, daß alle durch den ge-

---

708 S. o. bei Anm. 635.

709 S. o. bei Anm. 622 ff, 633 ff.

710 Girardet, Petition. – Vgl Aug. ep. 93, 4, 13: seitens der Donatisten im April 313 an den Kaiser gerichtete *repetitio rerum amissarum*.

711 Zum Thema *ius publicum* und *munus principis* siehe Girardet, Wende 86–92. – Konstantin und der außerafrikanische Episkopat: Eck, Zeitenwende.

bührenden Kultus im Sinne der katholischen Religion dem allerheiligsten Gott in
einträchtig-brüderlicher Ehrerbietung begegnen"[712].

Und etwas später, 315/316 (?), hieß es in einem Brief des Kaisers an den *vicarius
Africae* Celsus im Hinblick auf den Donatistenstreit[713]:

> „Welche höhere Verpflichtung, die ich gemäß meinem persönlichen Bestreben wie
> gerade auch gemäß meiner Aufgabe als Herrscher (*munus principis*) zu erfüllen habe,
> gibt es, als, wenn die Irrtümer beseitigt sind und jegliche Widersetzlichkeit gebro-
> chen ist, dafür zu sorgen, daß alle im Besitz der wahren Religion sind, in ein-
> trächtiger Aufrichtigkeit Gott verehren und die Art von Kultus ausüben, die dem
> allmächtigen Gott zukommt?"

Um dieser Verpflichtung gerecht zu werden, berief der ungetaufte *famulus
dei* – als *pontifex maximus* für alle Religionen im Reich und somit auch in
Fragen des christlichen Kultus, der Theologie und der Disziplin des Klerus als
oberster Richter verantwortlich – zur Beendigung des Donatistenstreites
mehrmals ein *consilium*, ein Ratmännergremium. Seine Ratmänner, die *consiliarii*, waren in diesem Fall aber nicht wie sonst staatliche Beamte, sondern
Bischöfe; denn es ging ja, u. a. mit bedeutenden eigentumsrechtlichen Folgen,
aus seiner Sicht (im Gegensatz zu derjenigen der Donatisten) um die Klärung
theologischer Fragen, die zur Exkommunikation des Caecilianus geführt hatten,
vor allem um die Gültigkeit bzw. Ungültigkeit der Bischofsweihe dieses Mannes
durch einen *traditor*. Nach kirchlichem Verständnis war ein solches *consilium*
daher ein *concilium*, ein Konzil oder, wie der griechische Ausdruck lautet, eine
Synode. Die amtliche Vollmacht, mit welcher der Kaiser als *pontifex maximus*
diese für die Christen neue Art eines Konzils bzw. einer Synode veranstaltete,
darf man, mangels eines besseren Ausdrucks, ‚Kaiserliche Synodalgewalt' nennen. Und da eine solche Synode vom Herrscher des Reiches verantwortet war,
kann man sie, im Unterschied zum Konzil bzw. zur Synode aus rein kirchlicher
Initiative und unter bischöflicher Leitung, ebenfalls mangels eines besseren
Ausdrucks als ‚Reichssynode' oder ‚Reichskonzil' bezeichnen. Man könnte jedoch auch die Begriffe ‚Kaiserkonzil' bzw. ‚Kaisersynode' verwenden, im Sinne
des Ausdrucks *concilium imperiale*, der 378 in der Petition eines römischen
Konzils unter Vorsitz des Bischofs Damasus an Kaiser Gratian vorkommt[714].

Das zeitlich früheste Beispiel eines *concilium* als kaiserliches *consilium* –
eines Reichs- oder Kaiserkonzils also – war das Anfang Oktober 313 in Abwesenheit des obersten Gerichtsherrn und Vorsitzenden Konstantin durch
Miltiades, den Bischof von Rom, in kaiserlichem Auftrag als Bischofsgericht

---

712 Opt. append. III = v. Soden, Urk. 14 Z. 65 ff. – Zum christlichen Verständnis von
      summus deus/summa divinitas o. ä. (nicht ‚höchste Gottheit' in einer Hierarchie von
      Gottheiten) siehe Girardet, Wende 94 ff.
713 Opt. append. VII = v. Soden, Urk. 23 Z. 33 ff.
714 Ambros. epist. extra collectionem Nr. 7, ed. M. Zelzer, CSEL 82, 3, Kap. 2.

geleitete Kaisergericht in der Reichshauptstadt, an welchem neben anderen auch der Bischof Maternus von Köln teilgenommen hat[715]. Und da Konstantin, auch wenn er nicht persönlich anwesend sein konnte[716], wie im Bereich des staatlichen Gerichtswesens der oberste Richter war, wurden ihm anschließend die römischen Prozeßakten mit dem theologisch und disziplinarrechtlich wirksamen Schuldspruch seiner bischöflichen *consiliarii* gegen die Donatisten zur Begutachtung und zur Urteilsfällung nach Trier überbracht, vermutlich durch die drei gallischen Bischöfe Reticius von Autun, Maternus von Köln, Marinus von Arles[717]. Er akzeptierte den Schuldspruch der Bischöfe, der kirchlicherseits die Exkommunikation zur Folge gehabt hatte, und fällte das Urteil, daß die Unterlegenen nicht nach Afrika zurückkehren durften; sie sollten also künftig in der Verbannung leben. Doch nach donatistischem Einspruch folgte dem römischen Kaiser- und Bischofsgericht im August 314 das wieder vom Kaiser einberufene Reichskonzil von Arles, erneut in Abwesenheit Konstantins, diesmal unter der Leitung des Ortsbischofs Marinus, und zu den mehr als 30 teilnehmenden Bischöfen zählte nicht nur erneut Maternus von Köln, sondern auch der Trierer Bischof Agricius, der hier zum ersten Mal in den antiken Quellen bezeugt ist[718].

Der Streit konnte aber auch jetzt nicht beigelegt werden. Und da er eine theologische Dimension besaß, erschienen die unterlegenen Donatisten nicht nur als widersetzliche Kirchenspalter, als sog. Schismatiker, sondern auch, da sie eine eigene Theologie vertraten, als Häretiker oder Ketzer[719]. Gegen sie wurde nun in den folgenden Jahren auch das Instrument der Gesetzgebung angewandt[720]: die Maßnahmen reichten von Entzug der Privilegien über Konfiskationen und verschärfte Polizeiaktionen bis zu Verbannungen. Schließlich hat Konstantin jedoch, wohl auch angesichts des sich abzeichnenden Konfliktes mit Licinius, resigniert. In einem ca. 321 verfaßten Brief an die aus seiner Sicht rechtgläubigen, jedoch nur eine kleine Minderheit bildenden Christen in Nordafrika[721] mahnte er die ‚Katholischen‘ eindringlich zu Geduld und brachte Hoffnung auf ‚Heilmittel‘ zum Ausdruck, die der ‚allmächtige Gott‘ (*omnipotens*

---

715 Die Quellen: v. Soden, Urk. 12 ff. – Girardet, Rom (313), mit sämtlichen Quellen; Eck, Zeitenwende 73 ff.

716 Siehe das Itinerar des Kaisers bei Barnes, New Empire 71.

717 Die Akten: Opt. append. III = v. Soden, Urk. 14 Z. 15 ff. – Die Teilnehmerliste des Kaiserkonzils in Rom: Opt. I 23 = v. Soden, Urk. 13 Z. 1–10.

718 Die Quellen: v. Soden, Urk. 14–18. – Girardet, Arles (314), mit allen Quellen. – Zu Agricius s. o. bei Anm. 600.

719 Siehe nur CTh XVI 2, 1 (Oktober 313). Vgl. auch XVI 5, 1 (326); Opt. append. X = v. Soden, Urk. 36 Z. 10, 31, 83. – Escribano Paño.

720 Lorenz, KiG I C 1 (Westen), 10; Noethlichs, Maßnahmen 6–19 mit allen Quellen; Barnes, Constantine and Eusebius 56–61.

721 Opt. I 20: ... *praeter paucos catholicos peccaverant universi.*

deus) persönlich als ‚himmlische Medizin' (*caelestis medicina*) verabreichen werde, indem er dermaleinst beim Jüngsten Gericht Rache (*vindicta*) an den Ketzern nehme[722]. Unbeschadet dessen amtierten sogar in Rom selbst seit 314 neben Silvester, dem Nachfolger des Miltiades, und dessen Nachfolgern jahrzehntelang auch donatistische Bischöfe; in den offiziellen römischen Bischofslisten erscheinen sie natürlich nicht[723].

Der Donatistenstreit, der sich noch weit über einhundert Jahre hinziehen sollte[724], war nicht der einzige innerkirchliche Konflikt, mit dem Konstantin zu seinem Leidwesen konfrontiert war. Bei Beginn seiner Alleinherrschaft 324 erhielt er Kenntnis von einem schon länger schwelenden theologischen Dissens zwischen dem Bischof Alexander von Alexandrien und dem dortigen Presbyter Arius, in den zahlreiche Bischöfe innerhalb und außerhalb Ägyptens einbezogen waren. In dem Streit ging es um nicht mehr und nicht weniger als die Wesenheit Christi als Gott und Mensch und damit um den für das Heil der Seelen unabdingbaren richtigen Glauben[725]. Erneut machte Konstantin, im Sinne seiner Pflichten als *pontifex maximus* gegenüber dem Christengott, von der kaiserlichen Synodalgewalt Gebrauch: er berief auf den Mai 325 ein von ca. 270 Bischöfen besuchtes Kaiserkonzil ein, das seit der Antike bis heute als das 1. Oikumenische Konzil der Geschichte gezählt wird[726]. Die Bischöfe tagten nicht in einer Kirche, sondern in der Audienzhalle des Kaiserpalastes zu Nicaea in Kleinasien, in einer Palastaula ähnlich derjenigen in Trier (Abb. 26).

Der Kaiser erwies sich hier „als der eigentliche Vater des ersten ökumenischen Konzils und seiner Entscheidungen"[727]. Denn er führte zum ersten Mal persönlich den Vorsitz, leitete die Debatten, brachte die entscheidende, bis heute bei den Christen gültige theologische Formel von der Wesensgleichheit zwischen Gott und Christus (*homo-oúsios*) zur erfolgreichen Abstimmung und verurteilte die wenigen Gegner, die als Ketzer exkommuniziert wurden, zur Verbannung. Das Ereignis wurde schon in der Spätantike im Bild festgehalten (Abb. 27)[728]. Diese Ikone im Katharinenkloster auf dem Sinai ist die wohl früheste erhaltene des in der byzantinisch-orthodoxen Welt weit verbreiteten Typs (Zeit des Kaisers

---

722 Opt. append. IX = v. Soden, Urk. 31. Siehe auch Opt. append. X = v. Soden, Urk. 36 (von 330).

723 Siehe die Namen bei Rüpke, Fasti 497 ff.: Victor (bis 325), Bonifatius (bis 335), Encolpius (bis 350), etc.

724 Frend, Donatist Church.

725 Frend, Rise 492 ff.; Lorenz, KiG I C 2 (Osten), 126 ff.

726 Lorenz, KiG I C 2 (Osten) 129 ff.; Girardet, Der Vorsitzende, mit allen Quellen; Ulrich; Kany.

727 Ulrich 152–159, zit. 159. Die vom Autor etwas zögerlich gestellte Frage, ob Konstantin auch als Kirchenvater bezeichnet werden könne (159–161), hat kürzlich in Frankreich eine ganz unbefangene Antwort erhalten: das Publikationsorgan Connaissance des pères de l'Église Nr. 109, 2008, trägt den Titel: Constantin.

728 Nicht bei Walter, L'iconographie.

Abb. 26: Innenraum der Trierer *Aula palatina*

Abb. 27: Ikone – Konstantin als Vorsitzender des Konzils von Nicaea (325)

Basileios II., 976 bis 1025). Das Bildprogramm geht aber auf ein wesentlich früheres Vorbild zurück, auf ein Fresko der ersten 6 Oikumenischen Konzilien im Palastbezirk von Konstantinopel, das 712 beschädigt wurde[729]. Zur Rechten des Kaisers, im Bild also links (Abb. 27), ist immer der römische Bischof dargestellt, kenntlich an der Tiara, obwohl er gar nicht persönlich am Konzil teilgenommen hatte, sondern durch zwei Presbyter vertreten war. Zu Füßen der Konziliaren liegt verkrümmt der Erzketzer Arius. Auch im Westen des Reiches hat es in verschiedenen ‚Medien' ein vergleichbares ikonographisches Programm gegeben[730]. Ein Beispiel ist die folgende Miniatur:

Abb. 28: Miniatur mit Konstantin
als Konzilsvorsitzendem in Nicaea (325)

Hierbei handelt es sich um die zeitlich früheste erhaltene Darstellung Konstantins als des Konzilsvorsitzenden überhaupt[731]. Die Miniatur, die sicher auf

---

729 Girardet, Teilnahme 169 (=47) f. mit Taf. IV. Hier auch spätere Ikonen dieses Typs.
730 Ebd., mit Hinweisen auf literarisch bezeugte Mosaiken in Rom/Alt-St. Peter und Neapel, die nicht erhalten sind.
731 Abb. 28: vgl. auch Walter, Iconography 85 mit Abb. 228. Quednau.

sehr viel frühere Vorbilder zurückgeht, befindet sich in einem Manuskript von ca. 820 aus Vercelli.

Doch auch der sog. Arianische Streit war damit nicht beendet. Es wurden in dieser Sache, aber auch wegen anderer theologischer und disziplinarischer Konflikte, weitere Reichs- oder Kaiserkonzilien notwendig (Nikomedien 327, Antiochien 330/31, Tyros 335, Ankyra 336), die z.T. wieder vom Kaiser als Vorsitzendem geleitet wurden[732]. Und es verwundert von daher schließlich nicht, daß Konstantin Konzilsbeschlüsse auch höchstpersönlich in Synodal-briefen, von denen einige erhalten sind[733], allgemein im Reich bei den Christen bekannt machte und daß er den Konzilskanones, die u.a., wie ein Teil der Kanones von Nicaea, in Anlehnung an die Verwaltungsgliederung des Imperiums die innerkirchliche Provinzial- und Metropolitanordnung schufen, die Verbindlichkeit von Reichsgesetzen verlieh[734].

2. Konstantin als *episcopus episcoporum*

Mit Blick auf das sehr komplexe, hier etwas vereinfacht dargestellte Phänomen von kaiserlicher Synodalgewalt und Reichs- oder Kaiserkonzil in konstantini-scher Zeit darf man politisch-historisch bewertend sagen, daß die Christenheit der antiken Welt in der Gestalt Konstantins auf der Basis des traditionellen römischen *ius publicum* erstmals in ihrer Geschichte ein sichtbares Oberhaupt erhalten hatte, das als christlicher *pontifex maximus* nicht nur über die äußere Ordnung des Kultus und die Disziplin des Klerus, sondern auch über den rechten Glauben wachte und nötigenfalls persönlich eingriff und Entschei-dungen traf. Über diesen Aspekt des *munus principis* hat Konstantin sich aus Anlaß des eskalierenden Donatistenstreites in einem wütenden, an Deutlichkeit nicht zu überbietenden Brief vom Jahre 316 (315?) an den *vicarius Africae* Celsus folgendermaßen geäußert[735]:

---

732 Girardet, Vorsitzender von Konzilien.

733 So z.B. in Eus. VC III 16 und 17–20, an die in Nicaea nicht anwesenden Bischöfe; Athan. de decr. 38, an die Kirche von Alexandrien, und ebd. 41, an die Kirche von Nikomedien.

734 Eus. VC IV 27, 2. – Zur kirchlichen Verfassung: s.o. bei Anm. 57.

735 Opt. append. VII = v. Soden, Urk. 23 Z. 20–39: *plenissime... lecto dilucido iudicio demonstraturus sum, quae et qualis summae divinitati sit adhibenda veneratio et cuiusmodi cultus delectare videatur... easdem personas, quae istius modi concitant faciuntque, ut non cum ea, qua oportet, veneratione summus deus colatur, perdam atque discutiam... eos, quos contra fas et religionem ipsam recognovero reosque violentes conpetentis venerationis depre-hendero, sine ulla dubitatione insaniae suae obstinationisque temerariae faciam merita exitia persolvere. scire itaque pro certo... debeant ..., quod tam super plebe quam super clericis his, qui primi sunt, sum diligentissime quaesiturus idque iudicaturus, quod verissimum et reli-giosissimum esse manifestum sit, demonstraturus etiam hisdem, qui et qualis divinitati cultus*

„Ich werde (den streitenden christlichen Parteien in *Africa*) durch Verlesen eines klaren Urteils unmißverständlich demonstrieren, welche und was für eine Verehrung der höchsten Gottheit dargebracht werden muß und an welcher Art Kultus sie sich freut. ....

Diejenigen Personen, die (erg: Unruhen hervorrufen sowie falsche religiöse Praktiken verfolgen und dadurch) bewirken, daß dem höchsten Gott nicht mit der Verehrung begegnet wird, die ihm gebührt, werde ich vertilgen und zerschmettern ...

Diejenigen, die ich als gegen göttliches Recht und die Religion selbst (*contra fas et religionem ipsam*) Handelnde erkenne und die ich als der Verletzung der angemessenen Gottesverehrung Schuldige überführe, werde ich ohne jedes Zögern die wohlverdienten Folgen ihres Wahnsinns und ihrer hirnlosen Widersetzlichkeit spüren lassen. Sie sollen deshalb ganz genau wissen, ... , daß ich sowohl über das (Kirchen-)Volk als auch über die Kleriker, die an der Spitze stehen (sc. die Bischöfe), sorgfältigste Untersuchung durchführen und durch Urteil das entscheiden werde, was offenkundig in höchsten Maße der Wahrheit und der Religion entspricht. Auch werde ich diesen dartun, welcher und was für eine Art Kultus der (christlichen) Gottheit entgegenzubringen ist".

Daß die Christen in Konstantin erstmals einen entscheidungsbereiten obersten Richter in Fragen des Glaubens und der Disziplin erhalten hatten, muß deshalb betont werden, weil es im frühen Christentum keine einheitliche, auf ein gesamtkirchliches bischöfliches Oberhaupt, auf einen *episcopus episcoporum*, einen ‚Papst', zugeschnittene Organisation gegeben hat. Es standen vielmehr in den ersten Jahrhunderten mehrere von ‚Oberbischöfen' wie denjenigen in Alexandrien, Antiochien, Rom, Karthago geleitete Kirchen gleichberechtigt nebeneinander. Dem römischen Bischof als dem Leiter der Christengemeinden in der Hauptstadt des Imperiums, in welcher sich nach dem Glauben der Zeit die Gräber der Apostel Petrus und Paulus befanden[736], wurde in diesem Rahmen eine Art Ehrenvorrang zugebilligt[737]. Ein kirchlich-amtlicher *pontifex maximus* oder *episcopus episcoporum* und damit ein ‚Papsttum' als Amt eines mit universalkirchlichem Jurisdiktionsprimat und Lehrprimat ausgestatteten Bischofs existierten also noch nicht. Erst im späten 4. Jahrhundert begann, unter inzwischen gewandelten politischen Rahmenbedingungen, die Entstehung des römischen Papsttums sich abzuzeichnen[738]. Der erste universalkirchliche *pontifex maximus* der Christentumsgeschichte war der ungetaufte christliche Kaiser

---

adhibendus sit. – Kaum weniger entschieden und emotional aufgeladen war auch sein wohl 333 geschriebener Brief an den ‚Ketzer' Arius: Athan. de syn. 40.

736 Apostelgräber: Thümmel, Memorien. – Zu den Anfängen des Monepiskopates (und nicht eines ‚Papsttums') in Rom siehe Ziegler. Zu der Frage, ob Petrus je nach Rom gekommen ist, siehe jetzt (mit negativem Ergebnis) Zwierlein.

737 Zur Stellung des Bischofs von Rom in den ersten Jahrhunderten siehe Girardet, Gericht über den Bischof von Rom 458 (=4) ff.

738 Piétri, Conversion; Girardet, Gericht über den Bischof von Rom; ders., Der Staat im Dienst der kirchlichen Gerichtsbarkeit. Siehe auch Ohlig 79 ff.

Konstantin; erst in der Renaissance hat im übrigen einer der römischen Bischöfe den inzwischen (seit Gratian bzw. Valentinian II.) sozusagen vakanten Titel der antiken Kaiser für sich in Anspruch genommen[739], und so ist es bis heute geblieben.

Kritik an der staatsrechtlich fundierten gesamtkirchlichen Leitungsrolle des nicht getauften und schon deshalb nicht dem Klerus angehörenden Kaisers Konstantin aber scheint es bei den christlichen Zeitgenossen nicht gegeben zu haben[740]. Vielmehr liegt eine theologisch subtil ausgearbeitete Deutung der Rolle des ersten irdischen Herrn der Christenheit in den Schriften des Eusebius von Caesarea vor. Der Bischof sprach dem Kaiser den Rang eines Hohepriesters nach dem Vorbild Christi gemäß dem neutestamentlichen Hebräerbrief zu, d. h. eines wie Christus außerhalb und über der Amtspriesterschaft stehenden Hohepriesters, und er bezeichnete Konstantin daher als „so etwas wie einen von Gott eingesetzten, allen Bischöfen gemeinsamen Bischof" (οἷά τις κοινὸς ἐπίσκοπος ἐκ θεοῦ καθεσταμένος)[741], als den *episcopus episcoporum*. Diese Position ist auch später durch Bischöfe, die in theologisch begründeter Opposition zu einem christlichen Kaiser standen, den sie als einen Ketzer auffaßten (Konstantius II.), nicht grundsätzlich infrage gestellt worden[742].

---

739 Schieffer. – Gratian hat den Titel (wohl 376) abgelegt, sein jüngerer Halbbruder, der Kindkaiser Valentinian II., hat ihn 375 bei seiner Erhebung zum Augustus als erster Kaiser der Geschichte nicht mehr erhalten. Der nächste Kaiser ohne den Titel war 379 Theodosius I.

740 Vgl. aber das erboste *Quid est imperatori cum ecclesia?* des ‚Ketzers' Donatus: Opt. III 3. Dazu auch das donatistische *Quid christianis cum regibus? aut quid episcopis cum palatio?* in Opt. I 22.

741 Eus. LC II f.; VC I 44. – Straub, Konstantin als κοινὸς ἐπίσκοπος; Girardet, Priestertum. – Vgl. Rapp, allerdings ohne Kenntnis der Aufsätze von Straub (wie oben) und ders., Konstantin als ἐπίσκοπος τῶν ἐκτός; mit Recht weist die Autorin auf die Moses-Typologie hin, die sowohl auf den Bischof als auch auf Konstantin angewendet wurde (692: „military and political leadership as well as spiritual authority in a role comparable to that of a bishop").

742 Dazu Girardet, Konstantius II.

IX. Die neue Perspektive – Christianisierung der Menschheit als politisches Ziel Konstantins

1. Die Einheit von Politik und Religion

Politik und Religion bildeten, anders als für den heutigen Menschen des europäischen Kulturkreises, im antiken Denken und Handeln eine unauflösliche Einheit[743]. So waren die Römer, die sich mit Stolz als die *religiosissimi mortales* (Sallust, Cat. 12, 3) betrachteten, zu allen Zeiten fest davon überzeugt, daß der beispiellose Erfolg ihrer Weltmachtpolitik sowie die Größe, Dauerhaftigkeit und Stabilität ihres Imperiums auf die Einheit des *populus Romanus* im Kultus der Götter und auf die sorgfältigste Beachtung des Willens der Götter zurückzuführen seien[744]. Cicero hat dies 56 v. Chr. mit unübertrefflicher Sprachgewalt so ausgedrückt:

> „Gibt es jemanden, der so von Sinnen ist, daß er … in vollem Bewußtsein der Existenz der Götter nicht einsieht, daß durch deren Walten dieses riesige Imperium entstanden ist und vergrößert und erhalten wird? (Alle anderen Völker sind uns in allen möglichen Belangen ebenbürtig. Doch) mit Hilfe unserer Frömmigkeit und Religiosität und vor allem dieser einen Weisheit, erkannt zu haben, daß durch das Walten der Götter alles regiert und gesteuert wird, haben wir alle Stämme und Nationen überwunden"[745].

Kurz und bündig heißt es dann angesichts selbstverschuldeter Gefährung dieses Zusammenhangs durch den von Caesar initiierten Bürgerkrieg zwischen 49 und 29 v. Chr. bei Horaz[746]:

---

743 Vgl. bereits oben bei Anm. 31 ff.

744 Siehe nur Wlosok, Rom und die Christen, hier bes. Kap. IV: Die Rolle der *religio* im Staatsleben und Selbstverständnis der Römer (53–67), mit den wichtigsten Quellen; dies., Römischer Religions- und Gottesbegriff.

745 Cic. har. resp. 19: *quis est tam vaecors, qui …, cum deos esse intellexerit, non intellegat, eorum numine hoc tantum imperium esse natum et auctum et retentum? … pietate ac religione atque hac una sapientia, quod deorum numine omnia regi gubernarique perspeximus, omnes gentes nationesque superavimus.* – Kritik daran u. a. von Tertullian: apol. XXV 2 ff.

746 Hor. carm. III 6, 5–8:
> *dis te minorem quod geris, imperas.*
> *hinc omne principium, huc refer exitum.*
> *di multa neglecti dederunt*
> *Hesperiae mala luctuosae.*

„Weil du (sc. Römer) den Göttern dich unterordnest, herrschst du.
Hieraus leite her alles Beginnen, darauf beziehe den Ausgang.
Mißachtet, haben die Götter viel Unheil
dem trauernden Hesperien zugefügt".

In gleichem Geiste schrieben mehr als 300 Jahre später die Mitglieder der 1. Tetrarchie, die Augusti Diokletian und Maximian sowie die Caesares Konstantius I. und Galerius, die sich selbst als *religiosissimi* bezeichnet haben[747], am Beginn ihres Eheediktes (1. Mai 295):

(1) sie fühlten sich durch die *disciplina nostrorum temporum* aufgefordert, gewisse Verstöße gegen das Eherecht zu ahnden;

„denn es ist nicht zweifelhaft, daß so auch die unsterblichen Götter selbst dem römischen Namen, wie sie es immer gewesen, auch in Zukunft günstig und freundlich gesonnen sind, wenn wir festgestellt haben werden, daß alle unter unserer Herrschaft Lebenden sich mit Wahrhaftigkeit einer in allen Belangen ebenso gottgefälligen wie gottesfürchtigen und dabei ruhigen und züchtigen Lebensweise befleißigen…

(6) Unsere Rechtsordnung…schützt nichts, was nicht geheiligt und ehrwürdig ist, und zu einer derartigen Größe ist die römische Majestät durch die Gunst aller Gottheiten dadurch gelangt, daß sie alle ihre Gesetze an weise Gottesfurcht und Beachtung sittlicher Ehrbarkeit gebunden hat"[748].

Einen ähnlichen Gedanken, jetzt aber christlich gewendet, hat im Jahre 361 Konstantius II., Konstantins Sohn, formuliert:

„Wir wollen auf immer Freude und Ruhm aus dem (christlichen) Glauben gewinnen, in der Einsicht, daß unser Gemeinwesen in höherem Maße durch gewissenhafte Pflege von Religion und Kultus als durch Dienstleistungen und körperliche Arbeit und Mühe in seinem Bestand erhalten wird"[749].

---

747 So in der Weihung der IOVII und HERCVLII, der RELIGIOSISSIMI AVGVSTI ET CAESARES, an SOL INVICTVS MITHRAS bei der Krisenkonferenz zu Carnuntum im Jahre 308: ILS 659; an ihr hat allerdings Konstantius I. nicht teilgenommen, er war 306 gestorben. Auch Konstantin war nicht anwesend. Getroffen haben sich Diokletian, Maximian, Galerius und, hier in der Nachfolge des 307 getöteten Severus als Augustus kooptiert, Licinius: Barnes, Constantine and Eusebius 32. – Zur Politik der Tetrarchen schreibt Aurelius Victor (XXXIX 45): *veterrimae religiones castissime curatae.* – Vgl. Vogt, Religiosität.

748 Mos. et Rom. leg. coll. VI, IV 1, in FIRA² II, 558 f., 560: (1) *Ita…et ipsos inmortales deos Romano nomini, ut semper fuerunt, faventes atque placatos futuros esse non dubium est, si cunctos sub imperio nostro agentes piam religiosamque et quietam et castam in omnibus mere colere perspexerimus vitam…(6) Nihil…nisi sanctum ac venerabile nostra iura custodiunt, et ita ad tantam magnitudinem Romana maiestas cunctorum numinum favore pervenit, quoniam omnes leges suas religione sapienti pudorisque observatione devinxit.*

749 CTh XVI 2, 16: *gaudere …et gloriari ex fide semper volumus, scientes magis religionibus quam officiis et labore corporis vel sudore nostram rem publicam contineri.*

2. Das Ziel der kultischen Einheit des *populus Romanus*

Nicht anders, als es in den eben zitierten Quellen zum Ausdruck kam, hat auch
Konstantin gedacht. Aber von seinen paganen Vorgängern im Amt des Kaisers
unterschied er sich wie dann später auch sein Sohn natürlich darin, daß er seit
311 nicht *Jupiter*, nicht *Mars*, nicht *Hercules*, nicht *Apollo*, nicht *Sol Invictus* oder
andere Götter, sondern – durch die Erfahrung des Scheiterns dieser Götter und
damit ihrer Nicht-Existenz sowie durch die Standfestigkeit verfolgter Christen
belehrt – den Gott der Christen als einzigen Garanten von politischem wie
militärischem Erfolg und ‚Heil des Reiches' (*salus imperii*) betrachtete[750]: sein
socius, sein *comes* war darum nach dem ‚Wunder von Grand' 310 nicht mehr wie
noch bis 311 *Sol Invictus*, sondern der *invictus Christus*, der *Sol Iustitiae*[751].

a. Die Verantwortung des Kaisers als Bischof

Voraussetzung wie einst für die Gunst der Götter, so jetzt seit 311/12 für die
Gunst des Christengottes war aus Konstantins Sicht die ungestörte, den Sat-
zungen entsprechende Ausübung des Kultus, jetzt also des christlichen Kultus,
und die Einheit im Kultus wiederum hing nunmehr unter dem neuen Vorzeichen der *lex Christiana* von der Einheit im rechten Glauben ab. Zudem war die
neue Religion des Kaisers eine universalistische, von einem unbedingten Absolutheitsanspruch geprägte Religion[752]: der Gott der Christen duldet, wie das
1. Gebot des Dekalogs besagt, keine anderen Götter neben sich, und das
Christentum verstand sich als ‚katholisch', das heißt prägnant: ‚überall vorhanden', als antihäretisch abgrenzende Bezeichnung für die reichsweit von der
Mehrheit der Christen getragene Rechtgläubigkeit[753], und zugleich, auf Grund

---

750 Siehe oben Kap. VI (Frühestes Selbstzeugnis).
751 So seine Erklärung in der religionspolitischen Programmrede von 314: Constant. or. ad
    sanct. coet. XXVI 2. Zu der Rede s. o. Exkurs 2 nach Kap. VI 4.
752 Vgl. Stroumsa; Brennecke, Absolutheitsanspruch.
753 Siehe z. B. den Auftrag an zwei Bischöfe (Eunomius und Olympius; Sitze unbekannt), in
    Nordafrika durch ihren Besuch bei den Anti-Donatisten in Karthago (316) zu de-
    monstrieren, *ubi esset catholica* (sc. *ecclesia*); sie hätten erklärt, *illam esse catholicam, quae
    esset in toto orbe terrarum diffusa:* Opt. I 26 = v. Soden, Urk. 24 Z. 1 ff., 7 f. Und das
    konnten die Donatisten nicht von sich behaupten, die außerhalb von Africa keine oder
    nur sehr wenige Anhänger gewonnen haben. – Vgl. die Darlegungen des Laktanz in inst.
    div. IV 30. – Zu ‚katholisch' siehe Kelly sowie jetzt Hübner, über das Aufkommen des
    Begriffs (zwischen 160 und 190) und seine in Auseinandersetzung mit Ketzereien ge-
    prägten Bedeutungen. Frühester Beleg für ‚katholisch' als rechtgläubig: Ignatius von
    Antiochien, ep. Smyrn. 8, 2; Martyr. Polyc., Präskript sowie 16, 2.

des Missionsauftrages Christi – „Geht hin in alle Welt und predigt das Evangelium aller Kreatur" (Mk 16, 15 par) – , ‚für alle Menschen bestimmt‘[754].

Diese universalistische Perspektive war bei Konstantin von Anfang an vorhanden. Der Kaiser sprach 314 in seiner *oratio ad sanctorum coetum* ganz in diesem Sinne von der durch Christus „zur Rettung aller" gegründeten christlichen Kirche, und die christlichen Kleriker galten ihm ursprünglich als so etwas wie „Anführer zur Rettung der Völker" oder „Urheber der Rettung der Völker", d. h. der Nichtchristen[755]. Daher bezog sein religiöser Einheitsgedanke mit Selbstverständlichkeit auch den nichtchristlichen Teil des *populus Romanus* ein. Der Kaiser bezeichnete sich aus diesem Grunde selber, wie Eusebius berichtet, als den ἐπίσκοπος τῶν ἐκτός, als „Bischof derer draußen" (VC IV 24 mit IV 1, 1)[756], d. h. der außerhalb der Christenheit Stehenden. Diese Selbstbezeichnung steht durchaus nicht in Widerspruch zu seiner von Eusebius bezeichneten Rolle gegenüber den Bischöfen z. B. bei Konzilien (VC I 44) als οἷά τις κοινὸς ἐπίσκοπος ἐκ θεοῦ καθεσταμένος, als „so etwas wie ein von Gott eingesetzter (den Bischöfen) gemeinsamer Bischof", als ‚Aufseher‘ über die Bischöfe. Eusebius fährt nämlich, die kaiserliche Selbstbezeichnung bekräftigend und erläuternd, fort (VC IV 24), der Kaiser habe über „alle Untertanen" die Aufsicht geführt und sie zu gottgefälligem Leben angehalten: über „alle Untertanen", also auch über die Bischöfe, und zahlreiche seiner erhaltenen Briefe dokumentieren eben dieses. Als ἐπίσκοπος τῶν ἐκτός, der auch τὰ ἐκτὸς πράγματα (IV 1, 1) im Blick hat, d. h. die Dinge außerhalb der Kirche, beaufsichtigt er einerseits alle und alles außerhalb der Kirche, und andererseits beaufsichtigt er als κοινὸς ἐπίσκοπος überdies auch den kirchlichen Episkopat (I 44), der wiederum „die drinnen", die Gemeindeglieder, beaufsichtigt. In diesem Sinne ist es verständlich, wenn Eusebius sagt (VC IV 24), daß der Kaiser über „alle Untertanen" die Aufsicht führt: einerseits direkt über „die und das draußen" (οἱ ἐκτός/ τὰ ἐκτός), andererseits indirekt, durch das ‚Medium‘ der von ihm beaufsichtigten Bischöfe, auch über „die drinnen".

Mit Blick auf die Tatsache, daß die weit überwiegende Mehrheit der Bürger des Reiches nicht dem Christentum angehörte, hatte Konstantin, wie er mehrfach erklärte, einem in sich einigen Christentum und Episkopat eine

---

754 Girardet, Wende 98 f., 135. – Vgl. v. Harnack 422 f.; Kelly. – Das Problem war aber, daß auch die Schismatiker und ‚Ketzer‘ sich als ‚katholisch‘ verstanden (so ist es bis zum heutigen Tag); s. o. Anm. 636 zu den Donatisten.

755 Const. or. ad sanct. coet. I 5. – Brief des Kaisers von 324 (?) an Alexander und Arius (?) über die Rolle der Kleriker: Eus. VC II 67; ‚ursprünglich‘: Streit innerhalb des Klerus verhinderte oder behinderte diese Rolle (ebd.). Zu Adressaten und Datum siehe St. G. Hall, oben Anm. 688.

756 Zu οἱ ἐκτός auch Eus. VC II 22. – Vgl. Straub, Konstantin als ἐπίσκοπος τῶν ἐκτός; De Giovanni 144 f.; Ronning 317 ff.

werbende Vorbildfunktion zugedacht[757]. Das ihn leitende Ideal war die Bürgergemeinschaft des *populus Romanus* als Kultgemeinschaft[758], wie einst polytheistisch[759], so jetzt bei und seit Konstantin monotheistisch-christlich, eine Kult- und Glaubensgemeinschaft, an deren Spitze um des politischen Erfolges und des metaphysischen Heils der Seelen aller willen der christliche Kaiser als *pontifex maximus* bzw. ἐπίσκοπος im Sinne des *munus principis* über die ungestörte Beziehung zwischen Menschheit und Christengott zu wachen hatte.

b. Schismatiker und Ketzer

Für Konstantin bestand aber von diesen Voraussetzungen her in der politischen Wirklichkeit zum einen das schwierige Problem, daß die Dienerschaft seines Gottes, der Episkopat, theologisch uneins, ja viel mehr noch: erbittert verfeindet war; denn vielerorts in West und Ost (u. a. Donatistenstreit, Arianischer Streit) standen, zum Teil auch schon seit den Anfängen des Christentums, konkurrierende Gemeinden und Hierarchien des Klerus theologisch zerstritten nebeneinander bzw. gegeneinander[760], so daß die politisch notwendige kultische und theologische Einheit der Christenheit nicht vorhanden war[761], also überhaupt erst herbeigeführt werden mußte. Ein weiteres Problem stellte die Tatsache dar, daß der *populus Romanus* zum größten Teil aus Nichtchristen bestand. Die erhaltenen Quellen zeigen Konstantins unablässiges Bemühen, diese Probleme aus der Welt zu schaffen[762]. Denn für ihn ging es politisch in einem ganz elementaren Sinne um die Existenz. Der Gott der Christen hatte ihn, so sah er

---

757 So z. B. in der 2. Proklamation von 324: Eus. VC II 56, 1; dann auch im Brief an Alexander und Arius (?), ebenfalls 324 (?): Eus. VC II 67 (St. G. Hall, oben Anm. 688).

758 Vgl. Dihle.

759 Die tetrarchische Christenverfolgung hatte das Ziel gehabt, die religiöse Einheit der Reichsbevölkerung im Kultus der traditionellen Götter herbeizuführen; so die Aussage des Galerius im Duldungsedikt von 311: Lact. mort. pers. 34, 1–3. Ebenso Maximinus Daia: Eus. HE IX 1, 3 f. (sog. Sabinuszirkular auf Anweisung des Kaisers); ebd. IX 9a, 1–9. Vgl. Vogt, Religiosität.

760 Siehe nur Lorenz, KiG I C 2 (Osten), 115. – S. o. bei Anm. 67 f.: Epiphanius und Augustinus. Man denke auch an die konkurrierenden Hierarchien in der Hauptstadt Rom selbst zur Zeit des Maxentius (s. o. bei Anm. 31 ff.) und dann ab 314 für viele Jahrzehnte, als dort donatistische Bischöfe residierten (s. o. bei Anm. 723).

761 Girardet, Wende 135 f.

762 Zu den Bemühungen im Donatistenstreit und im Arianischen Streit siehe Kap. VIII 1; Brief (324 oder) 325 (St. G. Hall, oben Anm. 688): Eus. VC II 64–72; kaiserlicher Synodalbrief (325) über den reichsweit einheitlichen Ostertermin: Eus. VC III 16 und 17, 5. Siehe auch Eus. VC III 21, 24; Brief (335) an das Konzil von Tyros: Eus. VC IV 42. – Gegenüber den Paganen: ,Werben' für das Christentum z. B. in den beiden großen Proklamationen des Jahres 324 in Eus. VC II 24–42, 48–60. Siehe auch Eus. VC III 57; IV 29, 32, 55.

es, mit enormen militärischen und politischen Erfolgen beschenkt. Die Dankespflicht verlangte nun, daß er als christlicher Kaiser in der Rolle sowohl des κοινὸς ἐπίσκοπος als auch des ἐπίσκοπος τῶν ἐκτός das Imperium zur Einheit im ‚richtigen‘ christlichen Glauben und Kultus führte. Pflichtversäumnis aber mußte nach seiner festen Überzeugung, die man als Historiker ernst zu nehmen hat, den Zorn seines Gottes und schwerste Nachteile für ihn persönlich, das Reich und sogar die Menschheit zur Folge haben[763].

Die existenzielle Angst, daß genau dies wegen der Zerwürfnisse innerhalb des Episkopates eintreten könnte, hat er in erhaltenen Briefen mit tiefster Sorge zum Ausdruck gebracht[764]. Daher war sein erstes Anliegen, die Einheit des Glaubens und des Kultus unter den Christen herbeizuführen, eine Einheit, die es in der Kirchengeschichte ja bisher von Anbeginn noch nie gegeben hatte, und man kann seine darauf zielende Politik geradezu als Sicherheitspolitik bezeichnen: nur wenn die Einheit der Christen im rechten Glauben und Kultus erreicht ist, so schrieb er 314 beispielsweise an Ablabius, „kann ich wirklich und in vollem Umfang sicher sein" (*tunc … revera et plenissime potero esse securus*) – sicher vor dem angstvoll erwarteten Zorn seines Gottes und dessen für Kaiser und Reich verheerenden Folgen[765]. Es war daher keine konventionelle Floskel, wenn er den Entlassungsbrief an die Synodalen in Arles (314) mit dem Wunsch abschloß: „der allmächtige Gott möge euch entsprechend meinen und euren Gebeten auf immer Unversehrtheit schenken, liebste Brüder" (*incolumes vos deus omnipotens tribuat votis meis et vestris per saecula, fratres carissimi*)[766], und einen Brief an donatistische Bischöfe (315) mit den Worten: „der allmächtige Gott verleihe dauerhafte Sicherheit" (*deus omnipotens perpetuam tribuat securitatem*)[767]. Aber Schisma und Häresie innerhalb der Christenheit könnten auch, so im Brief an Ablabius, den politisch nicht minder gefährlichen Spott der Paganen hervorrufen[768]; denn diese könnten ja, mit unkalkulierbaren Folgen wie z. B. Usurpationsversuchen, von der Zerrissenheit der Dienerschaft des Christengottes auf die Machtlosigkeit dieses Gottes oder auf die mangelnde Begünstigung des Kaisers durch seinen Gott schließen. Konstantins Methoden, die Einheit des Episkopates herbeizuführen, liefen allerdings den 313 in Mailand mit Licinius vereinbarten, in der Trierer Rede von 314 und in der 2. Proklamation von 324 bekräftigten Prinzipien der Religionsfreiheit und Ge-

---

763 Vgl. bereits oben bei Anm. 711 ff.
764 Siehe z. B. Opt. append. III = v. Soden, Urk. 14 Z. 67 ff.; Opt. append. V = v. Soden, Urk. 18 Z. 66 ff. – Ein spätes Beispiel (335) in Konstantins Brief an das Konzil von Tyros: Athan. apol. sec. 86, 11.
765 Opt. append. III = v. Soden, Urk. 14 Z. 72 ff.
766 Opt. append. V = v. Soden, Urk. 18 Z. 70 f.
767 Opt. append. VI = v. Soden, Urk. 21 Z. 19 f.
768 Opt. append. III = v. Soden, Urk. 14 Z. 28 ff. Siehe auch Eus. HE X 5, 22 = v. Soden, Urk. 15 Z. 25 ff.; Eus. VC II 61, 5; III 21.

waltlosigkeit[769] zuwider: nachdem sich Reichs- bzw. Kaiserkonzilien und alles verbale, materiell unterstützte Werben um Frieden und Einheit als erfolglos erwiesen hatten, entschloß sich der Kaiser zu Repressionsmaßnahmen und sogar zu Versuchen, Schismatiker und Ketzer auch unter Androhung der Todesstrafe durch eine Politik des Glaubenszwangs zu integrieren[770]. Damit ist er jedoch gescheitert.

c. Die Paganen

Konstantins Religionspolitik gegenüber christlichen Schismatikern und Ketzern wie auch den Paganen hatte, nach Ausweis der erhaltenen Erklärungen und der praktischen Maßnahmen des Kaisers, den Charakter einer Christianisierungspolitik im ‚katholischen‘ Sinne[771]. Sie verfolgte vor allem gegenüber den Paganen keineswegs das Ziel „to create a neutral public space in which Christians and pagans could both function" oder eines „program of ‚peaceful co-existence‘" und „consensus" oder „harmony"[772]. Allerdings hat Konstantin aus wohlerwogenen politischen Gründen darauf verzichtet, den Paganismus in der Praxis frontal anzugreifen[773]. Zu beobachten sind aber verschiedenartige Versuche, den Nichtchristen die Annahme des Christentums anzuempfehlen und gewisse Erscheinungsformen und Praktiken der paganen Religion einzuschränken und zu unterdrücken.

Zu den Methoden des Kaisers, die Nichtchristen innerhalb des Imperiums für den Christengott zu gewinnen[774], gehörten werbende Reden und Proklamationen, die Eusebius von Caesarea jedoch als nur wenig erfolgreich beurteilt hat[775]. Ein wichtiges Element der konstantinischen Christianisierungspolitik war auch eine offenbar schon früh einsetzende Politik der Entpaganisierung des öffentlichen Lebens: der Kaiser ließ sein Bild aus den Tempeln entfernen[776],

---

769 S. o. Anm. 700.

770 Siehe z. B. den wütenden Brief (315/16) an den *vicarius Africae* Celsus: Opt. append. VII = v. Soden, Urk. 23, zitiert oben bei Anm. 735. – Edikt (ca. 324/25?) gegen verschiedene Ketzereien: Eus. VC III 63 ff.; CTh XVI 5, 1 (326). – Edikt gegen Arius (333?) mit Androhung der Todesstrafe für Besitzer von Schriften des Arius: Athan. de decr. 39; Noethlichs, Maßnahmen 16.

771 Zum Verständnis von ‚katholisch‘ s. o. Anm. 753.

772 Drake, Constantine and Consensus 7 und 15. Vorbehalte gegen die Position von Drake u. a. von H. A. Pohlsander, Rez. Drake, Constantine and the Bishops. In: The Catholic Historical Review 87, 2001, 80 f.; von Veyne 22 f. Anm. 2.

773 S. o. Kap. VI 3a.

774 Siehe etwa Const. or. ad sanct. coet. XXIII 1; in den Proklamationen von 324: Eus. VC II 2–29, 42; 47 f., 56–60 .

775 Eus. VC IV 29–31, 55. – Vgl. für das folgende Jahrhundert MacMullen, Meaning; ders., Conversion.

776 Eus. VC IV 16. Dazu Girardet, Wende 147 Anm. 443 mit der Literatur.

verbot allen Magistraten das bisher in der ganzen römischen Geschichte fest etablierte Opfer bei hoheitlichen Akten[777] und führte bei der größtenteils paganen Armee nicht nur ein christliches Sonnentagsgebet an den einen einzigen Gott ein[778], sondern schaffte wohl auch die dort selbstverständliche offizielle Opferpraxis ab[779], vermutlich deswegen, weil die dienstliche Verpflichtung zum Opfer Christen davon abgehalten hätte, in die Armee einzutreten. Außerdem untersagte er wohl aus dem gleichen Grund den Soldaten das Mitführen von Götterstatuen (*dei militares*)[780]. Wann dieses Verbot erlassen wurde, läßt sich nicht sagen. Daß es für alle Armeen gegolten hätte, ist aber kaum anzunehmen. Ich vermute, daß nur diejenigen Truppen, die der Kaiser persönlich mit dem Labarum anführte, die *dei militares* nicht zeigen durften.

Zu den Mitteln des Kaisers, religiös Andersdenkende einzuschränken, gehörten ferner, in Einzelfällen auch hier (wie bei den ‚Ketzern‘) entgegen den Prinzipien von Religionsfreiheit und Gewaltverzicht, nicht nur verbale Diskriminierung von Paganen und Juden[781], sondern auch[782] Verbot einzelner paganer Praktiken, die als politisch gefährlich oder unmoralisch galten, gelegentlich gezielte Zerstörung von Tempeln, in denen anstößige Bräuche (Prostitution etc.) gepflegt wurden oder die sich an Stätten befanden, die aus der Sicht des Kaisers für die Christen von religiöser Bedeutung waren (u. a. in Jerusalem, Bethlehem), und Enteignung von Tempelschätzen[783], die dann zur Finanzierung des sehr aufwendigen Kirchenbauprogramms und wohl auch für eine stabile Fundierung der Währung durch das Prägen von Goldmünzen (*solidi*) verwendet wurden. Charakteristisch ist in diesem Zusammenhang auch ein Gesetz von 326, das alle Provinzstatthalter verpflichtete, öffentliche Neubauten nicht eher in Auftrag zu geben, als bis sie angefangene Bauprojekte ihrer Vorgänger zu Ende geführt hätten – mit Ausnahme des Baus von Tempeln[784]. Angefangene Tempelbauten, sofern sie unter staatlicher Verantwortung standen bzw. staatlich finanziert waren, durften also nicht mehr vollendet werden. Anlaß für diese Verfügung ist

---

777 CTh XVI 2, 5 (323); Eus. VC II 44. – Girardet, Wende 128 f. – Entpaganisierung des Opfergedankens 314: Const. or. ad sanct. coet. XII 5.

778 Eus. VC IV 18–20. Dazu Girardet, Sonnen-Tag 198 (=297) ff., 205 (=303) ff.

779 Dazu mit den Quellen Haensch, Christianisation 528 ff.

780 Eus. VC IV 21. Vgl. die *dei militares* auf den Reliefs am Konstantinbogen (*Victoria, Sol Invictus, Iupiter, Mars*): L'Orange/Gerkan 55, 57 f., 126 ff., 132 ff; Koeppel VII 41 Nr. 17 Abb. 12; ders. IV 63 f. Nr. 29 mit Abb. 34; 65 f. Nr. 30 mit 67 Abb. 35.

781 S. o. bei Anm. 693 ff.

782 Zum Folgenden Noethlichs, Maßnahmen 19–32 mit allen Quellen. Ferner ders., Heidenverfolgung.

783 Eus. LC VIII; ders., VC III 54 (ff.). Siehe auch anon. de rebus bellicis 2, 1. – Bonamente, Confisca.

784 CTh XV 1, 3 (326): *Provinciarum iudices commoneri praecipimus, ut nihil se novi operis ordinare ante debere cognoscant, quam ea conpleverint, quae a decessoribus inchoata sunt, exceptis dumtaxat templorum aedificationibus.*

möglicherweise die Anfrage eines christlichen Statthalters gewesen, der Nachfolger eines Paganen war.

3. Christianisierung der Oikumene

Konstantin fühlte sich aus den genannten Gründen aber nicht nur verpflichtet, die Einheit der Bevölkerung des Imperiums als rechtgläubige christliche Glaubens- und Kultgemeinschaft herbeizuführen, das Christentum also zur alleinigen Reichsreligion zu machen. Im Jahre 314 erklärte er nämlich, der Christengott habe ihm „durch seinen himmlichen Befehl alles Irdische zur Lenkung anvertraut" (*nutu suo caelesti terrena omnia moderanda commisit*)[785], und außerdem war das Christentum, wie schon gesagt, eine monotheistisch-universalistische Religion, also eine Religion, die nur ein einziges kosmisches Wesen als Gott, alle anderen Wesenheiten, die von Nichtchristen als Götter verehrt wurden, als Dämonen oder als nicht existent betrachtete. Die Religionspolitik des Kaisers im Sinne einer Sicherheitspolitik mußte daher durch eine letztlich auch die gesamte Menschheit erfassende Christianisierungspolitik ergänzt werden. Schon in der Trierer Programmrede von 314 hat Konstantin die Hinführung aller Paganen zum Christentum als seine zentrale herrscherliche Aufgabe bezeichnet, gegründet auf die Vorstellung, daß der Untergang des Paganismus und die Christianisierung der Oikumene das gottgewollte Ziel der Geschichte seien[786]. Im Brief an Ablabius erklärte er im gleichen Jahr[787], nur dann könne er sicher sein und alles Beste vom Wohlwollen des *potentissimus deus* erwarten, wenn er

> „festgestellt haben werde, daß alle dem allerheiligsten Gott durch den ihm gebührenden Kultus der katholischen Religion in einträchtiger Brüderlichkeit der Ehrerbietung begegnen" (*cum universos sensero debito cultu catholicae religionis sanctissimum deum concordi observantiae fraternitate venerari*):

„alle" (*universi*) kann vom Kontext her außer allen Christen auch „alle Menschen" bedeuten[788]. Nicht weniger entschieden sprach er diese Zielvorstellung

---

785 Opt. append. III = v. Soden, Urk. 14 Z. 70 f. Vgl. auch den Hinweis auf Gott als Ursprung der Herrschaft Konstantins im Westen in dem Brief an Miltiades von Rom: Eus. HE X 5, 18 = v. Soden, Urk. 12 Z. 10 f. – Zu *terrena omnia*: Konstantin besitzt derzeit (314) die direkte Herrschaft über den Westen, während Licinius den Balkan und Osten beherrscht. Da er durch Senatsbeschluß den ersten Rang erhalten hatte, erstreckte sich seine Regierungskompetenz aber grundsätzlich auf das ganze Reich. S. o. bei Anm. 642 ff.

786 Constant. or. ad sanct. coet. XI 1 und XVI 1 f.

787 Opt. append. III = v. Soden, Urk. 14 Z. 72 ff.

788 Ähnlich 315/16 im Brief an den *vicarius Africae* Celsus: Opt. append. VII = v. Soden, Urk. 23 Z. 41 ff., zit. oben bei Anm. 713.

auch in seiner 1. großen Proklamation von 324 nach dem Sieg über Licinius aus. Darin hieß es, der Christengott habe ihn, den Kaiser, in seinen Dienst genommen, und daher habe er von Westen nach Osten fortschreitend die Mächte des Schreckens niedergekämpft (sc. Maxentius und Licinius) zu dem einen einzigen Ziel:

> „daß die Menschheit, durch mein Tun belehrt, die Religion des allerheiligsten Gesetzes zu ihrer Rettung annehme und zugleich sich der allerseligste Glaube unter der führenden Hand des Höchsten weiter verbreite"[789].

Ziel ist also die ganze Menschheit. Wenige Monate später, Anfang 325, erklärte er in einem Brief nach Antiochien als die wichtigste Aufgabe seiner Politik,

> „die Ansicht aller Völker über das Göttliche" zu vereinheitlichen,

dem Kontext nach, in dem von geplanter Mithilfe des Klerus die Rede ist, zweifellos im christlichen Sinne[790]. Und im Jahre 330 bezeichnete er

> „Gott den Allerhöchsten" als „dieser Welt Schöpfer und Vater..., durch dessen wohltätiges Geschenk wir das Leben genießen dürfen, zum Himmel aufschauen, auch uns der menschlichen Gemeinschaft erfreuen", und als dessen Wille stand für ihn fest,

> „daß das ganze Menschengeschlecht zu einem gemeinschaftlichen Konsens findet und durch eine Art Gemeinschaftsgefühl wie durch Umarmung aller mit allen zusammengehalten wird"[791].

Die Menschheit als Ganze also war außer der paganen Reichsbevölkerung entsprechend dem Willen Gottes das Ziel der kaiserlichen Christianisierungspolitik, wie auch aus anderen programmatischen Erklärungen des Kaisers hervorgeht[792]. Konstantin versprach sich davon geradezu eine Erneuerung des Reiches und der Menschheit, eine *renovatio imperii* und des *orbis terrarum*[793].

---

789 Eus. VC II 28, 2. Vgl. auch ebd. 55, in der 2. Proklamation.

790 Eus. VC II 65 1. Zu dem Brief siehe St. G. Hall, oben Anm. 688.

791 Brief Konstantins an numidische Bischöfe bei Opt. append. X = v. Soden, Urk. 36 Z. 5–9: *Cum summi dei, qui huius mundi auctor et pater est, cuius beneficio vitam carpimus, caelum suspicimus, humana etiam societate gaudemus, hanc voluntaten esse constet, ut omne humanum genus in commune consentiat et quodam societatis affectu quasi mutuis amplexibus glutinetur*, etc.; daraus wird der Gedanke abgeleitet, daß Häresie und Schisma das Werk des Teufels sind. Diese Anwendung der allgemeinen Maxime auf einen konkreten Fall ändert aber nichts an der generellen Gültigkeit der Maxime.

792 Constant. or. ad coet. sanct. XVI 1; Eus. VC II 28, 2; 57. Vgl. auch die oben bei Anm. 787 f. zitierten Aussagen in Opt. append. III = v. Soden, Urk. 14 Z. 74 ff. (*universi*); Opt. append. VII = v. Soden, Urk. 23 Z. 42 ff. (*universi*). Siehe auch die oben in Anm. 789 ff genannten Stellen.

793 Konstantins Synodalbrief von 325 an die Christengemeinde in Nikomedien (nach dem Konzil von Nicaea) in Athan. de decr. 41, 7. Dazu Girardet, *Renovatio*. – Vgl. auch die 324/25 brieflich ausgesprochene Überzeugung, daß Eintracht innerhalb der Christenheit zu einem ‚Wandel' in Politik und Staat führen werde: Eus. VC II 65, 2.

Daher griff er mit seiner Christianisierungspolitik auch über die Grenzen des Imperiums hinaus[794]. Eine Frucht seines universalistischen Politikansatzes und religiösen Glaubens[795] war sein erstaunlicher, wohl ca. 324/25 geschriebener Brief an den jungen persischen Großkönig Shapur II. (Eus. VC IV 9–13). Darin[796] bekannte er sich eindringlich zum Christengott und pries, vermutlich nicht ohne Hintergedanken, gegenüber dem von ihm so bezeichneten ‚Bruder' im Herrscheramt die unwiderstehliche militärisch-politische Wirkungsmacht seines Gottes, die er unter dem Zeichen des Christogramms bzw. des Labarums immer wieder erfahren habe. Und da er sich für alle Christen auf der Welt verantwortlich fühlte, empfahl er seine Glaubensgenossen in Persien dem besonderen Schutz des dortigen Herrschers und riet diesem zudem indirekt, mit frommem Sinn auch selber den politisch und militärisch so ungemein erfolgreichen Glauben an den Gott der Christen anzunehmen. In seinem Schreiben an das Konzil von Tyros aus dem Jahre 335 liest man schließlich die folgenden Sätze[797]:

> „Auf Grund meiner gläubigen Verehrung Gottes ist der Erdkreis befriedet, auch die Barbaren selbst, die bisher die Wahrheit nicht kannten, lobpreisen aufrichtig den Namen Gottes…. Die Barbaren haben jetzt durch mich, den wahren Verehrer Gottes, Gott erkannt und haben gelernt, furchtsam den zu ehren, von dem sie durch die Tatsachen selbst wahrgenommen haben, daß er mein Schutzschild ist und für mich sorgt. Insbesondere auch deshalb kennen sie Gott, den sie wegen der Furcht, die sie vor uns haben, furchtsam verehren".

Hier ist offenkundig die traditionelle imperiale Weltherrschaftsideologie Roms[798] mit der universalistischen Christianisierungsidee Konstantins[799] zu einem Amalgam verschmolzen. Eusebius von Caesarea hat unter dem Eindruck dieser die ganze zu seiner Zeit bekannte Menschheit[800] ins Auge fassenden Christianisierungspolitik das Selbstverständnis des Kaisers sehr treffend charakterisiert. Er bezeichnete Konstantin im Einklang mit zahlreichen Inschriften

---

794 Zum römischen Klientelkönigreich (Groß-)Armenien als dem ersten christlichen Staat der Weltgeschichte (wohl bereits seit kurz nach 300) s. o. bei Anm. 97.

795 Vgl. H. B. Green; Fowden 80–99; Veyne 138 f.

796 Zu den politischen Aspekten des Schreibens: u. a. Baynes 26 ff.; Barnes, Constantine and the Christians of Persia; Vivian; Fowden 93 ff.; Poggi; Veyne 136.

797 Athan. apol. sec. 86, 10 f. – Vgl. Krebs, Bedeutung; Schäferdiek, Germanenmission; Dumézil 144 ff.

798 Siehe inschriftlich erhaltene traditionelle Formeln wie: Konstantin als CONSERVATOR TOTIVS ORBIS, INSTAVRATOR und LIBERATOR ORBIS TERRARVM, PROPAGATOR IMPERII ROMANI, RECTOR ORBIS TERRAE; Grünewald, Constantinus Nr. 101, 233, 241, 278, 285, 362. – Mastino.

799 Vgl. Chadwick, Universalism.

800 Zur Dimension des antiken geographischen Weltbildes vom 8. Jh. v. Chr. bis zur Spätantike vgl. Girardet, Kontinente.

Abb. 29: Bronzener Kolossalkopf des späten Konstantin – Rom/Konservatorenpalast

nämlich als Herrscher über die ganze Welt[801], als „allen überall gemeinsamen Beschützer" mit der „Fürsorge für alle Menschen" und als „Lenker der gesamten Menschheit" (Abb. 29)[802].

Besonders aufschlußreich für die spezifisch christliche Konzeption einer providentiellen Koinzidenz von Entstehen der römischen Monarchie unter Augustus und Entstehen des Monotheismus des Christentums, von römischem Universalreich und christlicher Universalreligion, eine Konzeption mit langer Vorgeschichte[803], ist eine Passage in einer Rede, die Eusebius 336 gehalten hat[804]. Darin erscheint, in Umkehrung des ursprünglichen Gedankens, daß die römische Monarchie förderliche Rahmenbedingung für den christlichen Mo-

---

801 Eus. VC I 8; IV 5–8, 50 und 50, 1. Inschriften: s. o. Anm. 798.
802 Eus. VC IV 8 und 14, 1. – Abb. 29: zur Forschung siehe Fittschen/Zanker Kat.-Nr. 123, 152–155.
803 Zuletzt dazu Lehnen, Abkehr. Die wichtigsten Texte in Guyot/Klein 222–244, dazu die Kommentierung ebd. 429–443.
804 Vgl. zuletzt Amerise, Monotheism 73 ff. zu Eus. LC: Kap. I–X sind die von Eusebius vor Konstantin 336 in Konstantinopel gehaltene Tricennatsrede; Kap. XI–XVIII sind eine etwas später in apologetischer Tradition von Eusebius gehaltene Rede über christliche Religion und christliches Weltverständnis.

notheismus gewesen sei, das weltweite Christentum jetzt als Vorbereiter einer politischen Einigung der ganzen Menschheit unter römischer Herrschaft[805]:

> „Die Macht unseres Heilands hat die Vielherrschaft (Poly-archie) und Vielgötterei (Poly-thëie) der Dämonen vernichtet, indem sie allen Menschen, Hellenen und Barbaren und den bis zu den entferntesten Regionen des Erde Wohnenden, das eine Königtum Gottes verkündete. Die Herrschaft der Römer nämlich, da die Gründe für die Polyarchie beseitigt waren (sc. durch Einführung der römischen Monarchie), unterwarf die sichtbaren (erg. partikularen Herrschaftsbereiche), in dem intensiven Bemühen, das ganze Menschengeschlecht zusammenzuschließen zu einer Einheit und harmonischen Übereinstimmung, und indem sie die meisten der verschiedenartigen Völker zusammenführte, im Begriff, fast schon auch die äußersten Ränder der Oikumene zu erreichen. Und dabei bereitet die heilbringende Lehre mit göttlicher Kraft vorausschreitend ihr – sc. der römischen Herrschaft – für alles den Weg und macht es (sc. das Erreichen des Ziels) leicht".

*

*   *

Konstantins politische Intention ging also dahin, im Einklang mit dem Willen seines Gottes den religiösen Pluralismus im Reich und auf der Welt insgesamt allmählich zum Verschwinden zu bringen, das Christentum zur alleinigen Reichs- und Menschheitsreligion zu machen[806]. Der Weg dazu war beschritten, und es zählt sicher zu den größten politischen Leistungen des Kaisers, daß dies aufs Ganze gesehen weitgehend gewaltfrei geschehen ist. Es war dann erst Kaiser Theodosius d. Gr. (379 bis 395), der durch Gesetz das nicaenische Christentum zur einzigen erlaubten Religion im Reich erklärte (ausgenommen das Judentum) und der konsequenterweise den Paganismus, aber auch alle sogenannten Ketzereien verboten und unter Strafe gestellt hat[807]. Das Bild des ersten Christen auf

---

805 Eus. LC XVI, bes. zit. 6; vgl. auch HE IV 26, 7–11 u. ö.; syr. Theophan. V 52. Zum Gedanken siehe Farina bes. 132–138.

806 Dies sei noch einmal betont im Gegensatz zu der zentralen These von Drake, Constantine and Consensus und Constantine and the Bishops (s. o. bei Anm. 701 und 772), aber auch gegen die Ansicht von Herrmann-Otto 200: mit seiner Christenpolitik habe Konstantin „ – ohne es zu wissen und zu wollen – den Grundstein für die Verchristlichung des Römischen Reiches und später ganz Europas" gelegt.

807 Alle gesetzlich verbotenen Ketzereien sollen „auf ewig Ruhe halten" (*perpetuo conquiescant*), und Ketzerei als *perversa superstitio*: CTh XVI 5, 5 (379, unter Federführung Gratians in Mailand erlassen, aber sicher mit Theodosius abgesprochen). – Nicaenisches Christentum für alle verpflichtend: Theodosius in CTh XVI 1, 2 (28. 2. 380); dazu Gaudemet, L'édit. – CTh XVI 2, 25 (28. 2. 380): wer das heilige Gesetz Gottes (sc. das rechtgläubige Christentum) durch Unwissenheit (!) durcheinanderbringt oder durch Nachlässigkeit verletzt und angreift, begeht ein Sakrileg (mit entsprechenden strafrechtlichen Folgen). Di Mauro Todini. – CTh XVI 10, 10 (24. Februar 391): jegliche

dem römischen Kaiserthron aber wurde, ausgehend von der ‚Vita Constantini‘ des Eusebius von Caesarea, für mehr als tausend Jahre zum Vorbild für die christlichen Nachfolger; von ihnen trugen nicht weniger als zehn in der Welt von Byzanz seinen Namen, und manche Herrscher erhielten, wie später im Westen auch Chlodwig und Karl der Große[808], den Ehrentitel eines „Neuen Konstantin"[809]. Daß das Christentum schließlich zwar nicht zur Menschheitsreligion, aber doch zu einer Weltreligion geworden ist, die weit über den byzantinisch-orthodoxen wie auch den mittelalterlichen und neuzeitlichen Kulturkreis Europas und der Mittelmeerwelt hinauswirkt, verdankt es so im wesentlichen der systematischen Christianisierungspolitik des ersten christlichen Kaisers der römischen Geschichte, der, ohne getauft zu sein, geschweige denn dem Klerus anzugehören, als *episcopus episcoporum* und *pontifex maximus* zugleich auch der erste irdische Herr der Christenheit als Religionsgemeinschaft gewesen ist.

---

pagane Kulthandlung und das Betreten von Heiligtümern ist bei Strafe verboten; dazu auch ebd. 10, 12 (392). – Noethlichs, Maßnahmen 128 ff. (gegen Ketzer), 166 ff. (gegen Pagane). Zur Judenpolitik ebd. 182 ff.; ders., Juden; ders., Heidenverfolgung 1160 ff. Siehe auch die Darstellung von Leppin, Theodosius z. B. 175 ff.

808 Chlodwig: Gregor v. Tours, hist. Franc. II 31; Karl d. Gr.: Papst Hadrian I., ep. 60, PL 98, 306B. – Vgl. auch Mierau; Marti.

809 So z. B. Jovian: Themist. or. V 70 D (1. Januar 364); Theodosius II.: Konzil von Konstantinopel 448 in ACO II 1, 1, ed. Ed. Schwartz, p. 138, 28; Marcian: Konzil von Chalkedon in ACO II 1 p. 336; Justinus: Const. Porphyr. de caerim. I 93 (CSHB p. 430); Konstantin VI.: Labbe/Coleti, Concilia 8, col. 1243 f. (Nicaea II, 786/87). – Grünewald, „Constantinus novus"; Gallina; Whitby. – Vgl. Berger; Schlange-Schöningen, „Bösewicht" 219–221 (Konstantin-Kritik seit der Spätantike).

Verzeichnis
der zitierten Literatur

G. Ahn, ‚Monotheismus' – ‚Polytheismus'. Grenzen und Möglichkeiten einer Klassifikation von Gottesvorstellungen. In: M. Dietrich/O. Loretz (Hg.), Mesopotamica – Ugaritica – Biblica (FS K. Bergerhof). Neukirchen-Vluyn 1993, 1–24

V. Aiello, La fortuna della notizia geronimiana su Costantino ‚eretico'. Messana 13, 1992, 221–238

ders., Costantino ‚eretico'. AARC 10, 1995, 55–83

K. Aland, Der Abbau des Herrscherkultes im Zeitalter Konstantins d. Gr. (1954). In: ders., Kirchengeschichtliche Entwürfe. Gütersloh 1960, 240–256

ders., Die religiöse Haltung Kaiser Konstantins. StPatr I, 1957, 549–600

ders., Das Verhältnis von Kirche und Staat in der Frühzeit. ANRW II 23, 1, 1979, 106–139

A. Alföldi, The Helmet of Constantine with the Christian Monogram. JRS 22, 1932, 9–23 mit pl. II–IV

ders., Die monarchische Repräsentation im römischen Kaiserreiche (1934/35). Darmstadt 1970

ders., Hoc signo victor eris (1939). In: H. Kraft (Hg.), Konstantin 224–246

ders., The Conversion of Constantine and Pagan Rome (1948). Oxford 1998

M. R.-Alföldi, Die constantinische Goldprägung. Mainz 1963

dies., Kaiser Konstantin: ein Großer der Geschichte? In: H. R. Seeliger (Hg.), Kriminalisierung des Christentums? Karlheinz Deschners Kirchengeschichte auf dem Prüfstand. Freiburg 1993, 148–159

dies., Das *labarum* auf römischen Münzen. In: U. Peter (Hrsg.), Stephanos Nomismatikos. Festschrift E. Schönert-Geiss. Berlin 1998, 1–21

G. Alföldy, Die Krise des Imperium Romanum und die Religion Roms (1988). In: ders., Die Krise des Römischen Reiches. Stuttgart 1989, 349–87

M. Amerise, Il battesimo di Costantino il Grande. Storia di una scomoda eredità. Stuttgart 2005

dies., Monotheism and Monarchy. The Christian emperor and the cult of the Sun in Eusebius of Caesarea. JbAC 50, 2007 (2009), 72–84

C. Ando, Le développement urbain de Constantinople (IVe–VIIe siècles). Paris 1990

C. Andresen, Geschichte des Christentums I. Stuttgart 1975

J. Arnold u. a. (Hg.), Väter der Kirche. Ekklesiales Denken von den Anfängen bis in die Neuzeit (FS H. J. Sieben). Paderborn 2004

P. Athanassiadi/M. Frede (Hg.), Pagan monotheism in late antiquity. Oxford 1999

P. Aubin, Le problème de la „conversion". Paris 1963

A. Barbet, Le chrisme dans la peinture murale romaine. In: Demandt/Engemann (Hg.), Konstantin-Kolloquiumsband 127–141

G. Bardy, La question des langues dans l'Eglise ancienne, Bd. 1. Paris 1948

ders., Menschen werden Christen. Das Drama der Bekehrung in den ersten Jahrhunderten (1949). Freiburg 1988

T. D. Barnes, Lactantius and Constantine. JRS 63, 1973, 29–46

ders., The Emperor Constantine's Good Friday Sermon. JThSt 27, 1976, 414–423

ders., The Editions of Eusebius' Ecclesiastical History. GRBS 21, 1980, 191–201

ders., Constantine and Eusebius. Cambridge/Mass. 1981

ders., The New Empire of Diocletian and Constantine. Cambridge/Mass. 1982

ders., Constantine and the Christians of Persia. JRS 75, 1985, 126–136

ders., The Conversion of Constantine. EMC 29, 1985, 371–391

ders., Constantine and Christianity. Ancient Evidence and Modern Interpretations. ZAC 2, 1998, 274–294

ders. Rez. Drake, Constantine and the Bishops. Phoenix 54, 2000, 381–383

ders., Constantine's *Speech to the Assembly of the Saints:* Place and date of delivery. JThSt 52, 2001, 26–36

ders., Monotheists all? Phoenix 55, 2001, 142–162

ders., The young Constantine as judged by his contemporaries. In: Demandt/Engemann (Hg.), Konstantin-Kolloquiumsband 13–19

D. Baudy, Römische Umgangsriten. Berlin 1998

W. Bauer, Rechtgläubigkeit und Ketzerei im ältesten Christentum. Tübingen ²1964

K. Baus/H. Jedin, Handbuch der Kirchengeschichte Bd. 1. Von der Urgemeinde zur frühchristlichen Großkirche. Freiburg ²1963

G. Bausenhart, LThK 4, 1995, 1425 f., s. v. Henotheismus

N. H. Baynes, Constantine the Great and the Christian Church (1931). London ²1972

M. Beard/J. North/S. R. F. Price, Religions of Rome, Bd. I. Cambridge 1998

H. Bellen, Grundzüge der römischen Geschichte, Dritter Teil: Die Spätantike von Constantin bis Justinian. Darmstadt 2003

A. R. Bellinger, Roman and Byzantine Medaillons in the Dumbarton Oaks Collection. DOP 12, 1958, 127–156

A. Berger, Legitimation und Legenden. Konstantin der Große und sein Bild in Byzanz. In: Goltz/Schlange-Schöningen 5–21

M. Bergmann, Die Strahlen der Herrscher. Mainz 1998

dies., Konstantin und der Sonnengott. Die Aussagen der Bildzeugnisse. In: Demandt/Engemann (Hg.), Konstantin-Kolloquiumsband 143–161

K. Bering, Das Kirchenbauprogramm Kaiser Konstantins d. Gr. In: Schuller/Wolff (Hg.) 176–199

St. Berrens, Sonnenkult und Kaisertum von den Severern bis zu Constantin I. (193–337 n. Chr.). Stuttgart 2004

J.-P. Bertaux/P. Deletie/B. Haguenauer, Grand dans la Table de Peutinger. In: Faton (Hg.) 54–55

E. Bihain, L'épitre de Cyrille de Jérusalem à Constance sur la vision de la croix (BHG³ 413). Byzantion 43, 1973, 264–296

A. Binsfeld, Vivas in deo. Die Graffiti der frühchristlichen Kirchenanlage in Trier. Trier 2006

S. de Blaauw, Konstantin als Kirchenstifter. In: Demandt/Engemann (Hg.), Konstantin-Kolloquiumsband 163–172

B. Bleckmann, Ein Kaiser als Prediger. Hermes 125, 1997, 183–202

ders., DNP 12, 2002, 196–200, s. v. Tetrarchie, Tetrarchia

ders., Konstantin der Große. Reinbek ⁴2007

ders., Einleitung zu Eusebius von Caesarea, De vita Constantini (übersetzt und kommentiert von H. Schneider). Turnhout 2007, 7–106

J. Bleicken, Verfassungs- und Sozialgeschichte des Römischen Kaiserreiches, Bd. II. Paderborn 1978 ders., Constantin der Große und die Christen. München 1992

R. Böker, RE Suppl. IX, 1962, 1609–1692 s. v. Wetterzeichen

F. Boll, RE VI, 1909, 2329–2364, s. v. Finsternisse

G. Bonamente/F. Fusco (Hg.), Costantino il grande. Dall'antichità all'umanesimo Bd. I. Macerata 1992

dies. (Hg.), Bd. II. Macerata 1993

ders., Sulla confisca dei beni mobili dei templi in epoca costantiniana. In: ders./ Fusco (Hg.), Bd. I, 1992, 171–201

ders., Costantino santo. CrSt 27, 2006, 735–769

G. Bonner, The Extinction of Paganism and the Church Historian. JEH 35, 1984, 339–357

D. Boschung/W. Eck (Hg.), Die Tetrarchie. Ein neues Regierungssystem und seine mediale Präsentation. Wiesbaden 2006

G. Bowersock, Hellenism in Late Antiquity. Cambridge 1990

ders., Julian the Apostate. London 1978

H. Brandenburg, Die frühchristlichen Kirchen Roms vom 4. bis zum 7. Jahrhundert. Regensburg 2004

H. Brandt, Die ,heidnische Vision' Aurelians (HA, A 24, 2–8) und die ,christliche Vision' Konstantins des Großen. In: G. Bonamente/G. Paci (Hg.), Historiae Augustae Colloquium Maceratense. Bari 1995, 107–117

ders., Geschichte der römischen Kaiserzeit. Von Diokletian und Konstantin bis zum Ende der konstantinischen Dynastie (284–363). Berlin 1998

ders., Konstantin der Große. Der erste christliche Kaiser. München 2006

ders., Constantin und die Schlacht an der Milvischen Brücke – im Zeichen des Kreuzes. In: E. Stein-Hölkeskamp/K.-J. Hölkeskamp (Hg.), Erinnerungsorte der Antike. Die römische Welt. München 2006, 277–288

ders., Konstantin der Große und die Grundlagen des christlichen Europa. Religion und Politik im 4. Jahrhundert. In: M. Meier (Hg.), Sie schufen Europa. Historische Porträts von Konstantin bis Karl dem Großen, München 2007, 13–26

R. Bratož, Die diokletianische Christenverfolgung in den Donau- und Balkanprovinzen. In: Demandt/Goltz/Schlange-Schöningen (Hg.), Diokletian 115–140

J. N. Bremmer, The Vision of Constantine. In: A.P.M.H. Lardinois/M.G.M. van der Poel/V.J.C. Hunink (Hg.), Land of Dreams (FS A.H.M. Kessels). Leiden 2006, 57–79

B. Brennan, Burckhardt and Ranke on the Age of Constantine the Great. Quaderni di storia 21, 1995, 53–66

H. Chr. Brennecke, Der Absolutheitsanspruch des Christentums und die religiösen Angebote der Alten Welt (1995). In: ders., Ecclesia est in re publica (Gesammelte Studien). Berlin 2007, 125–144

ders., Constantin und die Idee eines Imperium Christianum. In: F. Schweitzer (Hg.), Religion, Politik und Gewalt. Gütersloh 2007, 561–576

Th. Brieger, Constantin der Große als Religionspolitiker. Gotha 1880

K. Bringmann, Die konstantinische Wende. Zum Verhältnis von politischer und religiöser Motivation. HZ 260, 1995, 21–47

P. Brown, The World of Late Antiquity. From Marcus Aurelius to Muhammad. London 1971

ders., Die letzten Heiden. Eine kleine Geschichte der Spätantike (1978). Berlin 1986

ders., Society and the Holy in Late Antiquity. Berkeley 1982

ders., Die Gesellschaft und das Übernatürliche (1982). Berlin 1993 ders. (et al.), The World of Late Antiquity revisited. Symbolae Osloenses 72, 1997, 5–90

ders., Die Entstehung des christlichen Europa. München 1999

P. Bruun, The Disappearance of Sol from the Coins of Constantine. Arctos 2, 1958, 15–37

ders., The Christian signs on the coins of Constantine. Arctos 3, 1962, 5–35

ders., Portait of an Conspirator: Constantine's Break with the Tetrarchy. Arctos 10, 1976, 1–23

ders., The Victorious Signs of Constantine: A Reappraisal. Numismatic Chronicle 157, 1997, 41–59 mit Taf. 17–19

J. Burckhardt, Die Zeit Constantins des Großen (1853; ²1880). Bern (ed. B. Wyss) 1950

ders., Die Zeit Constantins des Großen. Neuausgabe mit Nachwort von K. Christ. München 1982

ders., Über das Studium der Geschichte (Hg. P. Ganz). München 1982

ders., L'età di Costantino il Grande (I classici della Storia, mit Introduzione von S. Mazzarino, 7–44). Roma 1970

ders., L'età di Costantino il Grande. Firenze 1990

ders., The Age of Constantine the Great. Transl. M. Hadas (1949), Introd. N. Lenski (XI-XIX). London 2007

S. Calderone, Costantino e il cattolicesimo (I). Firenze 1962

ders., Letteratura costantiniana e „conversione" di Costantino. In: Bonamente/Fusco (Hg.) Bd. 1, 1992, 231–252

A. Capodiferro, LTUR I, 1993, 86–91, s. v. Arcus Constantini

B. A. Caseau, Euodia: The use and meaning of fragrances in the Ancient world and their Christianization (100–900 A. D.). Phil. Diss. Princeton University 1994

C. Castello, Il pensiero politico-religioso di Costantino alla luce dei panegirici. AARC 1, 1975, 47–117

H. Castritius, Studien zu Maximinus Daia. Kallmünz 1969

H. Chadwick, Conversion in Constantine the Great, In: D. Baker (Hg.), Religious Motivation: Biographical and Sociological Problems for Church Historians. Oxford 1978, 1–13

ders., Christian and Roman Universalism. In: L. R. Wickham/C. P. Bammel (Hg.), Christian Faith and Greek Philosophy. Leiden 1993, 26–42

M.-L. Chaumont, Recherches sur l'histoire d'Arménie de l'avènement des Sassanides à la conversion du royaume. Paris 1969

T. Chiusi, Der Einfluß des Christentums auf die Gesetzgebung Konstantins. In: Girardet (Hg.), Kaiser Konstantin 55–64

T. Christensen, Christus oder Jupiter. Der Kampf um die geistigen Grundlagen des Römischen Reiches (1970). Göttingen 1981

ders., Rufinus of Aquileia and the Historia Ecclesiastica, Lib. VIII–IX, of Eusebius (Historisk-filosofiske Meddelelser 58). Copenhagen 1989

P. G. Christiansen, The Great Conflict Revisited: Recent Work on Paganism and Christianity. Helios 15, 1988, 133–149

M. Clauss, RAC 13, 1986, 1073–1113, s. v. Heerwesen (Heeresreligion)

ders., Konstantin der Große und seine Zeit. München ³2007

ders., Die alten Kulte in konstantinischer Zeit. In: Demandt/Engemann (Hg.), Konstantin-Kolloquiumsband 39–48

F. Coarelli, Dintorni di Roma. Rom/Bari 1981

P. Corby Finnes, TOPOS HIEROS und christlicher Sakralbau in vorkonstantinischer Überlieferung. Boreas 7, 1984, 193–225

S. Corcoran, The Empire of the Tetrarchs. Imperial Pronouncements and Government AD 284–324. Oxford 1996

L. Cracco-Ruggini, Elagabalo, Costantino e i culti 'Siriaci' nella *Historia Augusta*. In: G. Bonamente/N. Duval (Hg.), HA-Colloquium Parisinum (MCMXC). Macerata 1991, 123–146

G. Crifò, CTh. 16.2.2 e l'eccezione dei chierici dalla tutela. AARC 4, 1981, 711–737

R. Cristofoli, Costantino e l'*oratio ad sanctorum coetum*. Napoli 2005

J. R. Curran, Pagan City and Christian Capital. Rome in the Fourth Century. Oxford 2000

G. Dagron, Naissance d'une capitale. Constantinople et ses institutions de 330 à 451. Paris 1974

E. Dassmann, Kirchengeschichte I. Stuttgart 1991

ders., Kirchengeschichte II 1. Stuttgart 1996

W. Daut, Die „Halben Christen" unter den Konvertiten und Gebildeten des 4. und 5. Jahrhunderts. Zeitschrift für Missionswissenschaft und Religionswissenschaft 55, 1977, 171–188

D. de Decker, Le *Discours à l'Assemblée des Saints* attribué à Constantin et l'œuvre de Lactance. In: J. Fontaine/M. Perrin (Hg.), Lactance et son temps. Paris 1978, 75–89

R. Delbrueck, Spätantike Kaiserporträts. Berlin 1933

A. Demandt, Verformungstendenzen in der Überlieferung antiker Sonnen- und Mondfinsternisse. Abh. d. Akad. d. Wiss. Mainz, Geistes- u. Sozialwiss. Klasse, Jg. 1970 Nr. 7

ders./A. Goltz/H. Schlange-Schöningen (Hg.), Diokletian und die Tetrarchie. Berlin 2004

ders./J. Engemann (Hg.), Konstantin der Große. Geschichte-Archäologie-Rezeption. Kolloquiumsband. Trier 2006

ders., Wenn Kaiser träumen – Die Visionen Konstantins des Großen. In: Demandt/ Engemann (Hg.), Konstantin-Kolloquiumsband 49–59

ders./J. Engemann (Hg.), Konstantin der Große. Begleitband. Trier/Mainz 2007

ders., Die Spätantike. München ²2007

S. De Maria, Gli archi onorari di Roma e dell'Italia romana. Rom 1988

L. De Giovanni, L'imperatore Costantino e il mondo pagano. Napoli 2003

E. D(e Palma) Digeser, Lactantius and Constantine's Letter to Arles: Dating the *Divine Institutes*. Journal of early Christian studies 2, 1994, 33–52

dies., Lactantius and the Edict of Milan: Does it Determine his Venue? Studia Patristica 33, 1997, 287–295

dies., The Making of a Christian Empire. Lactantius and Rome. Ithaca/London 2000

dies., An Oracle of Apollo at Daphne and the Great Persecution. CPh 99, 2004, 57–77

A. Dihle, Die Religion im nachconstantinischen Staat. In: W. Eck (Hg.), Religion und Gesellschaft in der römischen Kaiserzeit. Kolloquium zu Ehren von F. Vittinghoff. Köln 1989, 1–13

A. Di Mauro Todini, La défense de l'orthodoxie dans la législation de Théodose le Grand. In: Guinot/Richard (Hg.) 443–456

E. Dinkler, Das Kreuz als Siegeszeichen (1965). In: ders., Signum Crucis, Tübingen 1967, 55–76

ders./E. Dinkler-v. Schubert, LCI 2, 1970, 562–590, s. v. Kreuz ders./dies., RBK 5, 1995, 1–219, s. v. Kreuz I

E. Dinkler-v. Schubert, *Nomen ipsum crucis absit* (Cicero, Pro Rabirio 5, 16). Zur Abschaffung der Kreuzigungsstrafe in der Spätantike. Gymnasium 102, 1995, 225–241

dies., ΣΤΑΥΡΟΣ: Vom „Wort vom Kreuz" (1 Kor. 1,18) zum Kreuz-Symbol. In: Chr. Moss/K. Kiefer (Hg.), Byzantine East, Latin West: Art-Historical Studies in Honor of Kurt Weitzmann. Princeton 1995, 29–39

E. R. Dodds, Heiden und Christen in einem Zeitalter der Angst (1965). Frankfurt 1985

F.-J. Dölger (Hg.), Konstantin der Große und seine Zeit. Freiburg 1913

ders., ΙΧΘΥΣ. Das Fisch-Symbol in frühchristlicher Zeit. Münster ²1928

ders., Die Planetenwoche der griechisch-römischen Antike und der christliche Sonntag. A+Chr 6, 1930, 202–238

ders., Beiträge zur Geschichte des Kreuzzeichens III: 6. Das stehende Kreuz als Kürzung des Namens Christus. JbAC 3, 1960, 5–16

H. Dörries, Das Selbstzeugnis Kaiser Konstantins. Göttingen 1954

A. Donati (Hg.), Dalla terra alle genti. La diffusione del cristianesimo nei primi secoli. Milano 1996

A. Donati/G. Gentili (Hg.), Costantino il Grande. La civiltà antica al bivio tra Occidente e Oriente, Milano 2005

H. A. Drake, Suggestions of Date in Constantine's *Oration to the Saints*. AJPh 106, 1985, 335–349

ders., Policy and Belief in Constantine's „Oration to the Saints". Studia Patristica 19, 1989, 43–51

ders., Constantine and Consensus. Church History 64, 1995, 1–15

ders., Constantine and the Bishops. Baltimore 2000

ders., A reponse to Liz Clark. SJT 55, 2002, 363–368

ders., Models of Christian Expansion. In: W. V. Harris (Hg.), The Spread of Christianity in the First Four Centuries. Leiden 2005, 1–13

J. W. Drijvers, Helena Augusta. The Mother of Constantine the Great and the Legend of Her Finding of the True Cross. Leiden 1992

ders., Flavia Maxima Fausta: Some Remarks. Historia 41, 1992, 500–506

B. Dumézil, Les racines chrétiennes de l'Europe. Conversion et liberté dans les royaumes barbares, Vᵉ–VIIIᵉ siècle. Paris 2005

Y.-M. Duval, Ambroise, de son election à sa consécration. In: G. Lazzati (Hg.), Ambrosius Episcopus Bd. 2. Milano 1976, 243–283

J. W. Eadie (Hg.), The Conversion of Constantine. New York (1971) 1977

W. Eck: s.o. D. Boschung/W. Eck

ders., Das Eindringen des Christentums in den Senatorenstand bis zu Konstantin d. Gr. Chiron 1, 1971, 381–406

ders., Zur Christianisierung in den nordwestlichen Provinzen des Imperium Romanum. In: H. Galsterer (Hg.), Die Stadt in Oberitalien und in den nordwestlichen Provinzen des Römischen Reiches. Mainz 1991, 251–261

ders., Eine historische Zeitenwende: Kaiser Constantins Hinwendung zum Christentum und die gallischen Bischöfe. In: Schuller/Wolff (Hg.) 69–95

M. Edwards, The Arian Controversy and the *Oration to the Saints*. VC 49, 1995, 379–387

ders., The Constantinian Circle and the *Oration to the Saints*. In: M. Edwards/M. Goodman/S. Price (Hg.), Apologetics in the Roman Empire. Oxford 1999, 251–275 ders., Rez. Athanassiadi/Frede. Journal of Theological Studies 51, 2000, 339–342

ders., Constantine and Christendom. The Oration to the Saints. The Greek and Latin Accounts of the Discovery of the Cross. The Edict of Constantine to Pope Silvester. Liverpool 2003

ders., Pagan and Christian Monotheism in the Age of Constantine. In: S. Swain/M. Edwards (Hg.), Approaching Late Antiquity. The Transformation from Early to Late Empire. Oxford 2004, 211–234

ders., The Beginnings of Christianization. In: Lenski (Hg.), Companion 137–158

R. Egger, Das Labarum. Die Kaiserstandarte der Spätantike. Wien 1960

T. G. Elliott, Constantine's conversion – Do we really need it? Phoenix 41, 1987, 420–438

ders., The Christianity of Constantine the Great. Scranton 1996

J. Elsner, From the Culture of *Spolia* to the Cult of Relics: The Arch of Constantine and the Genesis of Late Antique Forms. PBSR 68, 2000, 149–185

J. Engemann: s. o. A. Demandt/J. Engemann

ders., „Dich aber, Konstantin, sollen die Feinde hassen!" Konstantin und die Barbaren. In: Demandt/Engemann (Hg.), Konstantin-Kolloquiumsband 173–187

V. Escribano Paño, La construction de l'image de l'hérétique dans le *Code Theodosien* XVI. In : Guinot/Richard (Hg.) 389–412

R. Farina, L'impero e l'imperatore cristiano in Eusebio di Cesarea. La prima teologia politica del cristianesimo. Zürich 1966

A. Faton (Hg.), Grand – prestigieux sanctuaire de la Gaule. Dossiers d'archéologie 162, 1991

M. Fiedrowicz, „Freiwillig um Unsterblichkeit kämpfen". Christliche Einflüsse in der Religionspolitik Kaiser Konstantins. In: ders./Krieger/Weber (Hg.) 11–30

ders./ G. Krieger/W. Weber (Hg.), Konstantin der Große. Der Kaiser und die Christen – die Christen und der Kaiser. Trier ²2007

E. Fink-Dendorfer, Conversio. Motive und Motivierung zur Bekehrung in der Alten Kirche. Frankfurt 1986

B. Fischer, Hat Ambrosius von Mailand in der Woche zwischen seiner Taufe und seiner Bischofskonsekration andere Weihen empfangen? In: P. Granfield/J. A. Jungmann (Hg.), Kyriakon (FS J. Quasten), Bd. 2. Münster 1970, 527–531

K. Fittschen/P. Zanker, Katalog der römischen Porträts in den Capitolinischen Museen und den anderen kommunalen Sammlungen der Stadt Rom, Bd. I (Text). Mainz 1985

Th. Fleck, Isis, Sarapis, Mithras und die Ausbreitung des Christentums im 3. Jahrhundert. In: K.-P. Johne/Th. Gerhardt/U. Hartmann (Hg.), *Deleto paene imperio Romano*. Stuttgart 2006, 289–314

M. Fortina, La politica religiosa dell'imperatore Licinio. RSC 7, 1959, 245–265, und ebd. 8, 1960, 3–23

G. Fowden, Empire to Commonwealth. Consequences of Monotheism in Late Antiquity. Princeton 1993

P. Franchi de' Cavalieri, Constantiniana. Città del Vaticano 1953

A. Fraschetti, L'abbandono del Campidoglio (1986). In: ders., La conversione. Da Roma pagana a Roma cristiana. Rom (1999) 2004, 9–75

ders., „Veniunt modo reges Romam". In: W. V. Harris (Hg.), The Transformations of Urbs Roma in Late Antiquity. Portsmouth/R. I. 1999, 235–248

M. Frede: s. o. Athanassiadi/Frede

J.-C. Frédouille, RAC 13, 1986, 1113–1149, s. v. Heiden

W. H. C. Frend, The Donatist Church. Oxford 1952

ders., The Rise of Christianity. London 1984

A. Fürst, Der Einfluß des Christentums auf die Entwicklung der kulturellen Identität Europas in der Spätantike. JbAC 43, 2000, 5–24

ders., Christentum im Trend. Monotheistische Tendenzen in der späten Antike. ZAC 9, 2005, 496–523

F. X. Funk, Konstantin der Große und das Christentum (1896). In: ders., Kirchengeschichtliche Abhandlungen und Untersuchungen Bd. II. Paderborn 1899, 1–23

F. Fusco: s. o. Bonamente/Fusco (Hg.)

E. Gabba, I cristiani nell'esercito romano del quarto secolo dopo Cristo. In: Transformations et conflits au IVᵉ siècle ap. J.-C. Bonn 1978, 33–53

J. Gagé, Apollon romain. Paris 1955

M. Gallina, „Novus Constantinus". AFLM 27, 1994, 33–56

J. Gascou, Le rescrit d'Hispellum. MEFRA 79, 1967, 609–659

J. Gaudemet, La législation religieuse de Constantin. RHEF 33, 1947, 25–61

ders., L'édit de Thessalonique: police locale ou déclaration de principe? In: H. W. Pleket (Hg.), Aspects of the Fourth Century. Leiden 1997, 43–51

J. Geffcken, Der Ausgang des griechisch-römischen Heidentums (1929). Darmstadt 1972

P. Gemeinhardt, Die religionsgeschichtliche Erforschung des Christentums der Spätantike. V&F 52, 2007, 30–49

G. Gentili: s. o. A. Donati/G. Gentili (Hg.)

A. v. Gerkan: s. u. L'Orange/v. Gerkan

E. Gerland, Konstantin der Große in Geschichte und Sage. Athen 1937

E. Gibbon, The Decline and Fall of the Roman Empire (1787). London (1910) 1954

K. M. Girardet, Kaisergericht und Bischofsgericht. Bonn 1975

ders., Kaiser Konstantius II. als „episcopus episcoporum" und das Herrscherbild des kirchlichen Widerstandes (Ossius von Corduba und Lucifer von Calaris). In: ders., Kaisertum, Religionspolitik (2009) 295–333 (=Historia 26, 1977, 95–128)

ders., Das christliche Priestertum Konstantins d. Gr. Ein Aspekt der Herrscheridee des Eusebius von Caesarea. In: ders., Kaisertum, Religionspolitik (2009) 107–134 (=Chiron 10, 1980, S. 569–592)

ders., Konstantin d. Gr. und das Reichskonzil von Arles (314). Historisches Problem und methodologische Aspekte. In: ders., Kaisertum, Religionspolitik (2009) 43–72 (=In: W. Bienert/K. Schäferdiek (Hg.), Oecumenica et Patristica. Festschrift für W. Schneemelcher. Chambésy-Genf 1989, S. 151–174)

ders., Die Petition der Donatisten an Kaiser Konstantin (Frühjahr 313). Historische Voraussetzungen und Folgen. In: ders., Kaisertum, Religionspolitik (2009) 1–26 (=Chiron 19, 1989, 185–206)

ders., Kaiser Konstantin d. Gr. als Vorsitzender von Konzilien. Die historischen Tatsachen und ihre Deutung. Gymnasium 98, 1991, 548–560

ders., Das Reichskonzil von Rom (313). Urteil – Einspruch – Folgen. In: ders., Kaisertum, Religionspolitik (2009) 27–42 (=Historia 41, 1992, 104–116)

ders., Der Vorsitzende des Konzils von Nicaea (325) – Kaiser Konstantin d. Gr. In: ders., Kaisertum, Religionspolitik (2009) 73–106 (=In: K. Dietz/D. Hennig (Hg.), Klassisches Altertum, Spätantike und frühes Christentum. Festschrift für A. Lippold. Würzburg 1993, 219–248)

ders., Gericht über den Bischof von Rom. Ein Problem der kirchlichen und der staatlichen Justiz in der Spätantike (4.–6. Jahrhundert). In: ders., Kaisertum, Religionspolitik (2009) 455–489 (=HZ 259, 1994, 1–38) ders., Der Staat im Dienst der kirchlichen Gerichtsbarkeit. Ein Petitum des römischen Konzils von 378 und Kaiser Gratians Reskript an Aquilinus (Coll. Avell. XIII). In: ders., Kaisertum, Religionspolitik (2009) 387–417 (=AARC 11, 1996, 265–293)

ders., Christliche Kaiser vor Konstantin d. Gr? (1998). In: ders., Wende 13–38

ders., *Renovatio imperii* aus dem Geiste des Christentums. Zu Herkunft und Umfeld des Begriffs. In: ders., Kaisertum, Religionspolitik (2009) 251–267 (=ZAC 4, 2000, 102–115)

ders., Die Teilnahme Kaiser Konstantins am Konzil von Nicaea (325) in byzantinischen Quellen. In: ders., Kaisertum, Religionspolitik (2009) 135–175 (=Bizantinistica (ser. II) 5, Spoleto 2003 (2004), 13–49)

ders., Konstantin und das Christentum: Die Jahre der Entscheidung 310 bis 314. In: Demandt/Engemann (Hg.), Konstantin-Kolloquiumsband (2006) 69–81

ders., Kontinente und ihre Grenzen in der griechisch-römischen Antike. In: S. Penth/M. Pitz/Chr. van Hoof/R. Krautkrämer (Hg.), Europas Grenzen. St. Ingbert 2006, 19–65

ders. (Hg.), Kaiser Konstantin der Große. Historische Leistung und Rezeption in Europa. Bonn 2007

ders., Die Konstantinische Wende. Voraussetzungen und geistige Grundlagen der Religionspolitik Konstantins des Großen. Darmstadt ²2007

ders., Vom Sonnen-Tag zum Sonntag. Der *dies solis* in Gesetzgebung und Politik Konstantins d. Gr. In: ders., Kaisertum, Religionspolitik (2009) 177–215 (=ZAC 11, 2007, 279–310)

ders., *Divisio regni* in der Spätantike durch Testament oder dynastische Erbfolge? In: ders., Kaisertum, Religionspolitik (2009) 491–513 (= Teil III von ders., Antike Herrschertestamente – Politische Absichten und Folgen. In: B. Kasten (Hg.), Herrscher- und Fürstentestamente im westeuropäischen Mittelalter. Köln 2008, 103–124)

ders., Kaisertum, Religionspolitik und das Recht von Staat und Kirche in der Spätantike. Bonn 2009

L. Giuliani, Des Siegers Ansprache an das Volk. Zur politischen Brisanz der Frieserzählung am Constantinsbogen. In: Chr. Neumeister/W. Raeck (Hg.), Rede und Redner. Bewertung und Darstellung in den antiken Kulturen. Möhnesee 2000, 269–287

A. Giuliano, Arco di Costantino. Milano 1955

ders., L'arco di Costantino come documento storico. RStIt 112, 2000, 441–471

B. Gladigow, HRWG 3, 1993, 32–49, s. v. Gottesvorstellungen

ders., HRWG 4, 1998, 321–333, s. v. Polytheismus

ders., Polytheismus und Monotheismus. Zur historischen Dynamik einer europäischen Alternative. In: M. Krebernik/J. van Oorschot (HG.), Polytheismus und Monotheismus in den Religionen des Vorderen Orients. Münster 2002, 3–20

K.-P. Goethert, Palastbezirk – Basilika und zugehörige Vorhalle. In: Rettet das archäologische Erbe in Trier. Zweite Denkschrift der Archäologischen Trier-Kommission. Trier 2005, 70–73

A. Goltz: s. o. Demandt/Goltz/Schlange-Schöningen

ders./H. Schlange-Schöningen (Hg.), Konstantin der Große. Das Bild des Kaisers im Wandel der Zeiten. Köln 2008

ders., (K)ein Held für Kino und Fernsehen – Konstantin der Große im Film. In: Girardet (Hg.), Kaiser Konstantin 193–204

ders., Der ‚mediale' Konstantin. Zur Rezeption des ersten christlichen Kaisers in den modernen Medien. In: ders./Schlange-Schöningen (Hg.) 277–308

L. Goppelt, Die apostolische und nachapostolische Zeit (KiG I A). Göttingen ²1966

A. Grabar, Un médaillon en or provenant de Mersine en Cilicie. Dumbarton Oaks Papers 6, 1951, 25–49

F. Graf, DNP 1, 1996, s. v. Apollon, 863–868

E. L. Grasmück, Die sogenannte Konstantinische Wende. In: P. Segl (Hg.), Zeitenwenden – Wendezeiten: von der Achsenzeit bis zum Fall der Mauer. Dettelbach 2000, 87–99

H. B. Green, Matthew 28:19, Eusebius, and the *lex orandi*. In: R. Williams (Hg.), The Making of Orthodoxy (FS H. Chadwick). Cambridge 1989, 124–141

M. Green, Jupiter, Taranis and the Solar Wheel. In: M. Henig/A. King (Hgg.), Pagan Gods and Shrines of the Roman Empire. Oxford 1986, 65–75

H. Grégoire, Die „Bekehrung" Konstantins des Großen (1930/31). In: H. Kraft (Hg.) 175–223

ders./P. Orgels, Paganus. Étude de sématique et d'histoire, in: Mélanges G. Smets, Brüssel 1952, 363–400

Th. Grünewald, Constantinus Maximus Augustus. Stuttgart 1990

ders., „Constantinus novus": zum Constantin-Bild des Mittelalters. In: Bonamente/Fusco (Hg.) Bd. I, 1992, 461–485

J.-N. Guinot/F. Richard (Hg.), Empire chrétien et Église aux IV² et Vᵉ siècles. Intégration ou „ concordat " ? Le témoignage du Code Théodosien. Paris 2008

H. Gundel, RE 11, 1921, 1143–1193, s. v. Kometen

P. Guyot/R. Klein, Das frühe Christentum bis zum Ende der Verfolgungen, Bd. 1. Darmstadt 1993

R. Haensch, La christianisation de l'armée romaine. In: Y. Le Bohec/C. Wolff (Hg.), L'armée romaine de Dioclétien à Valentinien Iᵉʳ. Lyon 2004, 525–531

ders., Die Rolle der Bischöfe im 4. Jahrhundert: Neue Anforderungen und neue Antworten. Chiron 37, 2007, 153–181

W. Hage, TRE 4, 1979, 40–57, s. v. Armenien I.

E. J. Hall, Cicero's *instinctu divino* and Constantine's *instinctu divinitatis:* The Evidence of the Arch of Constantine for the Senatorial View of Constantine. JECS 6, 1998, 647–671

St. G. Hall, Some Constantinian documents in the *Vita Constantini.* In: S. N. C. Lieu/D. Montserrat (Hg.), Constantine: History, historiography and legend. London 1998, 86–103

J. S. Hanson, Dreams and Visions in the Graeco-Roman World and Early Christianity. ANRW II 25, 2, 1980, 1395–1427

A. v. Harnack, Die Mission und Ausbreitung des Christentums in der ersten drei Jahrhunderten. Leipzig (1902) ⁴1924

J. Harries, Law and Empire in Late Antiquity. Cambridge (1999) 2001, 191–211

W. V. Harris, Constantine's Dream. Klio 87, 2005, 488–494

E. Heck, *Defendere-instituere.* Zum Selbstverständnis des Apologeten Lactanz. In: L'apologétique chrétienne gréco-latine à l'époque prénicénienne (Fondation Hardt, Entretiens sur l'Antiquité Classique, t. 51). Vandoeuvres-Genève 2004, 205–248

ders., Constantin und Lactanz in Trier – Chronologisches. Historia 58, 2009, 118–130

St. Heid, *Vexillum Crucis.* Das Kreuz als Religions-, Missions- und Imperialsymbol in der frühen Kirche. Rivista di archeologia cristiana 78, 2002, 191–259

ders., RAC 21, 2006, 1099–1148, s. v. Kreuz

I. Heikel, Eusebius Werke, Bd. 1. Über das Leben Constantins, Constantins Rede an die Heilige Versammlung, Tricennatsrede an Constantin. Leipzig 1902

F. Heim, Virtus. Idéologie politique et croyances religieuses au IVᵉ siècle. Frankfurt 1991

ders., Constantin dans l'„Histoire ecclésiastique" de Rufin: fidélités et infidélités à Eusèbe. Euphrosyne 29, 2001, 201–220

H. Heinen, Trier und das Trevererland in römischer Zeit. Trier 1985

ders., Helena, Konstantin und die Überlieferung der Kreuzesauffindung im 4. Jahrhundert. In: E. Aretz u.a. (Hg.), Der Heilige Rock zu Trier. Trier 1995, 83–117

ders., Frühchristliches Trier. Von den Anfängen bis zur Völkerwanderung. Trier 1996

ders., Konstantins Mutter Helena: de stercore ad regnum. TZ 61, 1998, 227–240

ders., Der Sieg des Kreuzes. Von der Kreuzesvision Konstantins zur Entdeckung des Kreuzes. TThZ 116, 2007, 221–237

ders., Konstantins Mutter Helena. Geschichte und Bedeutung. Archiv für mittelrheinische Kirchengeschichte 60, 2008, 9–29

H. v. Heintze, „Statuae quattuor marmoreae pedestres, quarum basibus Constantini nomen inscriptum est". RM 86, 1979, 399–437

T. Heinze, Konstantin der Große und das konstantinische Zeitalter in den Urteilen und Wegen der deutsch-italienischen Forschungsdiskussion. München 2005

E. Herrmann-Otto, Konstantin der Große. Darmstadt 2007

L. v. Hertling, Die Zahl der Christen zu Beginn des 4. Jahrhunderts. ZKTh 58, 1934, 243–252

G. Heyman, The Power of Sacrifice. Roman and Christian Discourses in Conflict. Washington 2007

K. Hönn, Konstantin der Große. Leben einer Zeitenwende. Leipzig ²1945

K. Hopkins, Christian Number and Its Implications. JECS 6, 1998, 185–226

G. H. R. Horsley/E. R. Waterhouse, The Greek *Nomen Sacrum* XP in Some Latin and Old English Manuscripts. Scriptorium 38, 1984, 211–230

R. M. Hübner, Überlegungen zur ursprünglichen Bedeutung des Ausdrucks „Katholische Kirche" (καθολικὴ ἐκκλησία) bei den frühen Kirchenvätern. In: Arnold (Hg.) 31–79

O. Huck, À propos de CTh 1,27,1 et CSirm 1. Sur deux textes controverses relatifs à l'*episcopalis audientia* constantinienne. ZRG 120, 2003, 78–105

ders., La „création" de l'*audientia episcopalis* par Constantin. In: Guinot/Richard (Hg.) 295–315

M. Hüttenhoff, „Das konstantinische Zeitalter". Über die Karriere und Funktion einer historisch-theologischen Formel. In: Girardet (Hg.), Kaiser Konstantin 177–192

L. W. Hurtado, The Earliest Christian Artifacts. Manuscripts and Christian Origins. Grand Rapids/Mich./Cambridge 2006

H. U. Instinsky, Die Alte Kirche und das Heil des Staates. München 1963

D. J. Ison, The Constantinian Oration to the Saints – Authorship and Background. Diss. London 1984

M. Jacobs, Das Christentum in der antiken Welt. Göttingen 1987

H. Jedin: s.o. K. Baus/H. Jedin

A. H. M. Jones, The Development of Constantine's Attitude towards Paganism. In: Atti del X Congr. Internaz. di Scienze Storiche (1955). Rom 1957

D. L. Jones, Christianity and the Roman Imperial Cult. ANRW II 23, 2, 1980, 1023–1054

R. Kany, Kaiser Konstantin und das erste Konzil von Nizäa. In: Schuller/Wolff (Hg.) 95–124

A. Kee, Constantine versus Christ. The Triumph of Ideology. London 1982

J. N. D. Kelly, Die Begriffe „Katholisch" und „Apostolisch" in den ersten Jahrhunderten. In: R. Groscurth (Hg.), Katholizität und Apostolizität. Göttingen 1971, 9–21

E. Kettenhofen, Tirdād und die Inschrift von Paikuli. Kritik der Quellen zur Geschichte Armeniens im späten 3. und frühen 4. Jahrhundert n. Chr. Wiesbaden 1995

D. Kienast, Das bellum Cibalense und die Morde des Licinius (1988). In: ders., Kleine Schriften. Aalen 1994, 611–631

ders., Römische Kaisertabelle. Darmstadt ²1996

W. Kinzig, Evangelisches Staatslexikon (Neuausgabe) 2006, 1310–1313, s. v. Konstantinisches Zeitalter

Th. Klauser, Der Übergang der römischen Kirche von der griechischen zur lateinischen Liturgiesprache (1946). In: ders., Gesammelte Arbeiten zur Liturgiegeschichte, Kirchengeschichte und christlichen Archäologie, hrsg. E. Dassmann (JbAC Ergänzungsband 3). Münster 1974, 184–194

R. Klein: s. o. P. Guyot/R. Klein

ders., RAC 14, 1988, 355–375, s. v. Helena II (Kaiserin)

F. S. Kleiner, Who Really Built the Arch of Constantine? JRA 14, 2001, 661–663

J. Knipfing, Das angebliche „Mailänder Edikt" v. J. 313 im Lichte der neueren Forschung. ZKG 40, 1922, 206–218

H. Koch, Konstantin der Große und das Christentum. München 1913

H. Köhler/H. Görgemanns/M. Baumbach (Hg.), „Stürmend auf finsterem Pfad…". Ein Symposion zur Sonnenfinsternis in der Antike. Heidelberg 2000

G. M. Koeppel, Die historischen Reliefs der römischen Kaiserzeit III. BJb 185, 1985, 143–213

ders., IV. BJb 186, 1986, 1–90

ders., VI. BJb 189, 1989, 17–71

ders., VII. BJb 190, 1990, 1–64

E. Köhne, Der Herrscher Roms: Zur Rekonstruktion der Statue Konstantins aus der Basilika des Maxentius. In: Schuller/Wolff (Hg.) 239–250

D. König, Bekehrungsmotive. Untersuchungen zum Christianisierungsprozeß im römischen Westreich und seinen romanisch-germanischen Nachfolgern (4.–8. Jahrhundert). Husum 2008

B. Kötting, RAC 2, 1954, 1138–1159, s. v. Christentum I (Ausbreitung)

A. Kolb, Transport und Nachrichtentransfer im Römischen Reich. Berlin 2000

F. Kolb, Herrscherideologie in der Spätantike. Berlin 2001

ders., La storia del diadema da Costantino fino all'età protobizantina. Bizantinistica (ser. II) 5, 2003, 51–60 mit 7 Tafeln

K. Koschorke, Taufe und Kirchenzugehörigkeit in der Geschichte der Kirche – zwei Problemskizzen, in: Chr. Lienemann-Perrin (Hg.), Taufe und Kirchenzugehörigkeit, München 1983, 129–146

H. Kraft, Kaiser Konstantins religiöse Entwicklung. Tübingen 1955

ders. (Hg.), Konstantin der Große. Darmstadt 1974

K. Kraft, Das Silbermedaillon Constantins des Großen mit dem Christusmonogramm auf dem Helm (1954/55). In: H. Kraft (Hg.), Konstantin 297–344

R. Krautheimer, Corpus Basilicarum Christianarum Romae, Bd. 5. Città del Vaticano 1979

ders., Three Christian Capitals. Topography and Politics. Berkeley 1983

ders., The ecclesiastical building policy of Constantine. In: Bonamente/Fusco (Hg.) Bd. II 1993, 509–552

E. Krebs, Die missionsgeschichtliche Bedeutung Konstantins des Großen. Zeitschrift für Missionswissenschaft 3, 1913, 177–186 ders., Die Religionen im Römerreich zu Beginn des vierten Jahrhunderts. In: Dölger (Hg.), Konstantin 1–39

K. Kremer, Laktanz, Erzieher von Konstantins Sohn Crispus in Trier. Kurtrierisches Jahrbuch 25, 1985, 35–59

B. Kriegbaum, Die Religionspolitik des Kaisers Maxentius. ArchHistPont 30, 1992, 7–54

G. Krieger: s. o. Fiedrowicz/Krieger/Weber (Hg.)

W. Kuhoff, Ein Mythos in der römischen Geschichte: Der Sieg Konstantins des Großen über Maxentius vor den Toren Roms am 28. Oktober 312 n. Chr. Chiron 21, 1991, 127–174

A. Kurfeß, Die christliche Deutung der vierten Ekloge Vergils in Kaiser Konstantins Rede an die Heilige Versammlung. Sokrates 7, 1919, 337 f. (Bericht über den Vortrag)

ders., Vergils vierte Ekloge in Kaiser Konstantins Rede an die Heilige Versammlung. Sokrates 8, 1920, 90–96

ders., Kaiser Konstantins Rede an die Versammlung der Heiligen. Pastor Bonus 41, 1930, 115–124

ders., Zu Kaiser Konstantins Rede an die Versammlung der Heiligen. Theologische Quartalschrift 130, 1950, 145–165

U. Lambrecht, Neue Konstantin-Literatur, Teil I–III. Kurtrierisches Jahrbuch 46–48, 2006–2008, 283–293, 557–591, 413–439

J. Lamoreaux, Episcopal Courts in Late Antiquity. JECS 3, 1995, 143–167

K. Ritter v. Landmann, Konstantin der Große als Feldherr. In: Dölger (Hg.), Konstantin 143–154

R. Lane Fox, Pagans and Christians. London 1986

H. Laven, Konstantin der Große und das Zeichen am Himmel. Trier 1902

B. Leadbetter, Constantine and the Bishop: The Roman Church in the Early Fourth Century. JRH 26, 2002, 1–14

R. Leeb, Konstantin und Christus. Berlin 1992

ders., Die Konstantinische Wende. Verkündigung und Forschung 47, 2002, 4–27

J. Lehnen, Aventus principis. Untersuchungen zu Sinngehalt und Zeremoniell der Kaiserankunft in den Städten des Imperium Romanum. Frankfurt 1997

ders., Zwischen Abkehr und Hinwendung. Äußerungen christlicher Autoren des 2. und 3. Jahrhunderts zu Staat und Herrscher. In: R. v. Haehling (Hg.), Rom und das himmlische Jerusalem. Die frühen Christen zwischen Anpassung und Ablehnung. Darmstadt 2000, 1–28

N. Lenski (Hg.), The Cambridge Companion to the Age of Constantine. Cambridge 2006

ders., The Reign of Constantine. In: ders. (Hg.), Companion 59–90

ders., Introduction zu Burckhardt, The Age of Constantine, XI–XIX

ders., Evoking the Past: *Instinctu divinitatis* and Constantine's Capture of Rome. Journal of Late Antiquity 1, 2008, 204–257

H. Leppin, Theodosius der Große. Auf dem Weg zum christlichen Imperium. Darmstadt 2003

ders., Constantin der Große und das Christentum bei Jacob Burckhardt. In: D. Hein/K. Hildebrand/A. Schulz (Hg.), Historie und Leben. Der Historiker als Wissenschaftler und Zeitgenosse (FS L. Gall). München 2006, 441–451

ders., Jacob Burckhardt and paganism of the Roman Empire. In: J. Drinkwater/B. Salway (Hg.), Wolf Liebeschuetz Reflected. London 2007, 17–26 ders., Old Religions Transformed: Religions and Religious Policy from Decius to Constantine. In: J. Rüpke (Hg.), A Companion to Roman Religion. Oxford 2007, 96–108

C. Letta, LIMC IV 1, Zürich 1988, 592–625, s. v. Helios/Sol

H. Lietzmann, Der Glaube Konstantins des Großen (1937). In: ders., Kleine Schriften Bd. 1. Berlin 1958, 186–201

A. Lippold, Constantius Caesar, Sieger über die Germanen – Nachfahre des Claudius Gothicus? Chiron 11, 1981, 347–369

ders., Bischof Ossius von Cordova und Konstantin der Große. Zeitschrift für Kirchengeschichte 92, 1981, 1–15

R. Lizzi Testa, The Bishop Vir Venerabilis: Fiscal Privileges and *Status* Definition in Late Antiquity. StudPatr 34, 2001, 125–144

W. Löhr, Konstantin und Sol Invictus in Rom. JbAC 50, 2007 (2009), 102–110

H. P. L'Orange/A. v. Gerkan, Der spätantike Bildschmuck des Konstantinsbogens. Berlin 1939

ders./R. Unger, Das spätantike Herrscherbild von Diokletian bis zu den Konstantin-Söhnen, 284–361 n. Chr. Berlin 1984

R. Lorenz, Die Kirche in ihrer Geschichte Bd. I C 1. Das vierte bis sechste Jahrhundert (Westen). Göttingen 1970

ders., Die Kirche in ihrer Geschichte Bd. I C 2. Das vierte bis sechste Jahrhundert (Osten). Göttingen 1992

R. MacMullen, Constantine and the Miraculous. GRBS 9, 1968, 81–96

ders., Constantine. London 1969/70

ders., Paganism in the Roman Empire. New Haven 1981

ders., Conversion: A Historians's View. The Second Century 5, 1985/86, 67–81

ders., The Meaning of A. D. 312: The Difficulty of Converting the Empire. In: The 17th International Byzantine Congress – Major Papers. New Rochelle/New York 1986, 1–15

G. Marasco, Costantino e le uccisioni di Crispo e Fausta. RFCI 121, 1993, 297–317

A. Marcone, Pagano e cristiano. Vita e mito di Costantino. Roma-Bari 2002

Chr. Markschies, Heis Theos – Ein Gott? Der Monotheismus und das antike Christentum. In: M. Krebernik/J. van Oorschot (HG.), Polytheismus und Monotheismus in den Religionen des Vorderen Orients. Münster 2002, 209–234

ders., Warum hat das Christentum in der Antike überlebt? Leipzig ³2006

E. Marlowe, Framing the Sun: The Arch of Constantine and the Roman Cityscape. Art Bulletin 88, 2006, 223–242

R. Marti, Konstantin der Große in der orthodoxen slavischen Welt. In: Girardet (Hg.), Kaiser Konstantin 133–147

J. Martin, Spätantike und Völkerwanderung. München ³1995

A. Mastino, Orbis, Kosmos, Oikumene. Aspetti spaziali dell'idea di impero universale da Augusto a Teodosio. In: Popoli e spazio Romano tra dirizio e profezia. Da Roma alla terza Roma Bd. III. Napoli 1986, 63–162

J. Maurice, Numismatique constantinienne, Bd. 1. Paris 1908; Bd. 2, Paris 1911

E. Mayer, Rom ist dort, wo der Kaiser ist. Bonn 2002

S. Mazzarino, Antico, tardoantico ed éra costantiniana I. Bari 1974

G. Messineo, Malborghetto. Rom 1989

H. J. Mierau, Konstantin der Große in der mittelalterlichen Tradition. In: Girardet (Hg.), Kaiser Konstantin 113–131

M. Miglietta, La conoscenza profetica del vero nella *Oratio ad sanctorum coetum* di Costantino Magno. In: C. Bonvecchio/T. Tonchia (Hg.), Gli arconti di questo mondo. Trieste 2000, 245–281

St. Mitchell, Maximinus and the Christians in 312 A. D. A New Latin Inscription. JRS 78, 1988, 105–124

ders., A History of the Later Roman Empire, AD 284–641. Oxford (2007) 2008

Ch. Mohrmann, Encore une fois: *paganus*. Vigiliae Christianae 6, 1952, 109–121

Th. Mommsen, Reden und Aufsätze. Berlin 1905

J. Moreau, Zur Religionspolitik Konstantins des Großen (1952). In: W. Schmitthenner (Hg.), J. Moreau, Scripta Minora. Annales Universitatis Saraviensis Bd. 1. Heidelberg 1964, 106–113

E. Mühlenberg (Hg.), Die Konstantinische Wende. Gütersloh 1998

K. Müller, Beiträge zur Geschichte der Verfassung der Alten Kirche. Abh. d. Preuß. Akad. d. Wiss. Jg. 1922, phil.-hist. Klasse Nr. 3. Berlin 1922

ders., Konstantin der Große und die christliche Kirche. HZ 140, 1929, 261–278

B. Müller-Rettig, Der Panegyricus des Jahres 310 auf Konstantin den Großen. Übersetzung und historisch-philologischer Kommentar. Stuttgart 1990

dies., Das Heiligtum des Apollo Grannus zu Grand (Dept. Vosges). Zeitschrift für die Geschichte der Saargegend 1993, 41–66

dies., Panegyrici Latini – Lobreden auf römische Kaiser (Einleitung, Übersetzung, Kommentierung) Bd. 1. Darmstadt 2008

B. U. Münch/A. Tacke, In diesem Zeichen siege! – Die Kreuzesvision Konstantins und ihre künstlerische Umsetzung seit Raffael. In: Demandt/Engemann (Hg.), Konstantin-Begleitband 470–473

dies., Die Schlacht an der Milvischen Brücke – Der *miles Christianus* als Ideal konfessionellen Selbstverständnisses? Ebd. 474–485

B. Näf, Traum und Traumdeutung im Altertum. Darmstadt 2004

O. Nicholson, *Caelum potius intuemini:* Lactantius and a Statue of Constantine. StudPatr 34, 2001, 177–196

W. Nippel, Edward Gibbon, das antike Christentum und die anglikanische Kirche. In: St. Ehrenpreis u. a. (Hg.), Wege der Neuzeit (FS H. Schilling). Berlin 2007, 241–267

K.-L. Noethlichs, Die gesetzgeberischen Maßnahmen der christlichen Kaiser des vierten Jahrhunderts gegen Häretiker, Heiden und Juden. Phil. Diss. Köln 1971

ders., Zur Einflußnahme des Staates auf die Entwicklung eines christlichen Klerikerstandes. JbAC 15, 1972, 136–153

ders., RAC 13, 1986, 1149–1190, s. v. Heidenverfolgung

ders., Die Juden im christlichen Imperium Romanum. Berlin 2001

ders., L'évêque et les bâtiments ecclésiastiques dans l'Antiquité tardive. In: Guinot/ Richard (Hg.) 277–284

J. North: s. o. Beard/North/Price (Hg.)

K. Nowak, Der erste christliche Kaiser. Konstantin der Große und das ‚Konstantinische Zeitalter' im Widerstreit der neueren Kirchengeschichte. In: Mühlenberg (Hg.) 186–233

Ch. Odahl, Christian Symbols on Constantine's Siscia Helmet Coins. Journal of Ancient Numismatics 1977, 56–58

ders., Constantine's conversion to Christianity. In: H. T. Parker (Hrsg.), Problems in European history. Durham/NC 1979, 1–18 ders., Christian Symbols in Military Motifs on Constantine's Coinage. Journal of the Society of Ancient Numismatics 13, 1983, 64–72

ders., Constantine's Epistle to the Bishops at the Council of Arles. A Defense of Imperial Authorship. JRE 17, 1993, 274–289

ders., The Christian Basilicas of Constantinian Rome. The Ancient World 26, 1995, 3–28

ders., Constantine and the Christian Empire. London 2004

J. J. O'Donnell, *Paganus:* Evolution and Use. Classical Folia 31, 1977, 163–169

K.-H. Ohlig, Strukturelle Auswirkungen der Konstantinischen Wende auf das Christentum. In: Girardet (Hg.), Kaiser Konstantin 75–86

A. Olivier, Le amphithéâtre de Grand. In: Faton (Hg.) 10–16

B. Overbeck, Das Silbermedaillon aus der Münzstätte Ticinum. Ein erstes numismatisches Zeugnis zum Christentum Constantins I. Milano 2000

Panégyriques latins, t. I–III (ed. E. Galletier). Paris 1949/1952/1955

F. Paschoud, Eunape, Olympiodore, Zosime. Scripta minora. Bari 2006

ders., Encore sur le refus de Constantin de monter au Capitole. In: ders., Eunape etc. 273–283

ders., Fausta en nouvelle Phèdre. Étude d'un modèle interpretatif. In: ders., Cinq études sur Zosime. Retractatio. In: ders., Eunape etc. 459–472

M. Perrin, La „révolution constantinienne" vue à travers l'oeuvre de Lactance (259–325 ap. J.-Ch.). In: L'idée de révolution. Les cahiers de Fontenay 63/64, 1991, 81–94

J. M. Pfättisch, Die Rede Konstantins an die Versammlung der Heiligen. In: F. J. Dölger (Hg.), Konstantin der Große und seine Zeit (RQ Suppl. 19). Freiburg 1913, 96–121

K. Piepenbrink, Konstantin der Große – wendet sich nicht dem Christentum zu. In: K. Brodersen (Hg.), Virtuelle Geschichte. Wendepunkte der Alten Geschichte. Darmstadt 2000, 133–149

dies., Konstantin der Große und seine Zeit. Darmstadt 2002

Ch. Piétri, La conversion de Rome et la primauté (IV–VIᵉ s.). In: M. Maccarone (Hg.), Il primato del vescovo di Roma nel primo millennio. Città del Vaticano 1991, 219–243

ders., Le temps de la semaine à Rome et dans l'Italie chrétienne (IVᵉ-VIᵉ siècles) (1984). In: ders., Christiana Respublica Bd. I. Rom 1997, 201–235

A. Piganiol, L'empereur Constantin. Paris 1932

ders., Dates constantiniennes. Rev. d'Hist. et de Philos. religieuses 12, 1932, 360–372

U. Pizzani, Costantino e l'*Oratio ad sanctorum coetum.* In: Bonamente/Fusco (Hg.) II 1993, 791–822

V. Poggi, Costantino e la chiesa di Persia. Bizantinistica (ser. II) 5, 2003, 61–95

D. Praet, Explaining the Christianization of the Roman Empire: Older Theories and Recent Developments. Sacris Erudiri 33, 1992/93, 7–119

C. P. Presicce, Konstantin als Iuppiter. Die Kolossalstatue des Kaisers aus der Basilika an der Via Sacra. In: Demandt/Engemann (Hg.), Konstantin-Begleitband 117–131

S. R. F. Price: s. o. Beard/Nord/Price (Hg.)

ders., Rituals and Power. The Roman imperial cult in Asia Minor. Cambridge 1984

R. Quednau, Konstantin als Konzilsbegründer in der Kunst. In: Demandt/Engemann (Hg.), Konstantin-Begleitband 447–448

M. R.-Alföldi: siehe unter Alföldi

W. Raeck, Ankunft an der Milvischen Brücke. Wort, Bild und Botschaft am Konstantinsbogen in Rom. In: J. Holzhausen (Hg.), Psyché – Seele – Anima (FS K. Alt). Stuttgart 1998, 345–354

L. v. Ranke, Weltgeschichte Bd. III. München/Leipzig ⁵1922

C. Rapp, Imperial Ideology in the Making: Eusebius of Caesarea on Constantine as ‚Bishop'. JThSt 49, 1998, 685–695

St. Rebenich, Vom dreizehnten Gott zum dreizehnten Apostel? Der tote Kaiser in der Spätantike. ZAC 4, 2000, 300–324

É. Rebillard/C. Sotinel (Hg.), L'évêque dans la cité du IVᵉ au Vᵉ siècle. Image et autorité. Rom 1998

A. Rehm, Die Inschriften von Didyma. Berlin 1958

F. Richard: s. o. Guinot/Richard (Hg.)

J. M. Rist, Basil's „Neoplatonism": Its Background and Nature. In: P. J. Fedwick (Hg.), Basil of Caesarea: Christian, Humanist, Ascetic. Part I. Toronto 1981, 137–220

A. M. Ritter, Constantin und die Christen. ZNW 87, 1996, 251–268

Ch. Ronning, Herrscherpanegyrik unter Trajan und Konstantin. Tübingen 2007

W. A. Rordorf, Der Sonntag. Geschichte des Ruhe- und Gottesdiensttages im ältesten Christentum. Diss. theol. Basel. Zürich 1962

ders., Was wissen wir über die christlichen Gottesdiensträume der vorkonstantinischen Zeit? (1964). In: ders., Lex orandi – Lex credendi. Gesammelte Aufsätze. Freiburg 1993, 57–75

ders., Die Hausgemeinde der vorkonstantinischen Zeit (1971), ebd. 76–85

K. Rosen, Constantins Weg zum Christentum und die *Panegyrici Latini*. In: G. Bonamente/F. Fusco (Hg.) II 1993, 853–863

ders., Die Constantinische Wende 312 oder Wie ein Mythos gemacht wird. In: W. Schreiber (Hg.), Die religiöse Dimension im Geschichtsunterricht an Europas Schulen. Neuried 2000, 99–110

ders., *Cor regum inscrutabile*. Eine quellenkritische Untersuchung zur Bekehrung Constantins des Großen. In: P. Barceló/V. Rosenberger (Hg.), Humanitas. Festschrift G. Gottlieb. München 2001, 247–282

R. Ross Holloway, Constantine and Rome. New Haven 2004

J. Rüpke, Kalender und Öffentlichkeit. Die Geschichte der Repräsentation und religiösen Qualifikation von Zeit in Rom. Berlin 1995

ders., Fasti Sacerdotum, Teil 1–3. Stuttgart 2005

J. Ruysschaert, Essai d'interprétation synthétique de l'arc de Constantin. Atti della Pontificia accademia romana di archeologia, Rendeconti 35, 1962/63, 79–100

L. Salvatorelli, La politica religiosa e la religiosità di Costantino. Ricerche Religiose 4, 1928, 289–328

M. R. Salzman, ‚Superstitio' in the Codex Theodosianus and the Persecution of Pagans. VChr 41, 1987, 172–188

K. Schäferdiek, RAC 10, 1978, 498 ff., 506 ff., s. v. Germanenmission

R. Schieffer, Der Papst als Pontifex Maximus. Bemerkungen zur Geschichte eines päpstlichen Ehrentitels. SZ Kan. Abt. 57, 1971, 300–309

H. Schlange-Schöningen: s. o. Demandt/ Goltz/Schlange-Schöningen (Hg.)

ders., Das Bild Konstantins in der Neuzeit. In: Demandt/Engemann (Hg.), Konstantin-Kolloquiumsband 285–297

ders., Das Bild Konstantins in der französischen Aufklärung. In: Girardet (Hg.), Kaiser Konstantin 163–175

ders. (Hg.), Konstantin und das Christentum. Darmstadt 2007

ders.: s. o. Goltz/Schlange-Schöningen (Hg.)

ders., „Der Bösewicht im Räuberstaat". Grundzüge der neuzeitlichen Wirkungsgeschichte Konstantins des Großen. In: Goltz/Schlange-Schöningen (Hg.) 211–262

H. Schneider, Eusebius von Caesarea, De vita Constantini (Text, Übersetzung, Kommentierung; eingeleitet von B. Bleckmann). Turnhout 2007

E. Schürer, Die siebentägige Woche im Gebrauch der christlichen Kirche der ersten Jahrhunderte. ZNW 6, 1905, 1–66

F. Schuller/H. Wolff (Hg.), Konstantin der Große. Kaiser einer Epochenwende. Lindenberg 2007

V. Schultze, Realenzyklopädie für protestantische Theologie und Kirche X³, 1901, s. v. Konstantin d. Gr., 757–773

K.-H. Schwarte, Diokletians Christengesetz. In: R. Günther/St. Rebenich (Hg.), E fontibus haurire (FS H. Chantraine). Paderborn 1994, 203–240

Ed. Schwartz, Kaiser Constantin und die christliche Kirche. Leipzig ²1936

O. Seeck, Das sogenannte Edikt von Mailand. ZKG 12, 1891, 381–386

ders., Die Bekehrung Constantin's des Großen. Deutsche Rundschau (Berlin) 7, 1891, 59–70

ders., Geschichte des Untergangs der antiken Welt, Bd. 1. Stuttgart ⁴1921

H. Singor, The labarum, shield blazons, and Constantine's caeleste signum. In: L. De Blois (Hg.), The Representation and Perception of Roman Imperial Power. Amsterdam 2003, 481–500

R. R. R. Smith, The Public Image of Licinius I: Portait Sculpture and Imperial Ideology in the Early Fourth Century. JRS 87, 1997, 170–202

H. v. Soden, Urkunden zur Entstehungsgeschichte des Donatismus. Berlin ²1950

H. Sproll, Erinnerndes Gestalten und kulturelles Gedächtnis am Ende des deutschen Kaiserreiches: historiographische Diskurse um die Constantinische Wende (313) als Triumph des Christentums oder als Beginn seiner Entfremdung. In: W. Hasberg/W. E. J. Weber (Hg.), Geschichte entdecken (FS K. Filser). Berlin 2007, 127–144

ders., Diskurse um die Constantinische Wende (313) in Wissenschaft und Öffentlichkeit anläßlich der 16. Centenarfeiern 1913. RQ 103, 2008, 215–281

R. Staats, Kaiser Konstantin der Große und der Apostel Paulus. VChr 62, 2008, 334–370

A. Städele, Textausgabe und Übersetzung von Laktanz, De mortibus persecutorum. Turnhout 2003

ders., Der Tod Diokletians und die Morde des Licinius. In: M Janka (Hg.), Egkyklion Kepion (FS H. Gärtner). München/Leipzig 2004, 223–244

R. Stark, The Rise of Christianity. A Sociologist Reconsiders History. Princeton 1996

A. Stefan, Les jeux d'alliances des tétrarques en 307–309 et l'élévation de Constantin au rang d'Auguste. AnTard 14, 2006, 187–216

R. Stepper, Augustus et sacerdos. Untersuchungen zum römischen Kaiser als Priester. Stuttgart 2003

P. Stockmeier, Die sogenannte Konstantinische Wende im Licht antiker Religiosität. HJb 95, 1975, 1–15

P. Stoffel, Über die Staatspost, die Ochsengespanne und die requirierten Ochsengespanne. Frankfurt 1994

J. Straub, Konstantins Verzicht auf den Gang zum Kapitol (1955). In: ders., Regeneratio 100–118

ders., Kaiser Konstantin als ἐπίσκοπος τῶν ἐκτός (1957). In: ders., Regeneratio 119–133

ders., Konstantin als κοινὸς ἐπίσκοπος (1967). In: ders., Regeneratio 134–158 ders., Regeneratio Imperii (Bd. I). Darmstadt 1972

ders., Gibbons Konstantin-Bild. In: P. Ducrey (Hg.), Gibbon et Rome à la lumière de l'historiographie moderne. Genf 1977, 159–189

G. G. Stroumsa, Early Christianity as Radical Religion. In: Israel Oriental Studies 15, 1994, 173–193

J. Szidat, Konstantin 312. Eine Wende in seiner religiösen Überzeugung oder die Möglichkeit, diese öffentlich erkennen zu lassen und aus ihr heraus Politik zu machen? Gymnasium 92, 1985, 514–525

A. Tacke: s.o. B. U. Münch

H. G. Thümmel, Die Wende Constantins und die Denkmäler. In: E. Mühlenberg (Hg.), 144–185

ders., Die Memorien für Petrus und Paulus in Rom. Die archäologischen Denkmäler und die literarische Tradition. Berlin 1999

ders., Versammlungsraum, Kirche, Tempel. In: B. Ego/A. Lange/P. Pilhofer (Hg.), Gemeinde ohne Tempel (=Wissenschaftliche Untersuchungen zum neuen Testament 118). Tübingen 1999, 489–504

ders., Euseb und Constantin und die Gestalt eusebianischer Schriften. (Vom Werden einer Ideologie.) In: SB Akad. Erfurt, Geisteswiss. Klasse 4, 2000, 105–145

F. Toebelmann, Der Bogen von Malborghetto. Heidelberg 1915

R. Tomlin, Christianity and the Late Roman Army. In: S. N. C. Lieu/D. Montserrat (Hg.), Constantine. History, Historiography and Legend. London 1998, 21–51

F. R. Trombley, DNP 2, 1997, 1153–1162, s. v. Christentum

R. Turcan, Héliogabale précurseur de Constantin? BAGB 1988, 38–52

ders., Constantin en son temps. Le baptême ou le pourpre? Dijon 2006

J. Ulrich, Konstantin der Große und die Frage nach den Vätern des Konzils von Nizäa. In: Arnold (Hg.) 149–165

R. Unger: s.o. L'Orange/Unger

R. Van Dam, The Many Conversions of the Emperor Constantine. In: K. Mills/A. Grafton (Hg.), Conversion in late antiquity and the Middle Ages: seeing and believing. Rochester/N. Y. 2003, 127–151

ders., The Roman Revolution of Constantine. Cambridge 2007

P. Veyne, Quand notre monde est devenu chrétien (312–394). Paris 2007 (=ders., Als unsere Welt christlich wurde. Aufstieg einer Sekte zur Weltmacht. München 2008)

G. Ville, Les jeux de gladiateurs dans l'Empire chrétien. MEFRA 72, 1960, 273–335

S. Vilucchi, LTUR 5, 1999, 49–51, s. v. Thermae Constantinianae

Fr. Vittinghoff, Staat, Kirche und Dynastie beim Tode Konstantins. In: A. Dihle (Hg.), L'Église et l'Empire au IVᵉ siècle. Fondation Hardt, Entretiens t. 34. Vandoeuvres-Genève 1987, 1–34

M. R. Vivian, A Letter to Shapur: The Effect of Constantine's Conversion on Roman-Persian Relations. Ann Arbor 1987

L. Voelkl, Die Kirchenstiftungen des Kaisers Konstantin im Lichte des römischen Sakralrechts. Köln/Opladen 1964

J. Vogt, Die constantinische Frage (1955). In: H. Kraft (Hg.), Konstantin 345–387

ders., Zur Religiösität der Christenverfolger im Römischen Reich. SB Heidelberg, phil.-hist. Klasse 1962, Nr. 1

M. Wallraff, Christus verus Sol. Sonnenverehrung und Christentum in der Spätantike. Münster 2001

ders., Constantine's Devotion to the Sun. Studia Patristica 34, 2001, 256–269

ders., La croce negli storici ecclesiastici. Simbolo cristiano e propaganda imperiale. MedAnt 5, 2002, 461–475

ders., Viele Metaphern – viele Götter? Beobachtungen zum Monotheismus in der Spätantike. In: J. Frey/J. Rohls/R. Zimmermann (Hrsg.), Metaphorik und Christologie. Berlin 2003, 151–166

ders., Tendenzen zum Monotheismus als Kennzeichen der religiösen Kultur der Spätantike. V&F 52, 2007, 65–79

Ch. Walter, L'iconographie des conciles dans la tradition byzantine. Paris 1970

ders., The Iconography of Constantine the Great, Emperor and Saint. Leiden 2006

G. H. R. Waterhouse: s.o. Horsley/Waterhouse

G. Weber, Kaiser, Träume und Visionen in Prinzipat und Spätantike. Stuttgart 2000

W. Weber: s.o. Fiedrowicz/Krieger/Weber (Hg.)

ders., Neue Forschungen zur Trierer Domgrabung. Jahrbuch für Antike und Christentum, Ergänzungs-Bände, Kleine Reihe 2. Münster 2004, 225–234

ders., „…dass man auf ihren Bau alle Sorgfalt verwende". Die Trierer Kirchenanlage und das konstantinische Kirchenbauprogramm. In: Fiedrowicz/Krieger/Weber (Hg.) 69–96

ders., Konstantin und die Kaiserresidenz Trier. In: Girardet (Hg.), Kaiser Konstantin 65–74

P. Weiß, The Vision of Constantine. Journal of Roman Archaeology 16, 2003, 237–259

M. Whitby, Images for emperors in Late Antiquity: a search for New Constantine, in: P. Magdalino (Hrsg.), New Constantines. The Rhythm of Imperial Renewal in Byzantium. 4th–13th Centuries. Aldershot 1994, 83–93

M. Wilson Jones, Genesis and Mimesis: The Design of the Arch of Constantine in Rome. Journal of the Society of Architectural Historians 59, 2000, 50–77

W. Wischmeyer, Christogramm und Staurogramm in den lateinischen Inschriften altkirchlicher Zeit. In: C. Andresen/G. Klein (Hg.), Theologia Crucis – Signum Crucis (FS E. Dinkler). Tübingen 1979, 539–550

A. Wlosok, Rom und die Christen. Zur Auseinandersetzung zwischen Christentum und römischem Staat. Stuttgart 1970

dies., Römischer Religions- und Gottesbegriff in heidnischer und christlicher Zeit. AuA 16, 1970, 39–53

dies., Zwei Beispiele frühchristlicher Vergilrezeption: Polemik (Lact., div. inst. 5, 10) und Usurpation (Or. Const. 19–1) (1983/1984). In: dies., Res humanae – res divinae. Kleine Schriften. Heidelberg 1990, 437–459

dies., HLL 5, 1989, § 570, s. v. L. Caecilius Firmianus Lactantius

H. Wolff: s.o. F. Schuller/H. Wolff (Hg.)

P. Zanker: s.o. Fittschen/Zanker

M. Ziegler, Successio. Die Vorsteher der stadtrömischen Christengemeinde in den ersten beiden Jahrhunderten. Bonn 2007

O. Zwierlein, Petrus in Rom. Die literarischen Zeugnisse. Berlin 2009

Verzeichnis der Abbildungen

Zeittafel*
272/73 bis 337

272/73 27. Februar	Geburt Konstantins in Naissus	S. 26
284 20. November	Usurpation Diokletians	
285 Oktober/ Dezember	Erhebung des Maximian (‚Herculius') durch Diokletian zum Caesar	
286 1. April	Erhebung des Maximian zum Augustus	

293
 	
1. März
 	
21. Mai (?)
	Begründung der 1. Tetrarchie
	– Erhebung des Konstantius (I.) zum Caesar durch
	    Maximian
	– Erhebung des Galerius zum Caesar durch Diokletian
	Konstantin, Sohn des Konstantius, von 293 (?) bis 306
	    im Heer Diokletians, des Galerius und seines
	    Vaters (*tribunus; tribunus primi ordinis*)	

300 (?)	Geburt von Konstantins Sohn Crispus	S. 44
303 23. Februar	Reichsweit Beginn der tetrarchischen Christenverfolgung (bis 311 bzw. 313)	S. 26

305
1. Mai
	Ende der 1. Tetrarchie
	– Rücktritt der Augusti Diokletian (in Nikomedien)
	    und Maximian (in Mailand)
	– Beginn der 2. Tetrarchie
	    Augusti: Konstantius I. und Galerius
	    Caesares: Severus und Maximinus Daia
	Faktisches Ende der Christenverfolgung im Reichsteil
	    des Konstantius (Britannien, Gallien, Hispanien)
		S. 26 f.

---

*   Zu den Daten siehe u. a. Barnes, New Empire 68–80; Kienast, Kaisertabelle 298–303.

306 25. Juli	Tod des Konstantius I. in Eboracum/Brit.; Usurpation des väterlichen Augustats durch Konstantin	S. 27
	Kultfreiheit für die Christen in Britannien, Gallien, Hispanien durch Konstantin	S. 27 f.
August	Konstantin durch Galerius zum Caesar zurückgestuft, Severus als Augustus Nachfolger des Konstantius	S. 27
28. Oktober	Usurpation von Maximians Sohn Maxentius in Rom – Herrscher über Italien und Africa	
	Kultfreiheit für die Christen in Italien und Africa durch Maxentius	S. 28
gegen Jahresende	usurpatorische Rückkehr des Tetrarchen Maximian zur Herrschaft als Augustus	
307 Frühjahr	Gescheiterter Versuch des Augustus Severus, Maxentius zu stürzen	
16. September Sommer	Tod des Severus Gescheiterter Zug des Galerius nach Italien gegen Maxentius	
Sommer? oder am 25. Dezember?	Erhebung Konstantins durch Maximian in Trier zum Augustus	S. 31
	Heirat Konstantins mit Fausta, der Tochter Maximians und Schwester des Maxentius	
308 November	Krisenkonferenz in Carnuntum (Diokletian, Maximian, Galerius) – erneute Abdankung Maximians – Konstantin und Maximinus Daia nicht mehr Cae-sares, sondern *filii Augustorum* – Erhebung des Licinius zum Augustus (ohne voran-gehenden Caesarat) als Nachfolger des Severus; Auftrag: Beseitigung des Maxentius	
310 Frühjahr/ Frühsommer	Putsch Maximians gegen Konstantin in Arles; Feldzug Konstantins gegen den Usurpator und dessen Tod in Massilia	S. 30
	Auf dem Rückweg nach Trier: Konstantins Besuch des *templum* des *Apollo Grannus* in Grand/Vogesen; dort Erscheinen eines Halos; pagane Interpretation des Halos als Begegnung Konstantins mit *Apollo/Sol Invictus* durch paneg. Lat. VII/6 (310) 21 in Trier	S. 35 ff.
	Sol Invictus Schutzgott Konstantins	S. 41 ff.
1. Mai (?)	usurpatorische Erhebung des Maximinus Daia zum Augustus im Orient	S. 115

311		
30. April	Duldungsedikt des Galerius – reichsweit Ende der Christenverfolgung (Lact. mort. pers. 34; Eus. HE VIII 17, 3 ff.)	S. 28
Mai	Tod des Galerius	
	Teilweise erfolgreicher Versuch des Maximinus Daia, die kleinasiatischen und westlichen Herrschafts- gebiete des Galerius an sich zu reißen	
Frühsommer (?)	Christliche Interpretation des ‚Wunders‘ von Grand in Trier	S. 44 ff.
	– Hinwendung Konstantins zu *Christus/Sol Iustitiae*	S. 50 f.
	– Schaffung des Labarums mit Christogramm (Eus. VC I 28 ff.)	S. 52 ff.
	– Christogramm am Helm des Kaisers (ebd. 31, 1)	S. 61
ab Herbst	Erneute Christenverfolgung durch Maximinus Daia im Osten; daraufhin:	S. 30, 50
	– 1. Drohbrief Konstantins an Maximinus Daia (Lact. mort. pers. 36, 3 mit 37, 1)	
Oktober	Beginn von Konstantins Feldzug (*annua expeditio*) gegen Maxentius	S. 40, 46
	– Vexillum/Labarum mit Christogramm als neue Standarte des Kaisers an der Spitze des Heeres (Eus. VC I 37, 1)	S. 52, 64
312		
Oktober	Konstantins ‚Traum‘ vor der Entscheidungsschlacht gegen Maxentius	S. 32 f.
	– nach Laktanz (mort. pers. 44, 5) ein Christuszeichen als Schildzeichen der konstantinischen Armee	S. 64 ff., 73 ff.
28. Oktober	Siegreiche Schlacht Konstantins an der Milvischen Brücke; Tod des Maxentius	S. 63 ff.
29./30. Oktober	*adventus/ingressus* und Siegesfeier Konstantins in Rom ohne Opfer auf dem Kapitol (paneg. Lat. IX/12 (313) 19, 2 ff.)	S. 76 ff.
	Sofortiger Beginn der Förderung des Christentums	
	– Bestätigung der Restituierungspolitik des Maxentius	S. 125 f.
	– Rückerstattung von Gemeindeeigentum und Pri- vateigentum der Christen	S. 125 ff.
	– finanzielle Unterstützung der Kirchengemeinden	S. 127
	– Kirchenbauprogramm	S. 104 ff.
	– Privilegien für Klerus und Gemeinden (Immunität, Erbrecht der Gemeinden, *manumissio in ecclesia*, *audientia episcopalis* etc.)	S. 127 f., 132 f.
	– der *dies solis* als christlich begründeter Ruhetag für alle Reichsbewohner	S. 132
Oktober/ November	Erneuter Beginn einer Christenverfolgung im Osten durch Maximinus Daia	S. 17, 129
	2. Drohbrief Konstantins an Maximinus Daia (Eus. HE IX 9, 12 f. und ebd. 9a, 12)	S. 129

313
Februar/März
	Konferenz Konstantins und des Licinius in Mailand
	– Einigung über Krieg des Licinius gegen Maximinus
	   Daia sowie über Beendigung der Christenverfolgung
	   und allgemeine Religionsfreiheit auch im Osten
	– Heirat von Konstantins Halbschwester Konstantia
	   mit Licinius
		S. 128 ff.

13. Juni	Nach Siegen des Licinius über Maximinus Daia
	– entsprechend der Vereinbarung mit Konstantin in
	   Mailand: Ende der Christenverfolgung im Osten
	   und Proklamation allgemeiner Religionsfreiheit
	   durch Licinius (Lact. mort. pers. 48; Eus. HE X 5,
	   2 ff.)
		S. 129 ff.

	– keine Übernahme der Förderungspolitik Konstan- tins zu Gunsten des Christentums durch Licinius	S. 131
Oktober	das 1. Kaiserkonzil ('Reichskonzil'), in Rom wegen des Donatistenstreites	S. 118 f., 140 ff.
314 16. April (Karfreitag)	Religionspolitische Programmrede Konstantins in Trier (*oratio ad sanctorum coetum*); Verbreitung des Textes in lateinischer und griechischer Sprache (nur die griechische Übersetzung erhalten)	S. 168 ff.
August (?) Sommer/Herbst (? oder 316?) 8. Oktober	2. Kaiserkonzil, in Arles 1. Bürgerkrieg zwischen Konstantin und Licinius (*bellum Cibalense*) Sieg Konstantins in der Schlacht bei Cibalae/ Pannonien	S. 143
315 21. (?) Juli bis 27. September 25. Juli	Konstantin in Rom Beginn des Decennalienjahres mit Dedikation des Ehrenbogens in Rom	
(316?)	(*bellum Cibalense?* – s.o. zu 314)	
320/21	Beginn der antichristlichen Politik des Licinius	
324 19. September	2. Bürgerkrieg zwischen Konstantin und Licinius Sieg über Licinius, Beginn von Konstantins Alleinherrschaft 1. und die 2. religionspolitische Proklamation Konstantins an die Provinzialen des Orients (Eus. VC II 24–42; 48–60)	S. 133 f.
8. November	Gründung von Konstantinopel	

325
Frühjahr
23. Mai bis zur
2. Junihälfte
 	
ab 25. Juli (bis
326)
	Tötung des Licinius und seines Sohns
	1. Oikumenisches Konzil (Kaiserkonzil, ‚Reichskonzil')
	   in Nicaea unter Vorsitz Konstantins, u. a. wegen
	   des Arianischen Streites
	Konstantins Vicennalienjahr
		S. 144 ff.

326 Mai (?) Sommer 18./21. Juli bis 3. August	Hinrichtung des Caesars Crispus Tötung der Fausta, Gattin Konstantins Konstantin zum Abschluß der Vicennalien in Rom	S. 8 S. 8
327 Dezember bis Januar 328	Kaiserkonzil in Nikomedien unter Vorsitz Konstantins	S. 147
330 11. Mai	Einweihung von Konstantinopel	
335 ab 25. Juli (bis 336)	Tricennalienjahr Konstantins	
336 Juli (?)	Tricennatsrede des Eusebius von Caesarea in Konstantinopel	S. 161 f.
337 21. Mai 22. Mai (Pfingsten)	Taufe Konstantins durch eine Gruppe von Bischöfen (Eus. VC IV 61–63) Tod Konstantins in Ankyrona/Nikomedien	S. 106 ff. S. 26

Register

1. Quellen

A(cta) C(onciliorum) O(ecumenicorum)
II 1, 1: 163

Ambrosius von Mailand
Abr. I 2, 9: 104
epp.
17, 1: 104
72, 3: 107
73, 34: 107
epp. extra collect.
7, 2: 142
12, 1: 107
fid.
II 16, 141: 57
V 10, 10: 57
sermo c. Auxent. 36: 107

Ammianus Marcellinus
XVI 10, 14: 100
XXI 10, 18: 42
XXII
5, 1–3: 20
5, 4 (Iulianus imperator): 16
11, 5: 16

Anonymus de rebus bellicis
2, 1: 157

Anonymus Valesianus
siehe origo Constantini

Apuleius von Madaura
metamorph. IX 14: 25

Aristides von Athen
apol. 15, 4–9: 17

Arnobius von Sicca
II 60: 121

Athanasius von Alexandrien
de decr.
38 (Constantinus imperator): 147
39 (Constantinus imperator): 156
40 (Constantinus imperator): 148
41 (Constantinus imperator): 147,
159
apol. sec. 86, 11: 155, 160

Augustinus von Hippo
ad Donat. p. c. XXXI 54 (= v. Soden,
Urk. 30): 139
brev. coll. III
14, 26 (= v. Soden, Urk. 6A): 127
18, 34 : 112, 125
c. Fulg. 26 (= v. Soden, Urk. 6C): 127
c. part. Donat. XIII 17 : 112, 125
confessiones VIII f.: 51
de haeresibus: 16
epp.
88, 2 (= v. Soden, Urk. 10): 126,
127
88, 4 (= v. Soden, Urk. 20: Constantinus imperator): 126
serm. 19, 6: 36

Aurelius Victor
XXXIX 45: 151
XL
2: 8, 135
16: 71
23: 67, 71
26: 100
28: 93, 100
XLI 4: 54

(Aur. Vict.)
epit.
39, 7: 113
41, 4: 63

Cass. Dio
53, 16, 4: 94
74, 14, 3 f.: 38

Cicero
har. resp. 19: 150
nat. deor. II 6: 103

Clemens Alexandrinus
protr. XI 114, 3: 45

Clemens Romanus
1 Clem 19, 3: 58

C(odex) J(ustinianus)
I
   13, 1 (316): 133
   13, 2 (321): 133
   III 12, 2 (3) (321): 132

C(odex)Th(eodosianus)
I 27, 1 (318): 133
II 8, 1 (321): 132
IV 7, 1 (321): 133
VI 25, 1 (416): 42
VII 20, 2 (320): 99
IX 16, 1 (319) und 2 (319): 107, 138
X 1, 1 (315): 127
XI 1, 1 (315): 127
XII
   1, 21 (335): 103
   5, 2 (337): 103
XIII 5, 7 (334): 35, 103
XV 1, 3 (326): 157
XV
   12, 1 (325): 102
   14, 1 (324): 133, 134
   14, 3 (313/326?): 126
   14, 4 (326): 134
XVI
   1, 2 (380): 162
   2, 1 (313): 127, 143
   2, 2 (319): 127
   2, 3 (320): 128,
   2, 4 (321): 133
   2, 5 (323): 107, 138, 157
   2, 6 (326): 128
   2, 16 (361): 151
   2, 25 (380): 162
   5, 1 (326): 126, 143, 156

5, 5 (379): 162
8, 1 (315): 138
10, 1 (320/21): 102
10, 3 (342): 102
10, 10 (391): 162
10, 12 (392): 163

Constitutiones
Const. Sirm. I (333): 133

Constantinus imperator
Edikte: siehe unter Augustinus; Eusebius, HE und VC; Optatus
or. ad sanctorum coetum: 108–123
   (Exkurs 2)
I: 138
   1: 119
   2: 97
   5: 107, 127, 153
II
   1: 119
   2: 120, 121
   3: 35, 121
III (–V): 40, 59, 108, 121, 138
IV: 101, 121, 138
V 1: 121
VI 5 ff.: 97, 101, 121
IX 3: 57, 121
X: 101
   2: 104
XI: 138
   1 f.: 26, 58, 98, 104, 121, 122, 158
   7: 101, 138
XII
   3 ff.: 29
   5: 80, 101, 157
XVI: 138
   1 (f.): 107, 158, 159
XVII 3: 29
XVIII: 29
   2: 53
XIX (–XXI): 79
   9: 113
XXI
   1: 97, 111
   4: 98, 111
XXII (f.): 111–114, 116–118, 138
   2 ff.: 29, 111, 136
XXIII: 114
   1: 156

append. X (= v. Soden, Urk. 36 Z. 5
  ff.: Constantinus imperator): 58
append. X = v. Soden, Urk. 36 Z.
  58–74: Constantinus imperator): 100, 143, 144, 159

Origenes
  c. Cels. V 61 ff.: 14
  homil. in Iud. 9, 1: 53
  Kommentar zu Joh 13, 30: 45

origo Constantini
  I 1: 31
  V 23, 26 f.: 133
  XIII: 63

paneg(yrici) **Lat**(ini)
  (ed. Galletier)
  II/10 (289)
    1, 1: 113
    2, 1: 113
  VI/7 (307)
    2, 5: 27
    4, 2–4: 51
    5, 3: 27
    14, 3: 31
  VII/6 (310)
    2, 1–5: 31
    2, 5: 27
    4, 1: 27
    5, 3: 27
    7, 3 ff.: 27
    8, 2 ff.: 27
    8, 4: 41
    12: 51
    12, 1: 41
    21, 2–7: 32, 34, 35 ff.
    21, 4: 39
    21, 7: 41
  VIII/5 (311)
    1, 1: 61
    2, 5: 31
    9, 2: 40
    8, 4: 61
    13, 6: 62
    14, 4: 61, 62
    14, 5: 61
  IX/12 (313) 71, 115
    2, 3: 63
    2, 4: 47

2, 4–6: 40, 47, 99
2, 5: 47
2, 6–3, 3: 64
3, 3: 40, 84
3, 4: 29
3, 5–7: 112
4, 3–5: 112
4, 4: 40, 47, 70
5–6: 113
5, 1: 64
10, 5: 51, 94
11, 4: 84
16, 2: 112
17 f.: 67
18, 1: 71
19, 3: 78
20 ff.: 78, 94
21, 5: 40, 46
22 (f.): 51, 77
23: 51
24, 2 ff.: 51
25, 4: 94, 112
26, 1 ff.: 47, 104, 112
X/4 (321)
  7, 2 ff.: 62
  8, 1: 70
  11, 2: 112
  12, 2: 70
  14 f.: 103
  14, 1: 62
  15, 4: 62
  16, 1: 62
  16–18: 77
  26, 1: 62
  28 ff.: 67
  28, 1: 62
  30 ff.: 78
  31, 1 f.: 71

Philostorgios
  HE
    I 6: 49
    III 26: 121

Platon
  pol. VII 14, 533d: 58

Plinius d. J.
  ep. X 96: 79

Pontius
 v. Cypr. 3, 4 und 5, 1: 107

Porphyrios
 v. Pythag. 47: 58

Praxagoras von Athen: 2, 115

Prudentius
 c. Symm.
  I 481–488: 95
  I 486 f.: 42

Rufinus
 HE IX
  9, 1 ff.: 49
  9, 5: 42
  9, 11: 90

Sabinus praef. praet.
 siehe unter Eusebius

Sallustius Crispus
 Cat. 12, 3: 150

Scriptores Historiae Augustae (SHA)
 Claudius XIII 2–3: 31
 Heliog. XV 7: 79

Sokrates
 HE I
  2, 10: 113
  8, 18 ff.: 15

Sozomenos
 HE
  Dedikation c. 19: 2
  I
  1, 11: 3
  3, 1–4, 1: 49
  5, 3: 48 f.
  8, 13: 54
  17, 3–5: 15
  II 8, 1: 21
  V
  4, 8: 103
  16, 5–15: 17
  17, 2: 57
  VII 1 – 7: 107

Symmachus
 relat. III 7: 100

Tertullian
 apol.
  XVI 6: 53
  XXV 2 ff.: 150
 idololatr. 24, 3: 80
 ad nat. 1, 12: 53

Testament
 Altes
  Dtn
   4, 19: 25
   21, 22: 53
  Maleachi 3, 20/4, 2: 45
 Neues
  Mt
   7, 15: 16
   24, 30: 45
   25, 31–46: 17
  Mk 16, 15 parr.: 153
  Lk 11, 26: 13
  Apg (Acta)
   9, 32: 118
   26, 12 ff.: 51
  R 1, 7: 118
  1 Kor 14, 33 und 16, 1: 118
  Gal
   1, 1: 51
   1, 11: 51
   3, 13: 53
  Eph 5, 26: 118
  Phil 1, 1: 118
  Kol 3, 12: 118
  1 Petr
   1, 16: 118
   2, 9: 118
   4, 16: 13
  Hebr 12, 2: 53

Themistios
 or. V 70 D: 163

Tullius
 siehe Cicero

Vergil
 4. Ekloge: 39, 79

2. Namen und Sachen

(in Auswahl)